卓越教师培养丛书

丛书总主编：郑宽明

U0646162

JIAOYU
ZHENGCE FAGUI

教育政策法规

郑宽明 单新梅 主编

张晓华 南锐 副主编

北京师范大学出版集团
BEIJING NORMAL UNIVERSITY PUBLISHING GROUP
北京师范大学出版社

图书在版编目(CIP)数据

教育政策法规/郑宽明主编. —北京：北京师范大学出版社，
2015.8(2025.8 重印)

教师教育系列教材

ISBN 978-7-303-19413-1

Ⅰ.①教…　Ⅱ.①郑…　Ⅲ.①教育法令规程－中国－师范
大学－教材　Ⅳ.①D922.16

中国版本图书馆 CIP 数据核字(2015)第 186447 号

出版发行：北京师范大学出版社 https://www.bnupg.com
　　　　　北京市西城区新街口外大街 12-3 号
　　　　　邮政编码：100088
印　　刷：北京虎彩文化传播有限公司
经　　销：全国新华书店
开　　本：787 mm×1092 mm　1/16
印　　张：16.25
字　　数：269 千字
版　　次：2015 年 8 月第 1 版
印　　次：2025 年 8 月第 10 次印刷
定　　价：35.00 元

策划编辑：郭兴举　　　　　　　责任编辑：齐　琳　董洪伟
美术编辑：焦　丽　　　　　　　装帧设计：焦　丽
责任校对：陈　民　　　　　　　责任印制：马　洁

版权所有　侵权必究

读者服务电话：010-58806806
如发现印装质量问题，影响阅读，请联系印制管理部：010-58806364

前　言

推进依法治教，是党的二十大对教育系统提高依法治理能力的要求，遵守教育政策与教育法规，提升师范生的职业综合能力，是建设教育强国的有力保障。贯彻落实党的二十大会议精神，加强师德师风建设，培养高素质教师队伍，弘扬尊师重教社会风尚，落实立德树人根本任务，提高教师的执教能力和执教水平，促进学生成长为新时代的有用之才。

《教育政策法规》是高校师范专业学生必修的教师教育类课程之一，目的在于使学生掌握、理解我国教育政策法规的基本理论知识，能够指导学生毕业后依法执教，运用法律武器解决教育活动中出现的问题，同时学会依法保护自己的合法权益。编写一部体系科学、实践性强、内容精练、逻辑严密的教材，有助于激发学生的学习动机，促进学生对基本理论和技能的掌握，从而提高教师培养的质量，同时也符合应用型人才培养的需求。

现行的有关教育政策法规的教材多种多样。本书在参照相关教材内容体系的基础上，结合一线教学经验，力求突破，在三个方面体现新意和特色：一是注重理论体系建设的系统性、完整性和发展性。本书从阐释教育政策和教育法规的含义、特征、类型、功能入手，系统简明地介绍和阐释了教育政策法规的基础知识和基本理论，并努力反映教育政策法规理论研究的新进展。二是突出教育政策法规的应用性，力求理论与实践密切结合。本书不局限于对我国现行教育政策法规基本理论的解读，而是结合具体案例进行讨论与分析。力求通过这种学习与反思使学习者加深对我国教育政策法规的制定、执行、评价和监督等问题的认识，努力提高学生的学习兴趣和解决实际问题的能力。三是教材内容深浅适度，重点突出。教育法律是教育政策法规的核心内容，学校、学生、教师是主要的法律关系主体，在教育政策法规体系中具有特别重要的地位。本书在简明阐释教育政策法规基本理论的基础上，结合教育实际把有关学校、学生、教师的教育法律问题作为专题进行了重点解读，这在当前依法执教的背景下具有强烈的现实意义。

本书的参编人员都是从事教育政策法规研究和教学的教师，积累了大量的教学经验，对教学内容和教学过程形成了一些独到的认识，在内容体系上也做了大胆的突破和创新，但理论水平有限，难免有不足之处，希望得到同行的理解和指正。

本教材参编人员的具体分工是：第一章、第六章（南锐）；第二章、第三章、附录（单新梅）；第四章、第五章（蒋满秀）；第七章（张晓华）；第八章（杨川林）。郑宽明教授担任主编，全面负责本书的构思设计、组织协调、统稿修订工作；副主编单新梅参与构思设计，书稿审阅和修改工作。

本教材在编写过程中参考了大量国内外同行的研究成果和案例资料，在此表示衷心的感谢！

编　者

2023 年 6 月

目 录

第一章　导论

内容提要

　　现代社会是法制社会，依法治教是时代发展的要求，现代社会的教育是在法制轨道上运行的教育，教育法制化是现代教育的重要特征。本章的学习目标是掌握依法治教的概念，明确依法治教的基本要求，掌握依法治教的原则和依法治教的具体措施，从而提高师范生对依法治教的理论认识，有效地开展教育教学活动。

第一节　依法治教概述

　　20世纪80年代以来，国务院先后制定、出台了一系列的教育行政法规，并整理汇编了新中国成立以来制定的教育行政法规。1982年12月，第五届全国人民代表大会第五次会议制定了新宪法，这是我国法制建设史上重要的里程碑。在教育领域，1981年1月1日，新中国成立以来的第一部教育法规——《中华人民共和国学位条例》（以下简称《学位条例》）正式实施，拉开了我国依法治教的序幕。在此之后，《中华人民共和国义务教育法》（以下简称《义务教育法》）《中华人民共和国教师法》（以下简称《教师法》）《中华人民共和国教育法》（以下简称《教育法》）《中华人民共和国职业教育法》（以下简称《职业教育法》）《中华人民共和国高等教育法》（以下简称《高等教育法》）和《中华人民共和国民办教育促进法》（以下简称《民办教育促进法》）相继实施，特别是《教育法》的颁布和实施，标志着具有中国特色的社会主义教育法律体系的基本框架已经形成，标志着我国走上了依法治教的轨道。

依法治教是党中央提出的依法治国方针在教育工作中的具体体现，是关系教育改革与发展全局的一个重要的工作方针。随着依法治国思想的深入人心和教育体制改革的不断推进，依法治教成为 21 世纪中国教育改革与发展的必然选择和重要任务。加强教育的法制建设，实现依法治教，使教育工作全面走上法治轨道，对于坚持教育的社会主义方向，确保教育优先发展的战略地位，实施科教兴国的战略，具有十分重要的意义。

一、依法治教的含义

所谓依法治教，是指依据法律来管理教育，依法行使权利，自觉履行义务，也就是在社会主义民主的基础上，使教育工作逐步走上法制化、规范化。

对依法治教可以从以下几个方面来理解。

(一)依法治教的主体

依法治教主体的范围十分广泛，主要包括各级权力机关，即各级人民代表大会及其常务委员会；各级行政机关，即各级人民政府及其职能部门；各级审判机关、检察机关，即各级人民法院和人民检察院；各级教师行政部门及其他有关行政部门；各级各类学校及其他有关机构；企事业单位、社会团体；公民个人等。各级人民代表大会及其常务委员会在其权限范围内制定有关教育的法律、法规，审议有关教育经费的预算、决算，听取政府有关教育工作的报告，检查教育法律的实施情况等；人民法院依法审理有关教育的案件；人民检察院依法对人民法院审理的有关教育的案件进行监督；政府的其他行政部门都在各自的职权范围内履行有关教育的管理职责：他们都是在各自的职权范围内履行有关教育的管理职责，他们都是依法治教的重要主体。依法治教不仅是政府机关、权力机关、司法机关的事情，同时也是全体社会组织和社会成员的事情，不仅需要依靠教育行政机关、司法机关，而且有赖于政府有关部门的共同努力，必须依靠社会团体和广大人民群众。从一定意义上讲，凡是从事教育活动或有关教育活动的主体，都应该是依法治教的主体。

(二)依法治教的范围

依法治教的范围主要包括国家机关管理教育的有关活动，各种社会组织和个人举办学校及其他教育机构的活动，学校及其他教育机构的办学活动，教师及其他教育工作者实施教育教学的活动，学生及其他受教育者接受和参与教育教学的活动以及各种社会组织和个人从事和参与教育的活动。由此看来，依法治教不局限于举办学校、学校办学、教师教学、学生学习等十分明显的教育活动，还包括教育经费拨款、举办校办产业、捐资助学等有关教育的活动。

(三)依法治教的依据

自从 1980 年以来，我国相继颁布了《学位条例》《义务教育法》《教育法》等教育专门法律。国务院制定了《中小学勤工俭学暂行工作条例》《幼儿园管理条例》《教师资格条例》等 16 项教育行政法规。国务院教育行政部门及有关部门制定的部门教育规章达 200 多项。各地有权制定地方性法规的人民代表大会及其常务委员会制定了一系列的地方性教育法规。各地省级人民政府制定了相当数量的地方政府规章。这些教育法律、行政法规、教育规章、地方性法规为依法治教工作提供了重要的法律依据。从目前的教育立法情况来看，我国的教育法体系的基本框架已经确立。依法治教的依据，不仅包括专门的教育法律、法规，而且还包括其他与教育有关的法律、法规。

二、依法治教的基本要求

全面实现依法治教，使教育工作走上法制化的轨道，必须具备以下五个基本条件。

(一)具有完备的教育法律、法规体系

教育立法是依法治教的基础，只有健全、完备的教育法体系，才能为依法治教工作提供全面的法律依据，也才能使依法治教工作做到有法可依、有章可循。

依法治教首先需要建立起反映教育规律，体现人民的共同意志，符合人民的利益，内容和谐一致，形式完整统一，层次排列有序的教育法律、法规体系，做到有法可依。改革开放以来，我国的教育立法工作取得了重大进展。目前为止，全国人民代表大会及其常务委员会已制定了《教育法》《国义务教育法》《职业教育法》《教师法》《高等教育法》《民办教育促进法》和《学位条例》。国务院制定了《幼儿园管理条例》《扫除文盲工作条例》《残疾人教育条例》《教师资格条例》《普通高等学校设置暂行条例》《高等教育自学考试暂行条例》《教学成果奖励条例》《学校体育工作条例》《学校卫生工作条例》等有关教育的行政法规。国务院教育行政部门也制定了一大批教育行政规章。地方权力机关及行政机关也制定了一大批有关教育的地方性法规及规章。可以说，以《教育法》为核心的教育法律、法规体系的框架已基本形成。教育工作无法可依的局面已基本结束。

(二)具有严格、公正的教育执法制度

教育执法制度是依法治教实现的基本保证。教育执法制度，要求各

级人民政府及其有关部门严格依法行政，在各自的职责范围内履行相应的职责，保证教育事业的经费投入和其他基本条件，正确地规范和引导教育的改革与发展；不得滥用权力；要建立完备的有关教育的行政处罚制度、行政复议制度、教育申诉制度及教育仲裁制度等一系列教育法律制度，当公民在教育领域内的合法权益受到侵害时，国家行政机关或司法机关应当依法及时予以法律保护；对侵害公民教育合法权益的责任人，国家行政机关或司法机关应当依法予以追究。真正做到有法必依，执法必严，违法必究。

(三)具有高素质的教育执法队伍

教育法律、法规能否得到全面贯彻执行，与执法者的业务素质、道德素质及工作态度和能力有直接的关系，教育执法人员的素质是依法治教的关键。依法治教的实现，要求我们建立一支适应依法治教需要的执法队伍，包括教育行政机关工作人员的队伍、教育行政执法队伍、教育督导队伍、教育司法队伍以及教育法律服务队伍。首先，教育执法人员应当具有较高的政治素质，拥护宪法确定的基本原则，拥护党的基本路线、方针和政策，严格执行教育法律。其次，教育执法人员应当具有较高的业务素质，要有相应的文化和专业知识，熟悉教育法律、法规和政策，具有教育工作的实践经验，具有相应的分析、判断能力，能够正确地运用法律处理教育案件。最后，教育执法人员还应当具有良好的职业道德素质，遵纪守法、廉洁自律、敬业勤政、秉公执法。有这样一支高素质的教育执法队伍，是实现全面依法治教的关键。

(四)提高全社会的教育法律意识

教育法律的实施，不仅要靠执法队伍，更重要的是靠全体公民的自觉遵守。这就要提高全体公民的教育法律意识。教育法律意识是人们对于教育法律现象的思想、观点、知识和心理的总称，不仅包括人们对教育法律的本质和作用的理解和评价，也包括对教育执法和司法的信任程度和守法、用法的自觉性等。公民具有良好的教育法律意识，应该能够对教育法律进行正确的认识和评价，具有较高的守法、用法的自觉性。因此，只有提高全体公民的教育法律意识，才能从根本上实现全面依法治教。

(五)具有健全的有关教育的民主与监督制度

依法治国的根本任务就在于保障社会主义民主。没有社会主义民主，就没有真正意义上的依法治国。而依法治教的根本任务就是要充分保障公民的受教育权利，为公民提供平等的教育机会。教育的决策和学校的管理都要贯彻民主原则，保证人民群众通过法定的民主程序参与教育的决策和学校的管理。教育工作应当依法接受国家权力机关的监督、行政的监督、司法的监督和社会的监督，包括人民群众的监督。教育法制建设就是要建立、健全保障公民受教育的平等权利的各项制度；建立、健全保证人民群众民主参与教育决策和学校管理的各项制度；建立、健全对教育工作进行监督的各项制度和有效的监督机制，建立对教育工作进行监督的各项制度和有效的监督机制，充分发挥国家权力机关监督、行政监督、社会监督的作用，明确监督标准和程序，综合运用各种监督手段，保证做到监督工作经常化、制度化。如果不坚持教育工作中的社会主义民主原则，即使法律规定再完备，也不是真正的社会主义的现代教育法制。

三、推进依法治教的必要性

依法治教是实施依法治国方略的重要组成部分，依法治教不仅是我国教育事业改革和发展的客观要求、现代教育发展的必然趋势，也是我国教育事业发展的重要保障。因此，在深化教育改革、全面推进素质教育的新形势下，依法治教工作对推进教育事业发展具有重要作用。

(一)依法治教是发扬社会主义民主、加强党的领导在教育领域的直接体现和必然要求

依法治国是党的正确主张同人民共同意志的统一，其基本出发点就是发展社会主义民主，实现人民当家做主。而教育事业是人民的事业，受教育的权利是宪法赋予我国公民的基本权利，教育同广大人民群众的切身利益息息相关，是实现社会主义民主的广阔的、重要的领域。广大人民群众密切关注着教育的发展，对接受高质量、多层次的教育有着越来越强烈的要求。因此，依法保障人民群众在党的领导下，通过各种途径和形式参与教育管理事业，既是贯彻依法治国的方略的必然要求，也是在教育领域发扬社会主义民主的体现。

(二)依法治教是社会主义市场经济条件下，教育事业改革和发展的必然要求

社会主义市场经济，从一定意义上讲就是法制经济。面对计划经济体制向市场经济体制的重大转变，教育体制必须随之改革，以适应市场经济发展和教育事业发展的需要。在教育体制改革的过程中，教育领域里的社会关系发生了较大变化。一些旧的社会关系消失了，一些新的社会关系产生了，有些社会关系在性质上发生了变化。新中国成立以来，我国的教育事业不断发展，为社会主义现代化建设事业作出了巨大贡献。但总的来讲，我国教育仍然有着明显的计划经济的烙印，随着社会主义市场经济和现代化教育手段的发展，教育的局限性已越来越突出，所以教育决策的民主化，受教育者法制意识的强化，教育管理的规范化、制度化建设等，还需要人们更加重视。而随着各级教育的发展与自主权的扩大，教育管理越来越复杂，遇到了许多新情况、新问题，所有这些矛盾和问题的解决只有依靠法律，用规章制度来理顺关系、规范行为、加强管理。可以说，依照相关法律和规章制度依法治教是教育自身改革和发展的需要。

(三)依法治教是教育行政机关和学校转变管理职能的需要

随着社会经济的飞速发展和教育活动的日益复杂化，教育行政管理的范围及内容发生了很大的变化，主要体现在教育行政管理范围的扩大和教育行政管理职能的转变。过去我国办学主体主要是各级政府及其部门、农村集体经济组织和一些国有大中型企业，办学主体相对来讲比较单一。如今除了国家举办学校以外，还鼓励各种社会力量办学。目前，我国教育的形式、考试种类也更加多样，既有普通教育，又有成人教育和其他各种远程教育形式，此外还有各种形式的中外合作办学、出国留学等，教育行政管理的范围大大扩展了。随着教育体制改革的不断深化，学校增强了办学自主权，政府对学校的管理由过去的直接管理为主转变为间接管理为主，由过去的具体管理为主转变为宏观管理为主，政府管理职能发生了很大的变化。在这样的背景下，只有通过立法确立教育活动的基本准则，在学校的权利和职责、教育行政部门及有关部门的教育管理职责等方面作出规定，依法规范教育行为，减少对学校直接管理过程的干预，才能提高教育行政管理效率，保障教育事业的顺利进行。

(四)依法治教是全面促进素质教育的法律保障

当今世界，各国之间综合国力竞争日益激烈，我国比以往任何时候都需要更多的、更全面发展的人才。为了培养适应 21 世纪现代化建设需要的社会主义建设人才，就必须大力提高国民素质，全面推进素质教育。全面推进素质教育，必然涉及教育体制、教育思想观念、教育内容、教育方法、教育手段等多方面的改革，而要保证国家教育方针的全面贯彻落实和一系列改革决策的实施，除了必要的行政手段之外，更重要的是要运用法律手段，推进教育改革的进程。现代的法律意识、法制观念及法律知识也是 21 世纪一代新人必须具备的基本素质。在社会、学校中创造良好的法制环境，让广大青少年学生在日常学习、生活的潜移默化中，逐步培养法律意识，树立法制观念，养成守法习惯，提高依法保护自身权利、参与国家和社会事务的能力，这既是实施素质教育的重要内容，也必将对提高国民素质、推进我国的民主法制进程产生重大而深远的影响。

第二节　依法治教的基本原则

依法治教的基本原则是我国教育立法、执法、司法活动应遵循的一般原则，它既是依法治教的基本原则，也是我国的教育工作应当遵循的基本原则。这些原则是我国社会主义法制建设的总原则在教育法制建设中的具体体现，也是对国家教育基本政策的集中体现，反映了我国社会主义教育制度的基本性质和教育工作的基本规律。

一、坚持教育的社会主义方向的原则

坚持教育的社会主义方向，是我国教育工作必须始终贯彻实施的一项根本性的原则。《教育法》第三条规定："国家坚持以马克思列宁主义、毛泽东思想和建设有中国特色社会主义理论为指导，遵循宪法确定的基本原则，发展社会主义的教育事业。"这明确规定了我国教育工作的指导思想和我国教育的社会主义性质。《教育法》第五条规定了"教育必须为社会主义现代化建设服务，必须与生产劳动相结合，培养德、智、体等方面全面发展的社会主义事业的建设者和接班人"的教育方针以及其他保证教育事业沿着社会主义方向健康发展的一系列法律规范，从而为我们坚持教育的社会主义方向提供了法律保障。

二、受教育机会平等的原则

《教育法》第九条规定："中华人民共和国公民有受教育的权利和义务。公民不分民族、种族、性别、职业、财产状况、宗教信仰等，依法享有平等的受教育机会。"这一规定确立了公民受教育机会平等的基本原则。这一原则指公民在受教育方面享有权利和履行义务具有平等的法律地位，不因公民的民族、种族、性别、职业、财产状况、宗教信仰等的不同而受到不平等的待遇。教育机会平等一般包括起点上的平等、过程上的平等和终点上的平等这三个基本环节。所谓起点上的平等，指入学上的平等；过程上的平等，指就学过程的平等；终点上的平等，指学业成就上的平等。教育机会平等的这三个基本环节，同时也是教育机会平等原则实现的三个台阶。由于经济、教育的发展水平不同，教育机会平等原则的实现程度也会有差异。我们应当积极创造条件，努力实现教育机会平等的原则，并且不断提高实现这一原则的水平。

三、教育活动符合国家和社会公共利益的原则

《教育法》第八条关于"教育活动必须符合国家和社会公共利益"的规定，确立了我国教育的公共性原则。教育活动必须符合国家和社会的公共利益，这是现代教育的重要特征，也是国家对教育活动的基本要求。

我国教育的公共性原则应当做到以下几个方面。

①在中国境内实施的教育活动必须对国家和人民负责,而不是对个人或小团体负责,不能因个人或小团体的利益而损害国家、人民和社会的公共利益。

②我国的教育事业属于公益事业。在中国境内的学校及其他教育机构应当坚持公益性,不得以营利为目的办学。同时,也正是由于我国教育事业的公益性,国家对教育事业在学校用地,校舍建设,校办产业,教科书及教学图书资料的出版发行,教学仪器设备的生产和供应,学校用于教学科研的图书资料、教学仪器设备的进口等各个方面,给予了优先安排和优惠扶持。不应向公益性的教育机构征收营业税。

③教育的公共性原则还要求教育活动必须接受国家和社会依法进行的管理和监督。

④教育的公共性原则还体现在教育与宗教相分离。任何组织和个人不得利用宗教进行妨碍国家教育制度的活动。教育的公共性原则不仅适用于国家举办的各级各类学校,而且适用于社会力量举办的各种学校及其他教育机构。教育的公共性原则,对于规范教育活动,保证教育事业的健康发展,具有十分重要的意义。

四、权利和义务相一致的原则

这一原则要求教育法律关系的主体既要依法行使其教育权或者受教育权,又要依法履行相应的义务,不能把权利和义务对立起来,片面地强调权利的享有或者义务的履行。首先,教育领域中的权利和义务的一致性,体现在受教育的权利和义务在法律规定的条件下是统一的。《义务教育法》第四条规定:"凡具有中华人民共和国国籍的适龄儿童、少年,不分性别、民族、种族、家庭财产状况、宗教信仰等,依法享有平等接受义务教育的权利,并履行接受义务教育的义务。"第五条规定:"各级人民政府及其有关部门应当履行本法规定的各项职责,保障适龄儿童、少年接受义务教育的权利。适龄儿童、少年的父母或者其他法定监护人应当依法保证其按时入学接受并完成义务教育。依法实施义务教育的学校应当按照规定标准完成教育教学任务,保证教育教学质量。社会组织和个人应当为适龄儿童、少年接受义务教育创造良好的环境。"在这里,适龄儿童、少年接受义务教育的权利和义务是统一的。接受义务教育既是适龄儿童、少年的权利,也是他们的义务。当然,并不是在任何条件下的教育的实施,都实行权利和义务的统一。例如,实施学前教育、高中阶段的教育、高等教育,依照法律的规定,就没有实行权利和义务的统一。国家是否对接受某级或者某类教育实行权利和义务的统一，不仅要看其提高国民素质的需要程度，还要看国家和社会是否具备提供相应教育的条件。其次，教育领域中的权利和义务的一致性，也体现在权利和义务的相互依存。权利人权利的享受依赖于义务人履行其义务，义务人如果不履行义务，权利人就不可能享受权利。例如，国家、社会、学校和家庭如果不履行各自的保障适龄儿童、少年接受义务教育的义务，适龄儿童、少年就不能享受其接受义务教育的权利。从整体而言，如果相应的权利不存在，则相应的义务也就没有任何意义。最后，教育领域中的权利和义务的一致性，还体现在行使权利的同时，应当履行相应的义务。权利人在行使自己权利的同时，必须承担一定的义务；而义务人在履行自己的义务时，也同时享有一定的权利。例如，教师既要依法行使其相应的权利，同时也要依法履行相应的义务，不能只强调权利的行使，而不愿履行其应尽的义务。学校和校长也不能只一味地要求教师履行其义务，而不尊重和保护教师的合法权利。

五、教育法制统一的原则

教育法制统一指有关教育的法律、法规由国家机关统一制定、统一实施，对全体公民和法人组织具有普遍约束力。教育法制统一的原则，体现为教育法律、法规的制定权只能由国家机关在各自的职责权限范围内行使；教育法律、法规的执行权只能由国家机关或有关机构依法行使，其他任何组织和个人均无权行使；教育法律、法规的效力按发布机关、调整对象及适用范围，形成层次有序、协调统一的整体，以维护教育法制的统一和权威。教育法制统一的原则，在法律效力上体现为"下位法服从上位法"。这指法律、法规之间按国家法律体系层级高低的排列，地位高的法律、法规的效力高于地位低的法律、法规的效力，下位法的规定不得与上位法的规定相抵触。如果发生抵触，应当停止执行下位法的规定，并应修改或者废止其规定。这是保证法制统一的基本要求。我国是一个统一的、多民族的国家，经济、文化、教育的发展很不平衡，各地的实际情况千差万别。因此，在坚持法制统一原则的同时，也要考虑到某些特殊情况。在法律效力的范围上，适用于特定地区、特定时期、特定对象的法律、法规为特别法。例如，《中华人民共和国香港特别行政区基本法》(以下简称《香港特别行政区基本法》)《中华人民共和国戒严法》(以下简称《戒严法》)《教师法》等，从广义上说属于特别法。而适用于全国区域或者非特殊的平常时期、全体公民的法律、法规，则为一般法。在法律适用上，特别法可优先于一般法。

第三节　推进依法治教的具体措施

　　依法治教，加强教育法制建设，为落实教育在社会主义现代化建设全局中优先发展的战略地位提供了强有力的法律保障，意义重大而深远。从总体上看，我国教育法制建设还不够完善；计划经济体制下形成的单纯以行政手段管理教育的惯性依然非常大；对依法治教重要性的认识还不够，没有普遍形成运用法律手段管理教育、调解纠纷、维护权益的观念与习惯；教育法制观念还比较淡薄，依法治教的意识有待更大程度的提高。

一、依法治教的重要条件是有法可依

　　依法治教，首先是要做到有法可依，为教育提供法制保障。实施科教兴国战略必须依靠法律，而不能依赖某个领导。不实现治国方略的大转变，就难以真正长期实施科教兴国战略，也无法真正实施依法治教。依法治教是依法治国的一个重要方面和体现，为此，党的十四大提出："要抓紧草拟基本的教育法律、法规和当前急需的教育法律、法规，争取到本世纪末，初步建立起教育法律、法规体系的框架。地方要从各自的实际出发，加快制定地方性的教育法规"，同时提出"加强立法工作，提高立法质量，到2010年形成有中国特色社会主义法律体系"。1981年，我国的第一部教育法规《学位条例》颁行以来，我国的教育立法已初步形成了以《教育法》为核心的，包括《义务教育法》《教师法》《高等教育法》《职业教育法》《民办教育促进法》等在内的教育法律框架。但教育法规的横向覆盖面尚不完整，一些在教育实践中急需的教育法律、法规尚未出台，如教育经费、成人教育、教育行政组织、教师聘任办法、教育投资、教育督导与评估等方面的教育法律、法规。这势必导致在相关方面无法可依，从而影响整个教育领域依法行政的进程。另外，教育法规的纵向体系还不完备，还没有形成教育法律、教育行政法规、地方教育法规、部门教育规章和地方教育规章的体系。教育法律、法规大多是一些原则性规定，可操作性较差，若实现有效的实施，需要有不同层次的具有不同法律效力的地方性法规、规章和实施细则相配套，从而形成一个教育法规网络。另外，我国目前的教育法律、法规关于教育行政部门的职权范围、行政程序、主体责任等方面的规定还不尽合理，存在"职权范围不明确""重实体、轻程序""重权力、轻责任"等问题，有待进一步补充、修改和完善。

二、运用法律手段推动、促进、深化教育改革

　　依法治教的一个鲜明的特点就是以法律作为推动教育事业的改革。

随着治国基本方略的转变和依法治教的推行，教育事业必须进行大的改革。深化教育改革，必然要涉及利益和权力的重大调整，只有依据法律、法规的原则与规定，按照权利与义务对等的原则，在下放权力的同时明确责任，处理好学校与其他各方面新的利益关系，才能使改革有序进行。通过法律途径来促进、推动、保障改革的进程，积极依法调节新的社会关系，解决好改革中出现的社会普遍关注的热点问题，探索建立相应的制度或规范，依法推动改革的健康发展。在涉及改革的方向与原则的问题上，严格以教育法律所确立的坚持社会主义方向、教育优先发展、教育权平等等基本原则为依据，保证改革符合最大多数人民的需要，符合党和国家的根本利益。

三、初步建立新的运行体制，不断提高教育行政部门依法行政的能力与水平

按照国务院对各级行政部门提出的依法行政的要求，要真正将遵守、落实教育法律、法规的规定作为教育行政工作的出发点和立足点，严格按照法律、法规规定的权限与职责、规范，高效、公平、公正地行使教育行政管理权利。推进依法行政要明确宏观思路，抓住关键环节，从转变政府职能，健全制度规范入手，将属于学校法定办学自主权的事项和管理职能交给学校或者社会中介组织去管。同时，应当采取具体的措施，尽快明确、落实本部门及内部各机构、所属有关单位的行政执法的具体职责，理顺行政执法机制，加强执法制度建设。逐步健全科学、民主的决策程序，建立部门内部实行法制监督的工作规程，保证行政决策和具体的行政行为符合法律的规定与原则精神。尽快建立和完善体现公平、公正、效率、便民原则的行政程序与制度，将与人民群众切身利益相关的办事程序、规则和信息公开，将监督的方式和途径公开，以方便基层、方便群众，更好地接受群众监督。

四、继续推进教育法律的实施与监督工作

实施好教育法律，树立起教育法律的权威是和立法一样关键的问题。广大教育工作者必须严格依法办事，自觉守法、护法。同时加大监督力度，加强机关、学校、党内、党外及社会监督，相互协调、相互配合，依法保障学校、教师、学生的合法权益。应下大力气促进教育经费投入中拖欠教师工资等教育法律实施中的难点问题的解决。推进法律的有效实施，需要建立有力的监督机制，对教育法律实施情况进行的执法检查是促进教育法律实施的有效监督制度，也是对教育工作的支持。要积极利用司法监督、政府系统的层级监督，畅通社会监督和新闻舆论监督的途径，综合发挥各种监督渠道的作用，切实推动教育法律的有关规定的

落实。依法治教是教育改革与发展的基石，作为依法治国方略在教育工作中的具体体现，依法治教是新时期教育改革与发展全局的一个重要方针。建设 21 世纪的社会主义，必须与时俱进，建立法制健全、依法行政、依法管理、依法运作的教育体系。

五、提高教育法律意识，转变教育管理观念

教育法律意识的强弱，是人们能否自觉守法、用法、护法的内在决定因素。依法治教是以对法的理解为前提的自觉活动。只有开展教育法制宣传，普及教育法律知识，树立教育法律的权威，优化教育法制建设环境，做到全体公民人人学法、知法、用法、护法，提高全体公民的教育法制意识，才能从根本上推进教育法制建设，实现全面依法治教。目前，依法治教的最大障碍就是教育管理工作人员的教育法律意识淡薄，缺乏依法治教的观念，漠视学校、教职员工和广大受教育者的合法权益，官本位的思想和作风根深蒂固。因此，从 1985 年教育界就开始开展了普法活动，以提高教育系统广大干部和师生的法制观念，扩大法律的社会影响，进行多种形式的教育法律、法规的宣传教育活动，使《义务教育法》《教师法》《教育法》等重要的教育法律基本做到了家喻户晓。教育系统普法规划的制定，各地相应的普法规划和计划的制定，普法教材的编写，法制培训班的举办，教育法律知识竞赛、教育法律宣传月或宣传周等活动的举行，使教育行政干部和校长、教师增强了法律意识，树立了依法行政和管理的观念，取得了良好成效。

总之，依法治教是依法治国方针在教育领域的具体体现，是在社会主义民主的基础之上，以一定的教育法律体系为基础，依据法律来加强对教育事业的管理和规范，以促进教育事业的发展。依法治教作为一种手段，与行政手段、经济手段一样，是加强教育行政和学校管理以及提高教育教学质量的有效手段。随着教育法律的理论的发展以及法律、法规知识的普及，我国教育工作者依法从教的能力会不断提高，从而提高我国基础教育的质量并促进社会法制化的进程。

>>> **复习与思考**

1. 什么是依法治教？我国依法治教的基本原则有哪些？如何理解这些原则？

2. 推进依法治教的具体措施有哪些？

3. 你认为依法治教对于建设社会主义法制国家的意义有哪些？

>>> 案例分析

2013 年 10 月 13 日上午，滁州市数万名中小学生按照学校要求观看当地电视台播放的所谓"安全教育与素质培养"的专题节目，并按要求在家长陪同观看后写"观后感"。然而，很多家长在陪同孩子观看节目后发现，节目实际是在推销一种名为"学习好帮手"的学习资料，内容与中小学安全教育和素质培养毫不相干，家长感觉上当受骗了。

接到基层反映后，安徽省教育厅高度重视，经调查了解，10 月 10 日，一名自称是滁州电视台工作人员的男子来到滁州市教育局，拿出一份落款是滁州电视台的电视节目单，希望该局组织观看由电视台新闻综合频道审核、播出的"安全教育与素质培养"专题节目。据滁州市委教育工委副书记刘某解释，他当时听了来者的介绍，认为该主题与当前学校的安全教育要求相契合，是个好事，于是在没有核实来者身份的情况下，随手在节目单上作出了"请组织中小学生家长收看"的批示，造成了以观看"安全教育与素质培养"的节目之名误导学生和家长收看商业广告的后果。事后，滁州市教育局与滁州电视台发现，上门联系的人员并不是电视台工作人员，很可能是产品推销人员，播出的商业广告片没有经过电视台的审核把关。

问题与思考：

谁应该为此事负责？应该采取什么措施杜绝此类事情的发生？

>>> 参考文献

1.《教育政策法规》编写组．教育政策法规[M]．西安：西北大学出版社，2011.

2. 董建稳．现代教育政策法规导论[M]．咸阳：西北农林科技大学出版社，2010.

3. 黄才华．依法治教概论[M]．北京：教育科学出版社，2002.

第二章 教育政策

从教育实践的层面上看，教育前行的每一步，都是无法同教育政策分开的。在各种层次、各种类别的教育中，在教育发展的不同时期与不同阶段，教育政策总是强或弱、显性或隐性地左右着教育的改革和发展。教育政策是维系教育生命的最关键的因素。本章的学习目标是掌握政策的内涵；明确教育政策在现代国家政策体系中的重要地位及主要表现形式；了解当前我国中小学的主要教育政策，以提高师范生对教育政策的理论认识。

第一节 教育政策概述

一、教育政策的含义

教育政策是国家政策总系统中的一个子系统，了解教育政策的含义，自然应先从总体上把握政策的含义。

(一)政策的含义

在中国古代，政策二字很少连用。《论语·学而》曰："夫子至于是邦也，必闻其政，求之与？抑与之与?"《韩非子·五蠹》则曰："今欲以先王之政，治当世之民，皆守株之类也。"由此可见，政即政治与政事。在中国古代社会，政与朝政、施政相联系。漫长的封建社会使"政"字蒙上了浓厚的封建专制的色彩。在古代文化中，"策"的本义为"马鞭"，引申为策动、鞭打、促进。

"政""策"二字合成"政策"一词始于现代。政策一词具有鲜明的现代意蕴。在现代社会中，"政策"是一个使用频率极高的词。从社会生活的各种重大事件到普通民众的日常生活，无不与政策有着深刻的联系。我国的《辞海》将政策定义为："国家、政党为实现一定时期的路线和任务而规定的行动准则。"❶这一定义毫无疑问十分强调政策的政治性。

(二)教育政策的含义

在近代国家出现之前，教育被看成私事，因而不时兴教育政策。随着近代国家公共教育制度的确立，国家的教育政策变得重要了。这里所谈的教育政策是具有强烈的现代化意蕴的。教育政策属于公共政策的范畴，具有公共政策的属性和特征。教育政策的含义可以从政策的含义演绎而来。根据我国《辞海》对政策的诠释，政策是国家机关、政党及其他政治团体在特定时期为实现或服务于一定社会的政治、经济、文化目标所采取的政治行为或规定的行为准则，它是一系列谋略、法令、措施、办法、条例等的总称。❷ 公共政策是执政党和政府采取的用以规范、引导有关机构团体和个人的行为准则和行动指南。

教育政策是一个政党或国家为实现一定历史时期的教育任务而制定的行为准则。不同的政党有着不同的教育政策，我们这里所说的教育政策具有特定的含义，是指中国共产党及其领导下的国家为实现一定时期的教育任务而制定的指导原则和行为准则。

为了深入理解教育政策的含义，我们有必要将与教育政策十分相近的一些概念同教育政策本身做简要的区分。

1. 教育路线与教育政策

在现实生活中，我们通常把路线、方针、政策联合起来使用，我们习惯说"在党的教育路线、方针、政策的指引下"，或说"贯彻执行党的教育路线、方针、政策"等。为此，我们先将教育路线与教育政策的关系做一下分析。路线，顾名思义，本义是指从一地到另一地所经过的道路。引申到社会政治生活与社会实践活动中，则被定义为"人们在认识世界、改造世界中采取的基本准则"。路线从范围上可分为总路线和具体工作路线；从内容上可分为政治路线、经济路线、革命路线、文艺路线、教育路线等。具体的工作路线是依据总路线确定的。在我国，党的总路线决

❶ 孙光．政策科学[M]．杭州：浙江教育出版社，1988．
❷ 陈振明．政策科学——公共政策分析导论[M]．北京：中国人民大学出版社，1998：59．

定着党的教育路线的制定与形成，教育路线与总路线的精神是一致的。教育路线是社会发展教育事业采取的基本准则。就将教育路线界定为"基本准则"而言，其与教育政策的含义有极大的相似性。教育路线实质上就是教育政策，是教育政策中的核心政策。教育路线可以视为教育总政策中某种核心内容的另一种表达形式。一方面，教育路线作为教育政策的"合理内核"，它决定着教育政策总的性质、范围与特征；另一方面，教育路线作为教育政策系统中的一个上位概念，它具有统领教育政策的作用。教育路线在一定程度上指引与规范着教育的具体政策的制定与实施。

2. 教育方针与教育政策

方针是国家、政党在一定历史时期内为达到一定目标而确定的基本原则。教育方针则是国家或政党在一定历史阶段提出的教育工作发展的总方向。教育方针包括的内容一般有教育的性质、教育的目的及实现目的的基本途径等，其中，培养什么规格的人即教育目的是最重要的。教育方针是教育基本政策的总概括。教育方针因而强烈地体现出政策性。一方面，教育方针是国家一切教育工作应遵循、执行的教育基本政策；另一方面，教育方针作为教育政策中的上位概念，对各项具体教育政策的制定起着规范和导向作用。现阶段，我国的教育方针已通过教育立法的形式予以确定，《教育法》中有着明确的表达。

在对教育路线、方针与教育政策含义做了简要的分析之后，我们不难看出，教育政策是一个内涵丰富的概念。教育政策是一个完整的系统，也是一个完整的过程。为了全面地把握教育政策的内涵，有必要对其构成要素再做一个简要的分析与说明。对此，我们可以从以下几个方面加深对教育政策的理解。

第一，教育政策的主体。教育政策有其特定的主体，如国家权力机关、政党及其他政治集团、团体和教育行政部门。教育政策体现出主体的意志，具有合法性与权威性。

第二，教育政策的目的性。一定的教育政策总是指向一定的目标，又总在特定的历史时期内起着特有的作用。教育政策具有鲜明的目的性并具有明确的时效性。

第三，教育政策是教育主体为服务于特定的教育目标而采取的一系列活动。教育政策是一种动态的行动过程，包含具体的教育策略与行动方案。制定教育政策是着眼于政策行动的。教育政策若不付诸行动，则只是一纸空文，也就不能成为真正意义上的政策。

第四，教育政策是一种教育的行为准则或行为规范。教育政策总有具体的目标人群与作用客体。它规定着政策对象与客体的政策行为，规定着他们应做什么或不应做什么；鼓励他们做什么或禁止他们做什么。教育政策规定常常带有强制性，它必须被政策对象认同或遵守，而教育行为规范和准则又应具有可操作性，从而实现特定的政策目标。

二、教育政策的基本特征

关于教育政策的特征，专家、学者们从不同的角度进行了探讨，得出了不同的观点。比较普遍的看法是将其归纳为以下几方面：阶级性与社会性的统一，原则性与灵活性的统一，稳定性与可变性的统一，正、负效益的统一等。这里，借鉴陈振明先生主编的《政策科学》中对政策特征的分析，对教育政策特征做了如下归纳。

(一)利益倾向

教育政策的利益倾向是由教育政策自身的性质和特点决定的。制定政策的主体自身利益的客观存在，决定了政策的创立、实施必然带有明确的利益倾向，即服务于政策主体的利益。例如，新中国成立后，教育政策面临的问题是如何改造旧教育，建设为工农大众服务的新教育。所以，1949 年 9 月召开的中国人民政治协商会议第一届全体会议通过的《中国人民政治协商会议共同纲领》第五章的"文化教育政策"明确提出："人民政府的文化教育工作，应以提高人民文化水平，培养国家建设人才，肃清封建的、买办的、法西斯主义的思想，发展为人民服务的思想为主要任务。"作为当时最高层次的教育政策，它所代表的利益倾向是显而易见的。

(二)目标倾向

所有政策的一个共同特征是有一个明确的待实现的目标；所有政策的执行，都要直接促进目标的实现。有了这样一个明确的目标取向，才能规范人们的行为，从而避免政策执行中的盲目性。教育政策也无例外。例如，1999 年 1 月由国务院批准、教育部制定的《面向 21 世纪教育振兴行动计划》，提出了 21 世纪的中国教育改革和发展蓝图。把生机勃勃的中国教育带入 21 世纪，便是这一宏观、战略性政策文件确立的目标。

(三)合法性与权威性

所谓政策的合法性，是指作为对社会、团体、个人行为的规范与指导，政策必须得到所涉对象的认可、接受，不管自愿与否，否则，政策就失去了约束力。这里所说的政策的合法性的取得，或是经过特定的法律程序(例如，属于党的政策范畴的党纪、党规的制定就要经过一个特定的程序通过后，才能颁行)；或是依据一套习惯性程序(例如，党政机关的政策性文件从拟稿、审核到领导人的审定、签发，也有一定的程序性规定)；或是遵循领导的指示。

教育政策的权威性来源于政策的合法性，某些教育政策的权威性还体现在政策条文中含有某些约束性、惩罚性措施。例如，原国家教委1998年3月发布的《教育行政处罚暂行实施办法》，对处罚种类与主要违法情形、处罚的程序与执行等作出了规定。若缺乏惩罚性措施，教育政策就会失去权威性、合法性和强制力，就会无法贯彻执行。

(四)功能多样性

教育政策指向的行动会涉及社会的方方面面，因而其功能也是多样的。既有教育政策制定者、推行者期望出现的正向功能，也有其不愿看到的负向功能。要使每项教育政策都有得无失、有利无弊，是不现实的。要正确认识教育政策功能的多样性，从而在教育政策的实行过程中，尽可能充分发挥其正向功能而避免或减少其负向功能。

(五)价值相关性

凡是政策，都要涉及行动目标是什么，采取什么行动，以及怎样行动，支持哪些行为、反对哪些行为等。如何回答以上问题，就反映出政策制定者的价值观。政策制定者持有不同价值观，体现在政策条文上就有不同的行动目标。例如，我们党和国家的教育方针是培养德、智、体等方面全面发展的社会主义建设者和接班人，我们就按照这样一种价值观，制定并实行了一系列推进学校素质教育的政策。教育政策制定者的价值目标还会影响到对教育政策问题的确认，以及针对同一政策问题，为了同一目标，在不同时期对教育政策作出相应的调整。

(六)过程及阶段性

从事教育政策科学研究的学者认为，从动态角度看，教育政策是由政策议题确定、政策决策、政策执行、政策评估等一系列环节构成并相互作用的活动过程。教育政策的过程及阶段性，构成了教育政策的"生命过程"。

三、教育政策的属性

教育政策的属性表现在以下几个层面。

(一)政策目标层面

教育政策是实现教育目的、目标和任务的手段。教育政策通过对教育行为的规范，影响教育事业的发展、教育活动的开展和各类具体教育目标的实现。

(二)政策依据层面

制定教育政策应遵循人自身发展的规律、经济社会发展的规律。微观教育政策还应适应教育教学的规律。教育政策不得违背教育法律和其他法律的规定。

(三)政策主体层面

教育政策制定的主体包括教育立法机关与教育行政机关。涉及宏观教育发展的政策由立法机关制定；涉及微观具体教育行为的教育政策一般由教育行政部门制定；涉及教育事业运行、发挥的各项要素的协调、整合与运行的教育政策，则通常由其他政府部门制定或由相关政府机关联合制定、颁布和实施。

四、教育政策的本质与功能

从本质上说，教育政策体现了国家的意志，体现了全局性、整体性、普遍性的公共利益。同时，教育政策周期长，不宜频繁更替。

教育政策的功能包括：

第一，分配功能。实施教育政策的过程是一种对受教育权利、资源以及教育行政权力进行分配和调整的过程。

第二，导向功能。教育政策能够有效地统一人们的意志，使人们能够按照政策规定的原则与要求行动，从而达到最大限度地保障教育目标顺利实现的目的。

第三，控制功能。教育政策对人们的行为或教育事业发展的方向能产生控制与保障的作用。

第四，协调功能。教育政策能够对教育各系统内部的各要素之间产生的矛盾和冲突起到协调和平衡的作用。

五、教育政策在国家政策体系中的地位

在党和国家的政策体系中，教育政策占有十分重要的地位。认识教育政策所处的地位，有利于加深对教育政策的理解，增强执行教育政策的自觉性。

(一)教育政策是国家政策不可或缺的组成部分

从政策涉及的社会生活领域进行分类，国家政策一般分为政治政策、经济政策、社会政策、科技政策、文教政策五大类。现代国家事业是一个巨大的系统，组成这一系统的各个要素是密切关联的。国家的政治、经济、社会、科技、文教等事业的发展是相互依存、相互作用、相互促进的。国家为保障与促进各类事业的发展，必须制定和颁布与之相适应的政策。例如，为了经济的发展而有经济政策，为了社会的发展而有社会政策，为了教育的发展自然也有教育政策。在保障与促进教育事业本身的发展并通过教育促进国家的政治、经济、社会、科学、文化等事业的发展过程中，教育政策显然是不可或缺的。教育政策与政治政策、经济政策、社会政策、科技政策等一起构建起完整的国家政策体系，也是国家重要的公共政策之一。

教育政策作为国家政策的重要组成部分，不仅表现在教育政策可以相对政治政策、经济政策等而独立存在；而且表现在教育政策总是渗透在国家其他各类事业发展的政策中。首先，国家的总政策或基本政策中有对教育政策的表述。例如，新中国成立初期的《中国人民政治协商会议共同纲领》和我国后来颁布的《中华人民共和国宪法》中，均有对国家文化教育政策的郑重规定。中国共产党历次代表大会的决议或国家关于经济建设与社会发展的各项重要的宏观政策性文件，也都含有关于教育政策的规定与表述。其次，国家各类政策中，均程度不同地含有教育政策内容。国家政治、经济、社会、科技等方面的发展都离不开教育的推动；旨在促进各类事业发展的各类政策中，也都不可避免地含有教育的政策。也就是说，国家的政治政策中含有教育的政策内容，国家的经济政策中也含有教育的政策内容，国家的社会政策、科技政策中均含有教育的政策内容，于是教育政策也就成为各类政策的构成要素。例如，国家的社会政策中的人口政策、国家的政治政策中的民族政策，分别包含着提高人口素质的教育政策和促进各民族教育发展的教育政策。我国经济政策中的农业政策、工业政策等也都有着依靠教育的发展促进农业与工业发展的政策规定。

20

(二)在现代国家的政策体系中，教育政策具有独特的重要地位

在现代国家政策体系中，教育政策是一种相对独立的政策体系。教育政策有其特有的内涵、体系与结构，这是与教育自身作为一个独立的体系相联系的。一般来说，国家存在着什么样的教育形态或国家通过何种方式去发展教育，决定着需要怎样的教育政策。在构成国家整体发展的总系统中，教育是一个相对独立却又十分复杂的子系统。教育有多种层次、多种类别、多种形式，教育发展不仅受到教育的内部环境及自身条件的制约，而且受到社会外部环境及外在条件的制约，这一切决定着教育政策的多样性、独立性，也决定着教育政策与其他政策的关联性。

教育政策的相对独立性也决定着教育政策在国家政策体系中的相对独立的地位。现代国家教育事业发展的重要性和教育事业在国家各类事业中具有的与日俱增的重要地位，决定着教育政策的重要性和教育政策在现代国家政策体系中独特的重要地位。当今世界，科学技术突飞猛进，国力竞争日趋激烈，教育在综合国力的形成中处于基础地位，国力的强弱越来越取决于劳动者的素质，取决于各类人才的数量和质量，这对于培养和造就我国 21 世纪的一代新人提出了更加迫切的要求。教育既然面对如此重要的历史使命，那么应该制定怎样的教育政策，以使教育能更好地为培养和造就 21 世纪的新人服务？这是全社会尤其是教育工作者应

该深思的问题。在这样的背景下,教育政策特有的功能及其在国家政策体系中的特有地位也就更加明显地呈现出来了。

教育政策体系内部存在着各种类别、各种层次的具体教育政策。这些具体的教育政策既相互依存,又各有其特定的作用,因而也各有其相对独立的政策地位。每一项具体的教育政策总是针对具体类别或具体形式的教育发展而言,这种具体的教育政策是无法替代的。例如,基础教育政策是服务于基础教育的发展需要的,职业技术教育政策是服务于职业技术教育的发展需要的,它们彼此相对独立地发挥着政策的功效与作用,这种具体的教育政策在教育政策体系中有其特有的意义与地位。所以,教育政策体系在国家政策体系中的相对独立的地位不仅体现在它与其他类别的政策相比不可或缺地存在着,而且也体现在教育政策系统内部的各种政策有相对独立的价值与意义。

六、教育政策的基本类型

教育政策的类型,是指依照不同的标准,对教育政策的内在本质特征和外部表现形态所做的区分与归类。

(一)按照国外学者的分类标准划分的类型

根据对国外政策科学研究成果的总结,可将教育政策具体划分为以下几种类型。❶

1. 以政策是否实际改变客观对象为标准,可将教育政策分为实质性政策或程序性政策

实质性政策与党和政府将要采取的行为有关,而程序性政策只关系到某种行为由谁作出或怎样作出。例如,1985 年 5 月 27 日颁布的《中共中央关于教育体制改革的决定》,对教育体制改革的根本目的、主要内容以及基本原则等逐一作出了明确规定。《中共中央关于教育体制改革的决定》已成为一部十分重要的实质性政策文件,为中国教育改革与发展指明了前进的方向。由国务院颁发的《高等教育管理职责暂行规定》,着重从程序上分解、规范国家教育行政部门、国务院有关部门和省级人民政府对高等教育的管理职责,可视为程序性政策。但事实上,在某一项政策性文件中,实质性政策与程序性政策往往同时出现,难以分开。

2. 以政策协调(或调控)教育活动的方式为标准,可将教育政策分为分配性政策、限制性政策和调节性政策

分配性政策是指为各种教育关系主体(或者是教育管理者和教育管理

---

❶ 陈振明.政策科学——公共政策分析导论[M].北京:中国人民大学出版社,1998:93~96.

的对象)提供某种利益的政策。例如，对九年义务教育阶段的学生免收学费的政策，对大中专学校的贫困生提供助学贷款的政策，都是分配性教育政策。

限制性教育政策是指对参与教育活动的各种教育关系主体的行动加以必要的限制和约定。例如，国务院有关部门下发的关于禁止任何机关、企事业单位、社会团体和个人到中小学乱收费、乱摊派的规定，就属于限制性政策。

调节性教育政策与将某种限制或约定加于个人和社会团体的行为有关。例如，为了多渠道筹措教育经费而开征城镇"三税"(增值税、营业税、消费税)附加税的政策，就属于调节性政策。

3. 以政策产生的效果为标准，可将教育政策分为物质性政策和符号性政策

物质性教育政策是将某类有形教育资源或实质性权力，提供给此项政策的受益者。例如，现行的基础教育实行国务院领导下，分级管理、以县为主的管理体制的政策性规定，授予县级人民政府统筹协调、对口管理基础教育的权利，这是物质性教育政策。而符号性教育政策只是一种象征性政策，对人们很少产生实际效果。❶

(二)按照国内学者的分类标准划分的类型

依照国内学者比较一致的意见，可根据现行教育政策制定的主体及层次和效力范围的差异，划分出不同的类型。❷

1. 从制定政策的主体的角度，可将教育政策分为政党的教育政策、国家的教育政策、社会团体的教育政策

例如，《中共中央关于教育体制改革的决定》，是作为执政党的中国共产党指导中国教育改革的纲领性、政策性文件；而国家的《宪法》和《教育法》中关于教育方针的表述，体现了国家、人民的利益，是国家教育政策的最高形式。需要说明的是，在我国，中共中央、国务院经常就教育工作联合发布指示、决议、通知等，其中关于政策方面的内容，既是党的教育政策，也是国家的教育政策。党的教育政策和国家的教育政策之间，往往有交叉的部分。党的教育政策是制定国家的教育政策的依据，国家的教育政策是党的教育政策的合法化、行政化。

---

❶ (美)詹姆斯·E. 安德森. 公共决策. 唐亮，译. 北京：华夏出版社，1990：153～165.

❷ 陈振明. 政策科学——公共政策分析导论[M]. 北京：中国人民大学出版社，1998：93～96.

2. 从政策层次的角度，可将教育政策分为总政策、基本政策和具体政策例如，《教育法》第五条规定，"教育必须为社会主义现代化建设服务，必须与生产劳动相结合，培养德、智、体等方面全面发展的社会主义事业的建设者和接班人"，这是我们的教育方针。《中共中央关于教育体制改革的决定》规定，"教育必须为社会主义建设服务，社会主义建设必须依靠教育"，这是发展社会主义教育事业的重要指导思想。这些都是教育工作必须遵循的总政策。

基本政策介于总政策和具体政策之间，它一方面是教育总政策的具体化，另一方面又是制定具体政策的原则与依据。而具体政策可视为贯彻落实总政策、基本政策的具体行为规则。就当前情况看，市级，特别是县级人民政府制定的教育政策，大多数属于具体政策。

3. 从政策效力范围的角度，可将教育政策分为全局性政策和局部性（或区域性）政策

就全国情况而言，全局性教育政策在全国范围内，对各级各类教育都有政策效力，上至国务院各部门，下至地方各级人民政府及其有关部门，均应执行。近年来，国家确立加快西部地区开发、开放步伐的战略，国家有关部门相继出台了包括教育工作在内的支持西部地区的特殊政策，明显带有区域性色彩，是局部性的教育政策，享受这类政策的地区只能是国家确定的西部若干个省级行政区。

4. 从政策所起作用的角度，可将教育政策分为鼓励性政策与限制性政策

1994年3月14日，由国务院发布的《教学成果奖励条例》是典型的鼓励性政策；限制性政策往往散见于相关的政策性文件之中。

七、教育政策的表现形式

所谓教育政策的表现形式，是指教育政策以怎样的文本样式出现。我国现行的教育政策通常有以下表现形式。❶

①党的政策性文件。党的政策性文件主要是指中国共产党中央委员会和地方委员会发布的各种纲领、决议中有关教育的内容，以及就教育工作作出的决定、通知等。这类政策依次反映在以下的党的各类文件中。

一是中国共产党的章程。党章中确立的教育政策是我们党最根本的教育政策，它对社会主义教育事业的性质、地位、原则等一系列重大问题作出了明确的规定。

二是中国共产党全国代表大会的决议。在中共中央主持召开的党的

---

❶ 张乐天. 教育政策法规的理论与实践[M]. 上海：华东师范大学出版社，2012：33.

全国代表大会上作出的有关教育工作的决议，是党的重要教育政策。例如，2007年10月15日，胡锦涛同志在中国共产党第十七次全国代表大会上的报告中提出的"优先发展教育，建设人力资源强国"就是一项具有深远意义的政策。

三是党中央制定和批准的文件。由党中央制定和批准发布的有关教育工作的文件，也是党的重要的教育政策。例如，1985年，经中共中央政治局讨论通过的《中共中央关于教育体制改革的决定》，就是运用政策手段指导中国教育体制改革的纲领性文件。

四是中国共产党的地方各级领导机关的决议、决定。党的地方各级领导机关及其代表大会讨论本地区范围内的教育上的重大问题而形成的决议、决定及其批准的有关教育工作的文件，是适用于本地区的教育政策。

五是党中央直属领导机关和党的地方各级领导机关所属部门制定或批准的文件。这类机关与部门在自身职权范围之内，可以制定或批准有关教育的政策性文件。例如，中共中央宣传部或省委宣传部可以发布有关规范学校德育工作的文件。

②全国人民代表大会、省级人民代表大会和市级人民代表大会及各级常务委员会制定或批准的有关教育的政策性文件，即通常所说的教育法律、法规。

③国家行政机关制定、发布的有关教育工作的政策性文件。

一是国务院及其所属各部委制定或批准的有关教育的政策性文件。例如，1993年6月，原国家教委、人事部、财政部联合印发的《特级教师评选规定》。

二是县级以上（含县级）地方各级人民政府及其有关部门依照法律、法规规定的权限制定的有关教育的政策性文件。在实际工作中，这类由国家行政机关作出的有关教育的行政决定，构成了现行教育政策的主体，在指导、规范、协调教育工作方面起着十分广泛而重要的作用。

④党中央、党的地方各级领导机关所属的有关部门与国务院、地方人民政府所属的各部门共同制定或批准的有关教育的政策文件。例如，中共中央、国务院曾于1993年2月印发了《中国教育改革和发展纲要》，1999年6月又印发了《中共中央、国务院关于深化教育改革，全面推进素质教育的决定》。

⑤党和国家领导人有关教育问题的讲话、指示。党和国家领导人对教育工作发表的讲话或指示，能否视为教育政策的一种表现形式，仍有争议。对此，我们认为要具体分析。按照中国共产党的章程规定："党员个人代表党组织发表重要主张，如果超出党组织已有决定的范围，必须

提交所在的党组织讨论决定，或向上级党组织请示。"根据这一规定的精神，党和国家领导人有关教育工作的重要主张，是在党的全国代表大会或全国人民代表大会等全国性会议上公布的(例如，党中央领导在党的全国代表大会上做的重要讲话、报告等)，或经过党或国家的有关组织批准的，或在党的机关报刊等正式出版物上公开发表的，都应当列入政策的范畴，都具有政策性作用。

阅读资料：

全国教育工作会议与我国重大教育政策❶

新中国成立后，我国共举行过四次全国教育工作会议，党和国家领导人非常重视，每次大会都做了重要讲话，会后发布了决定我国教育事业发展的重大教育政策。

体制改革：迎来教育事业的春天。1985年5月，中共中央、国务院在北京召开第一次全国教育工作会议，600多位代表讨论的中心议题就是《中共中央关于教育体制改革的决定》，提出了随着经济的发展，采取各种形式积极进行不同程度的普及基础教育的工作。国家还要帮助少数民族地区加速发展教育事业。地方各级人民代表大会根据本地区的情况，制定本地区的义务教育条例，确定本地区推行九年制义务教育的步骤、办法和年限。基础教育管理权属于地方，调整中等教育结构，大力发展职业技术教育等。会后，中国的教育体制改革全面启动了。

优先发展：中国教育走上了快车道。1994年6月，中共中央、国务院在北京召开第二次全国教育工作会议，贯彻了中共中央、国务院1993年颁布的《中国教育改革和发展纲要》，江泽民出席会议，并发表了长篇讲话。

素质教育：中华民族复兴的希望。1999年6月，中共中央、国务院在北京召开第三次全国教育工作会议，处于世纪之交，会议发布了《中共中央、国务院关于深化教育改革，全面推进素质教育的决定》。江泽民出席会议，并发表了长篇讲话，再次发出了深化教育改革、全面推进素质教育、振兴教育事业的号召。

人力资源强国：全面建成小康社会的保障。2010年7月16日，中共中央、国务院在北京召开第四次全国教育工作会议，会后颁布了

❶ 吴遵民. 对当前我国重大教育政策问题的若干研究与思考[J]. 杭州师范大学学报(社会科学版)，2010(6).

《国家中长期教育改革和发展规划纲要（2010—2020年）》，确立了 2020年建立人力资源强国的目标。与以往会议不同，第四次全国教育工作会议的与会人员除了教育工作者、主管教育的政府官员，还有各省、市、自治区的党委书记、省长等，规格之高超过以往。

第二节　我国中小学重要的教育政策

我国中小学的教育政策主要体现在教育质量政策、教育体制政策两个方面。

一、中小学教育质量政策

1. 中小学教育任务和培养目标

中小学教育任务和培养目标是中小学教育质量政策的核心和出发点，它是上位政策的统一精神要求与中小学教育的自身特点和规律相结合的集中体现。

2. 中小学德育政策

德育是全面发展教育中的重要组成部分。为确保德育在中小学中的地位，加强德育工作领导，提高中小学德育质量和水平，党和国家及教育主管部门制定了一系列德育政策，主要包括《中共中央关于进一步加强和改进学校德育工作的若干意见》《中共中央、国务院关于进一步加强和改进未成年人思想道德建设的若干意见》《公民道德建设实施纲要》《爱国主义教育实施纲要》《中小学德育工作规程》《中小学德育纲要》《中(小)学生日常行为规范》以及其他重要的教育政策文件中对德育方面的政策规定。

3. 中小学课程政策

课程政策是指国家教育行政主管部门为了调整课程权力、课程运行方式而制定的行动纲领和准则，包括：课程改革目标——反映课程政策的问题及课程政策的方向、目的；课程政策载体——课程计划或方案、课程标准(教学大纲)以及教科书，即承载课程政策信息的文本；课程政策主体——课程政策的制定者和实施者。

1999年的《面向21世纪教育振兴行动计划》实施以来，新一轮的基础教育课程改革正在不断深化。随着《国务院关于基础教育改革与发展的决定》和《基础教育课程改革纲要(试行)》的颁布，新一轮课程改革的一系列课程政策相继出台。

新课程实行"积极进取、稳妥推进、先立后破、先实验后推广"的课程改革方针。新课程确立了国家、地方和学校三级课程管理的主体和管理体制，课程决策和课程开发走向决策分享和民主化的道路。新课程也改革了教科书编写、审定和选用制度，改传统的国定制为审定制，试行国家要求指导下的教材多样化，实行教材编写资格的核准制度和教材编写的审查制度，教材审查实行编审分离。新课程整体设置九年一贯的义务教育课程，分段形成适应学生发展特点的课程结构。课程改革突出了教师、学生在课程实施中的地位和发展权利。

4. 中小学教学政策

教学是中小学的中心工作。全日制中小学必须贯彻以教学为主的原则，必须根据教育部统一规定的教学计划、教学大纲和教科书进行教学，不得任意修改教学计划、教学大纲和教科书，教学的基本形式是课堂教学。同时，我国对中小学的生产劳动、课外活动、课内外作业、学习竞赛做了原则要求。在《中共中央、国务院关于普及小学教育若干问题的决定》的推动下，中小学的各项教学政策和制度进一步建立和完善。1996年颁布的《小学管理规程》制定了我国小学教学工作的基本政策。此后，中小学的教学政策基本上是围绕减轻学生过重的课业负担、反对片面追求升学率而制定的各种限制性政策，以及为推行素质教育、促进学生全面发展而制定的引导性政策。《基础教育课程改革纲要（试行）》在系统提出课程改革政策的同时，也制定了新的教学政策。有些教学政策对教学的具体组织行为作出了规定，例如，《小学管理规程》规定，教学班级的学生名额以不超过 45 人为宜。

教师在教学过程中应与学生积极互动、共同发展，要处理好传授知识与培养能力的关系，注重培养学生的独立性和自主性，引导学生质疑、调查、探究，在实践中学习，促进学生在教师指导下主动地、富有个性地学习。教师应尊重学生的人格，关注个体差异，满足不同学生的学习需要，创设能引导学生主动参与的教育环境，激发学生的学习积极性，培养学生掌握和运用知识的态度和能力，使每个学生都得到充分的发展。大力推进信息技术在教学过程中的普遍应用，促进信息技术与学科课程的整合，逐步实现教学内容的呈现方式、学生的学习方式、教师的教学方式和师生互动方式的变革，充分发挥信息技术的优势，为学生的学习和发展提供丰富多样的教育环境和有力的学习工具。

阅读资料：

《义务教育语文课程标准》指出：语文的课堂应该是教师、学生、文本对话的过程。对话是生成的潜动力，互动是生成的必要条件。"多向互动"和"双重生成"改变了课堂教学作为预设教案的执行过程，使课堂呈现出"开放"和"弹性"，师生思维活跃，随时可能面临新的情况和意外的挑战，学生与教师一起成为课堂生活的"创生者"。朗读教学中，我经常采用互动的方式，师生间、小组内展开评价和学习活动，既可以提高朗读质量，也可以取长补短。一位教师在指导《一株紫丁香》这篇课文中的最后一节的朗读时是这样做的：

师：你读了这段话之后觉得该怎么读啊？

生：我觉得应该轻轻地读，因为这个时候已经夜深了，不能打扰教师睡觉（就让生轻轻地读，其中也包含着对教师的关爱）。

师：应该有礼貌的。因为这里用了一个"您"（那就有礼貌地读，体现对教师的尊重和热爱）。

生：这里有一个词语是"又香又甜"，所以我要甜甜地读。

师：如果是我，这句话我会这样读，"让花香飘进您的梦里"（教师把"飘"字读得又轻又柔，而且慢慢悠悠的，让人有陶醉的感觉）。

生：我知道了，花香就是随着风很慢很慢地飘的。

师：对，小朋友，就学着老师的样子来读一读。

……师生、生生的评价、交流不断呈现各种朗读的方法，生成了多元化的、个性化的朗读方式，让朗读变得有滋有味，让朗读赋予学生真实的内心世界，让朗读变成表达情感的一种方式，让朗读变成一种生命的活动。❶

5. 中小学教育评价与升学政策

中小学教育在成绩评定和升学政策上兼顾了培养和选拔功能。《基础教育课程改革纲要（试行）》根据世界各国教育评价发展的趋势，提出了发展性评价的政策和模式，努力建立促进学生全面发展的评价体系。所谓发展性评价，是以学习者的主体作用为基础，强调认知活动中新知识与旧知识的联系，强调知识和技能的应用、迁移，强调教学方式的过程与体验，强调教学互动中的情感、态度与价值观等指标的重要影响，使评价过程与教学过程并行，提供信息和指导，以促进学生的发展。具体来看，目前的普通高中毕业会考仍是学校和社会关注的考试，由省级教育行政部门统一设置科目、组织命题、施考、评卷等。日常考核评价对考核的科目和次数进行了限定，例如，国家规定，中学平时测验语文、数

❶ 毛仁燕，吴伟. 多向互动双重生成，让语文课堂充满生命活力[N]. 现代教育报，2011-06-22.

学、外语，每学期不宜超过 4 次，其他学科每学期不宜超过 2 次；中学期中和期末考试，每学年举行 1 次。对于学生评价也有政策要求，例如，根据《教育部、共青团中央关于在中学生中评选三好学生的试行办法》的规定，"三好"学生评选以班级为单位，每学年评选 1 次。

二、中小学教育体制政策

中小学教育体制政策包括行政体制、办学体制和学校体制等方面的政策内容。我国基础教育体制政策是 1985 年的《中共中央关于教育体制改革的决定》确立下来的，20 年来不断发展和完善，其主要的精神和框架被写进了《教育法》《义务教育法》《民办教育促进法》以及有关法规条例中。

1. 教育行政体制政策

教育行政管理体制是指一个国家的教育行政组织系统，即国家对教育领导管理的组织结构和工作制度的总称，包括教育行政组织机构的设置、各级教育行政机构的隶属关系和职权划分。2001 年，《国务院关于基础教育改革与发展的决定》中提出"实行在国务院领导下，由地方政府负责、分级管理、以县为主的体制"，要求"县级人民政府对本地农村义务教育负有主要责任，要抓好中小学的规划、布局调整、建设和管理，统一发放教职工工资，负责中小学校长、教师的管理，指导学校教育教学工作。乡(镇)人民政府要承担相应的农村义务教育的办学责任，根据国家规定筹措教育经费，改善办学条件，提高教师待遇。继续发挥村民自治组织在实施义务教育中的作用。乡(镇)、村都有维护学校的治安和安全、动员适龄儿童入学的责任"。2005 年，国务院下发的《国务院关于深化农村义务教育经费保障机制改革的通知》中提出，构建起农村义务教育经费保障的新机制，经费实行省级统筹，管理以县为主。

2. 教育办学体制政策

《中共中央、国务院关于深化教育改革，全面推进素质教育的决定》提出："进一步解放思想、转变观念，积极鼓励和支持社会力量以多种形式办学，满足人民群众日益增长的教育需求，形成以政府办学为主体、公办学校和民办学校共同发展的格局。凡符合国家有关法律法规的办学形式，均可大胆试验，在发展民办教育方面迈出更大的步伐。""在保证适龄儿童、少年均能就近入公办小学和初中的前提下，可允许设立少数民办小学和初中，在这个范围内提供择校机会，但不搞'一校两制'，要因地制宜地制定优惠政策(如土地优惠使用、免征配套费等)，支持社会力量办学。"2001 年，《国务院关于基础教育改革与发展的决定》具体提出"推进办学体制改革，促进社会力量办学健康发展"的一系列政策措施、政策要求，2002 年后，这一系列政策措施被写进了《民办教育促进法》中。

3. 教育管理体制政策

1985 年的《中共中央关于教育体制改革的决定》明确规定，"学校逐步实行校长负责制"，同时，提出"要建立和健全以教师为主体的教职工代表大会制度、加强民主管理和民主监督"。学校党组织要把精力集中到建设和加强思想政治工作上来，团结师生员工和支持校长行使职权，保证和监督党的各项方针政策的落实，这是我国中小学内部管理体制改革的重大举措。

第三节 教育政策与教育法规的关系

一、教育政策与教育法规的联系

现行的教育政策与教育法规在本质上是一致的，具有深刻的内在联系，主要表现在：

其一，教育政策与教育法规都是国家管理教育的重要手段，都是在教育活动中应遵循的行为准则与行为依据。

其二，一般来说，教育法规，尤其是教育法律，建立在教育政策的基础上，成熟稳定的教育政策会被确立为教育法律。

其三，教育政策的实施需要"法"的保障。只有合法化的教育政策才能成为真正可供遵循、实施的政策，同时，政策实施的全过程都要依法进行。

其四，教育政策的制定应以法律为依据，法律规定了政策不能涉及的具体内容。

二、教育政策与教育法规的区别

教育法规作为一种特殊的行为规范，与教育政策又有着明显的区别，主要反映在以下几个方面。

(一)基本属性不同

教育法规是通过国家的政权表现出来的国家意志；而党的教育政策是通过政党表现出来的意志，它一般不具有国家意志的属性。

(二)制定的机关和约束力不同

教育法规是由国家制定和认可的，依其层级的不同，在一定范围内具有普遍的约束力。党的教育政策则由党的领导机关制定，只对党组织和党员具有约束力，对党外群众一般不具有约束力。要使党的政策具有普遍的约束力，必须把它上升为国家意志，转化为国家层面的法规。

(三)制定的程序不同

教育法规必须严格依照法定程序制定，而党的教育政策是通过党的领导机关会议等形式，在充分展开民主讨论、广泛征求意见的基础上，通过集体研究形成的。

(四)表现形式不同

教育法规制定以后，通常以条文形式出现，它作为法律规范有着特殊的形式，对法规的适用条件和具体情况、具体行为规则以及违反者应承担的后果作出了确切的表述。在语言表达方式上，法规条文一般都是直接陈述句，且主谓分明，语意清晰，人们一看就明白谁必须做什么，谁不得做什么，谁可以做什么；而党的教育政策通常以党组织机关的指示、决议、意见、通知等形式表现出来，其文体格式多样，内容大多有原则性，突出指导性，富有号召力。

(五)实施方式不同

教育法规以国家强制力保证实施，它不是可做、可不做，而是必须做的行为；也不是可以这样做或可以那样做，而是必须这样做或那样做的行为。否则，违反者应承担相应的法律责任，这样的实施方式带有强制性。而党的教育政策的贯彻执行，更多地靠宣传教育，靠思想政治工作，靠党组织的领导干部、工作人员的模范带头作用的发挥，其强制力是有一定限度的。

(六)稳定程度和调整范围不同

教育法规一般是在总结党和国家的教育政策执行情况和经验的基础上，广泛集中了群众智慧和意见之后确定下来的，它具有长期性、稳定性，不宜随意变动。教育法规一般对教育活动的根本方面和教育的基本关系加以约束、规范，其调整的范围比教育政策调整的范围要小一些。而党的教育政策则随着教育工作形势、任务的变化而适时作出调整、修订，从而变得更完善。教育政策制定的灵活性和及时性还决定了教育政策调整的范围更广泛，它可以及时渗透到教育领域的各个方面，发挥调节、导向作用。

(七)公布的范围不同

教育法规一经审议通过，必须通过适当方式，在全社会公布，让全体公民知晓，以便大家遵守，公开是原则，不公开是例外；而党和国家的教育政策不完全在全体公民中公布，有的政策只在一定时期或一定范围内公开。

三、对教育政策与教育法规的关系的把握

要正确处理好实施教育法规与执行教育政策的关系，必须注意以下几点。

(一)制定和实施教育法规应以教育政策为指导

教育政策不仅指导教育立法的过程，体现在教育法律规范之中，而且也指导着教育法规的实施。在一些教育法规中，常设有"总则"部分，这部分的某些条文的实质就是政策性的说明。例如，《教育法》等教育法

规中关于立法宗旨的表述，同《中共中央关于教育体制改革的决定》和《中共中央关于加强社会主义精神文明建设若干重要问题的决议》中提出的提高全民族素质的根本指导思想及其有关原则是一致的。可见，教育法规的制定往往要以教育政策为依据，教育法规的实施也要以教育政策为指导。

(二)教育政策的落实应以教育法规为保障

将教育政策上升为教育法规，成为人们理解和执行教育政策的规范，排除了理解和执行政策中的主观随意性，即不受党和国家行政机关领导人的更换及领导人个人注意力转移的影响，从而使教育法规以其特有的强制性成为推动教育政策贯彻落实的保障，成为实践教育政策的最强有力的手段。新中国成立 60 多年来的历史经验证明，将教育政策与教育法规结合起来贯彻实施，是教育改革与发展的动力与保障。

(三)推行教育政策不能超越教育法规所规定的范围

尽管教育法规的制定和实施应当以党和国家的教育政策为指导，但这并不意味着教育政策可以随意左右教育法规的制定或超越教育法规规定的范围。在贯彻落实教育政策时，必须自觉维护教育法规的尊严，必须有助于教育法规的实施。目前，我国教育法规尚不完备，在有些方面还存在有政策而无法规的情况，再加上教育的有些问题无法也不必用教育法规加以规范，遇到这种情况时，要坚持有法依法、无法依政策的原则，就像《中华人民共和国民法通则》规定的那样："民事活动必须遵守法律，法律没有规定的，应当遵守国家政策。"在一定的历史时期内，教育政策在对教育事业进行宏观调控方面，还要发挥十分重要的作用。

在处理教育政策与教育法规的关系时，应该注意两种倾向：一是片面强调教育政策的主导作用、决策作用；二是片面扩大、夸大教育法规的作用。前者在实践中容易形成重政策、轻法规，以政策性文件取代教育法规的状况，只讲依政策办事，不讲依法办事；后者只讲依法办事，忽视教育政策在教育活动中的重要作用。这两种倾向都应当注意避免。

>>> **复习与思考**

1. 如何理解教育政策的内涵？
2. 我国的教育政策有哪些特征？试举例说明。
3. 教育政策的表现形式有哪些？
4. 简述教育政策与教育法规的联系与区别？

>>> **案例分析**

　　新一轮基础教育课程改革是一次深刻的变革。实践证明，课堂教学是一个充满生命活力的过程，并不是教师都能预设的，也不是一成不变的。我们要不断关注课堂中的这些"生成资源"，有意识地学会去利用这些资源，提升学生对文本的认识，提高自己的能力。这才是课程改革政策得以落实的体现。

　　在讲《坐井观天》一课时，最后提到让青蛙跳出井外看一看的时候，突然有个学生说："老师，我想给青蛙提个醒，跳出井口的时候要快一点，别让人们抓住了。"

　　教师灵机一动，把问题抛给学生："对呀，听了这位同学的提醒，青蛙们还跳不跳了啊?"教师没有回避这一问题，而是让学生展开讨论，形成自己的观点，再进行交流。这里就出现了"过程生成"。学生的回答精彩纷呈：

　　生1：我觉得青蛙不应该害怕这个、害怕那个的，难道天上飞的小鸟就没有危险了吗? 它也要面临被猎人打的危险啊。我觉得应该勇敢地跳出去看一看外面的世界有多大。

　　生2：青蛙即使真的那么倒霉刚好被人们抓住了，能看一眼外面的世界，也是死而无憾了。

　　生3：如果我是青蛙，我要先等等再说，说不定小鸟真的在吹牛呢，不可以随便相信，我要等有同伴来和我说，再出去看看……

　　不同的回答体现着学生不同的人生观和价值观，折射出学生的个性和人格中的闪光点。这一切的产生都是教师无法预设的，得感谢学生提供了这样的资源。

　　问题与思考：

　　1. 案例中教师的教学方法体现了我国基础教育课程改革政策中的哪些理念？

　　2. 你认为我国基础教育课程改革这一政策推行的困难和障碍有哪些？

>>> **参考文献**

　　1. 张乐天. 教育政策法规的理论与实践[M]. 上海：华东师范大学出版社，2012.

2.《教育政策法规》编写组．教育政策法规[M]．西安：西北大学出版社，2011.

3. 董建稳．现代教育政策法规导论[M]．咸阳：西北农林科技大学出版社，2010.

4. 孙洪莲．教育政策法规解读及案例分析[M]．哈尔滨：黑龙江教育出版社，2008.

5. 徐建平，茅锐，江雪梅．教育政策与法规[M]．重庆：重庆大学出版社，2013.

6. 陈振明．政策科学——公共政策分析导论[M]．北京：中国人民大学出版社，1998.

7. 罗宏述，米桂山．教育政策法规[M]．北京：科学普及出版社，1992.

第三章 教育法的基本理论

> ## 内容提要

　　教育法学是法学领域的一个新兴学科，有关教育法的基本
理论是教育政策法规研究不可回避的问题。本章的学习目标是
掌握教育法的基本概念和基本理论，主要包括教育法的特点、
原则和作用；教育法律规范的含义、特征和结构；教育法的渊
源；教育法律规范的构成要素等，以提高师范生对教育法的内
涵和外延及其研究范畴、领域、功能、作用与特点的认识。

第一节　教育法概述

一、教育法的含义

　　教育法有广义和狭义之分。广义的教育法指国家机关(权力机关和行
政机关)依照法定权限的程度制定颁布的所有有关教育的规范性文件的总
称，它主要包括最高国家权力机关制定的法律、最高行政机关制定的行
政法规、地方权力机关制定的地方性法规、中央政府各部委制定的规章
和地方政府制定的规章。狭义的教育法指由国家权力机关制定颁布的教
育法律，在我国是指由全国人民代表大会及其常务委员会制定的教育法
律。人们一般从广义的角度使用教育法的概念。

　　我们认为，教育法是由国家制定或认可，并由国家强制保证实施的
调整和规定教育活动和教育关系的行为规范的总称。它是统治阶级教育
意志的反映，也体现了教育规律和一个国家绝大多数人民的教育利益，

其目的是保证和维护教育活动的有效性、有序性和正义性。这一定义包括以下三层含义。

(一)教育法是一种行为规范

教育法从其本体形式而言，是一种行为规范，这种行为规范以权利和义务为特有的表现形式。这种规范形式能够使人们按照统一的标准处理问题，从而为教育活动提供权威的行为标准，为教育事业的稳定发展提供有力保障。

(二)教育法是由国家制定或认可的行为规范

教育法从其来源而言，是由国家机关按照法定权限和程序制定的，具有不同法律效力的规范性文件。从制定机关而言，教育法必须由国家机关制定，非国家机关不能制定有关法律，非国家机关制定的规范本身不具有国家意志属性。这也是教育法区别于教育政策、教育道德和其他社会规范的重要特征。

(三)教育法是以国家强制力保证实施的行为规则

教育法从其运行机制而言，是以国家强制力保证实施的。教育法以国家的名义规定了人们在教育活动中应享有的权利和应履行的义务。为了使人们的法定权利免遭非法侵犯或剥夺，使人们的法律义务得以全面履行，把教育法确定的行为规则变为社会现实，就必须以国家强制力为后盾，通过相应的强制措施予以保障。

阅读资料：

《义务教育法》第五十八条规定："适龄儿童、少年的父母或者其他法定监护人无正当理由未依照本法规定送适龄儿童、少年入学接受义务教育的，由当地乡镇人民政府或者县级人民政府教育行政部门给予批评教育，责令限期改正。"第十四条规定："禁止用人单位招用应当接受义务教育的适龄儿童、少年。根据国家有关规定经批准招收适龄儿童、少年进行文艺、体育等专业训练的社会组织，应当保证所招收的适龄儿童、少年接受义务教育；自行实施义务教育的，应当经县级人民政府教育行政部门批准。"第五十九条规定："有下列情形之一的，依照有关法律、行政法规的规定予以处罚：(一)胁迫或者诱骗应当接受义务教育的适龄儿童、少年失学、辍学的；(二)非法招用应当接受义务教育的适龄儿童、少年的；(三)出版未经依法审定的教科书的。"第六十条规定："违反本法规定，构成犯罪的，依法追究刑事责任。"这些对违法者的制裁是保证教育法实施的必要的强制手段。

应当指出，教育法依靠国家强制力保证实施，是从实施方法的终极形式上说的，这并不是说教育法的一切规定只有通过国家的强制措施才能实现。特别是社会主义教育法，体现了广大人民群众的根本利益，在一般情况下，依靠人民群众自觉遵守。教育法只有在实现过程中遇到阻碍或者被破坏的情况下，才通过国家强制措施获得保障。但不论实现方式如何，教育法都具有必须履行和不可违反的性质，如果违反，就要承担相应的责任，受到相应的制裁。

教育政策、教育道德也是调整人们行为的重要的社会规范，但它们依靠的不是国家强制力，而是依靠舆论、良心等手段来规范人们的行为，从而达到调整社会关系的目的。

二、教育法的特征和原则

(一)教育法的特征

教育法的特征是指教育法作为一种社会规范不同于其他社会规范的特性以及作为一种法律与其他社会规范和法律相比，其自身具有的特点，一般而言，教育法的特点主要表现为以下四个方面。

1. 教育法的规定具有公定力

教育法所规定的事项，主要是表达国家对教育的要求和意志。为此，该事项具有公认而确定的效力，即公定力。与民法、刑法不同，教育法更多地具有行政法的性质，它所调整的法律关系主要是纵向型的、以命令与服从为基本内容，以隶属性为基本特征的教育行政法律关系。在这种法律关系中，当事人之间的法律地位是不对等的，不论这种关系的相对方意见如何，只要国家机关依法下达了指示或命令，这种法律关系就形成了，关系的相对方就必须履行作为或不作为的行为，任何个人都无权否定教育法法定的权力。

2. 教育法的规定具有强制性

教育法是国家意志的体现，它所规定的事项，与其他法律一样具有国家强制性，不允许任何人违反或变更。教育法以国家强制力为后盾，当义务人违反了教育法的规定时，国家机关可以依法强制追究法律责任。教育法的这种强制性与民法、刑法相比比较简单、范围有限，它主要侧重于规定事前的作为或如何作为、不作为，通过反复宣传教育人们怎样做，而事后的制裁只是实现教育法所规定事项的一种手段。因此，教育法使用范围的强度与其他法律、法规相比，有所不同。

3. 教育法具有多变性

教育法的多变性主要是由教育立法主体的多元性导致的。在我国，立法的主体不仅有最高权力机关、地方权力机关，而且有最高行政机关及其所属部、委以及地方的行政机关。行政机关为实施法律、行使职权和适应实际需要，有权制定、修改、废止行政法规和规章，不用经过立法机关的批准。行政部门既是立法者，又是执行者。因此，教育法的修改频率较高，多变性在所难免。

4. 教育法没有统一的法典

教育法与民法、刑法不同。民法、刑法都有统一的法典，分别适用于民事活动和刑法事项。而教育法在形式上散见于宪法、民法、行政法等法律、法规之中，没有统一的法典和完整的系统，也没有共同或一般的规定。教育法的这一特点与其调整范围的广泛性、教育教学活动的多样性等因素有关，因此，立法者很难对教育问题进行综合立法，制定出完整统一的法典。

(二)教育法的基本原则

教育法的基本原则是所有教育法律、法规应遵循的总原则，它贯穿于一切教育法律规范中，是教育立法、执法和研究的出发点和基本依据。教育法的基本原则主要有以下几点。

1. 方向性原则

教育法必须坚持教育的社会主义方向。《教育法》第六条规定："国家在受教育者中进行爱国主义、集体主义、社会主义的教育，进行理想、道德、纪律、法制、国防和民族团结的教育。"方向性原则主要表现在两个方面：一方面必须保证教育权掌握在无产阶级手中；另一方面必须保证培养社会主义事业的建设者和接班人。

2. 公益性原则

公益性原则是现代教育的重要特征，它指教育事业的过程和结果具有社会影响，符合国家和社会公共利益的要求。《教育法》第八条规定："教育活动必须符合国家和社会公共利益。"

3. 平等性原则

平等性原则是指人们在教育方面享有平等的权利和义务，平等地承担法律责任，任何人不得拥有超越法律的特权。《教育法》第九条规定："中华人民共和国公民有受教育的权利和义务。公民不分民族、种族、性别、职业、财产状况、宗教信仰等，依法享有平等的受教育机会。"《教育法》第十条规定："国家根据各少数民族的特点和需要，帮助各少数民族地区发展教育事业。国家扶持边远贫困地区发展教育事业。国家扶持和发展残疾人教育事业。"

4. 终身性原则

终身性原则是指人的一生应当不断地接受教育，应当在任何阶段都有机会接受教育，教育应当面向所有的人。《教育法》第十一条规定："国家适应社会主义市场经济发展和社会进步的需要，推进教育改革，促进各级各类教育协调发展，建立和完善终身教育体系。"

三、教育法的作用

法的作用是指法对人的行为以及最终对社会生活的影响，根据法作用于人们的行为和社会关系的形式和内容的不同，可以将法的作用分为法的规范作用和社会作用。相应地，教育法的作用也体现在规范作用与社会作用两个方面。

(一)教育法的规范作用

1. 指引作用

法对社会关系的调整是通过法律规范实现的。法明确地规定了人们的行为规则。它明确规定了人们应该有怎样的行为、禁止怎样的行为和可以有怎样的行为，从而为人们的行为指明了方向。教育法正是通过命令性规范、禁止性规范和引导性规范为不同的教育法律关系主体指明了方向。

2. 评价作用

法律作为一种行为规范，是判断、衡量人们的行为是否合法的标准。我们常讲，要以事实为根据，以法律为准绳。这就是说，法律是判断、衡量人们的行为合法与否的评价标准。

3. 教育作用

法是人们的行为规范，它对于人们应该做什么、不应该做什么都具有明确的教育作用。法律制裁违法行为，不仅对违法者具有教育改造作用，而且对所有社会成员具有教育作用。同时，法律支持合法行为，对人们具有示范教育作用。教育法本身的特点决定了教育法的教育作用更为突出。特别是教师的职责要求、学生守则等法规文件，其首要意义就是以法的形式强化对有关人员的教育。

4. 预测作用

法具有的严格而稳定的规范性使人们预先知道从事某种行为或不从事某种行为必然发生的法律后果，从而调整人们的行为。

《学位条例》规定："凡拥护中国共产党的领导、拥护社会主义制度，具有一定水平的公民，都可以按照规定取得相应的学位。学位分学士、硕士、博士三级。"该条例还规定了各种学位的相应条件和授予办法。根据该条例的规定，每个公民都可以根据自己的实际条件对自己能取得哪种学位进行预测，并可依照条例确定自己的奋斗目标。

5. 强制作用

法律的强制作用具有两方面的含义：其一，法对于人们应该做什么、禁止做什么和可以做什么加以规定，而且还要使人们必须接受，这体现了法的强制性特征；其二，违反法律规定的行为要受国家强制力的制裁。

我国的《义务教育法》中，就有一些强制性规定，充分显示了义务教育的强制性特点，其中第十一条规定："凡年满六周岁的儿童，其父母或者其他法定监护人应当送其入学接受并完成义务教育；条件不具备的地区的儿童，可以推迟到七周岁。"第十四条规定："禁止用人单位招用应当接受义务教育的适龄儿童、少年。"

(二)教育法的社会作用

教育法有其独特的社会作用，主要体现在以下五个方面。

1. 保障我国教育法的正确方向

古今中外的政治势力，为了维护自己的统治，无不通过制定教育政策、颁布教育法令等把政治的基本准则贯彻到教育的各个方面去，保障教育为一定阶级的政治服务。我国教育法的首要作用就在于通过立法的形式切实保障教育为社会主义建设服务，也就是要保障我国教育的社会主义性质，保障党对教育事业的领导，保障培养出适合社会主义建设需要的人才，提高劳动者和全民族的素质。

2. 保障和促进我国教育事业的发展

教育法保证了我国公民受教育的权利和义务。教育法对教育的地位、作用、结构、规模、经费、师资和管理体制等方面都作出了明确的规定。国家、社会和公民可按照这些规定参与教育事业。教育法对我国教育事业的发展起着重要的保障与促进作用。

3. 保障按教育规律办教育

教育规律是指教育这一社会现象内在的必然联系。教育规律是客观存在的，它不以人们的意志为转移。由于我国教育法的社会主义性质与教育规律在本质上完全一致，所以教育法应该体现教育规律，通过教育立法将按照教育规律办教育的一般要求转化为法律规范，以避免教育工作中的主观随意性。由于教育法本身是依照教育规律制定的法律规范，从形式上看，它符合法律特点；从内容上看，它符合客观规律。它可以保障我们在教育活动中遵循教育规律办事。

4. 保障有关各方在教育上的合法权益

教育法律、法规明确规定和保障与教育相关的各方的权利与义务。教育是一种极为复杂的社会现象，它涉及学生、家长、教师、学校、政府各部门以及社会各方面。在教育活动中，各方享有什么权利，承担什么义务，教育法作出了具体规定，这样，教育法就可以保障有关各方在教育上的合法权益，充分发挥他们的积极性，同时可以防止和制裁违法行为。

例如，我国的《义务教育法》明确规定了国家、社会、家庭三方面在教育中的权利、义务。对于国家来讲，必须创造条件使适龄儿童的父母或其他法定监护人送适龄子女或被监护人按时入学，接受规定年限的义务教育。对于社会来讲，要关心、支持教育事业，为教育的发展创造良好的环境。

5. 提高教育管理效率

教育管理是为了实现预定目标，组织和使用人、财、物、时间、信息的过程，旨在提高管理功效。完备的教育法规对于教育管理的职责、权限、任务、工作程序等都有明确的规定，这有利于教育管理活动在法律授权内的事务完全自主自律，以减少或防止相互推诿现象的发生。

第二节　教育法律规范

一、教育法律规范的含义

法律规范是由法确定的人们的行为规范。法律规范一般具有两个特征：一是规范性，二是概括性。规范性指法律规范为人们的行为规定了一定的模式，使人们共同遵守；概括性指法律规范的逻辑基础是概括的。法律规范是普遍适用和反复适用的，而非一次性适用于处理某一特定事件。

教育法律规范是指通过一定的法律条文表现出来的具有自己内在逻辑结构的一般行为规则。每一部具体的教育法都是若干个行为规则组成的有机整体，其中组成教育法行为规则的有机整体的单个行为规则，就是具体的教育法律规范，它是组成教育法的"基本细胞"。教育法律规范与教育法、教育法律文件、教育法律条文之间既有联系又有区别。一般而言，教育法律规范是教育法、教育法律文件及教育法律条文的内容，而教育法的各种规范性文件或法律条文是教育法律规范的载体，它们之间是内容和形式的关系，其主要区别体现在以下四个方面。

(一)教育法律规范与教育法的区别

教育法是指由国家制定和认可，并以国家强制力保证实施的教育活动中的全部行为规则的总称。教育法律规范是一种特指的行为规范，而不是行为规范的"总称"。因此，二者在逻辑上是种属关系。教育法是种概念，它的外延大于教育法律规范，教育法律规范是属概念，它的外延包含在教育法概念的外延之中。也就是说，教育法的最一般特征在具体的教育法律规范中也有所体现。

(二)教育法律规范与教育法律文件的区别

教育法律规范是教育法律各种规范性文件的基本内容，但不是全部内容。各个具体的教育法律文件中，除了大量的教育法律规范外，还有关于立法目的、立法依据和有关概念等的规定和说明性文字，它们是非规范性的内容，不属于教育法律规范。

(三)教育法律规范与教育法律条文的区别

教育法律规范要用教育法律条文来表示，但教育法律条文不一定就是教育法律规范。有的教育法律条文不包括规范，例如，"本法中的教育，专指学校教育"，这样专门界定有关概念的条文就不包含规范，或者仅包含一个教育法律规范的片断。因此，要掌握完整的教育法律规范，往往要将教育法律条文以及有关文件综合起来。同时，就教育法律规范的逻辑结构来说，它的全部组成部分往往不全在一个教育法律条文里出现。

(四)教育法律规范与教育法律文书的区别

教育法律文书，包括司法文书，是适用法律规范而使用的特殊的法律文件，如教育行政处罚决定书、调解协议、判决书等。教育法律文书的特点是在特定的地区和时间内，对某一特定的主体(包括自然人、法人、社会团体或国家机关)具有约束力，它们是适用法律规范的结果，而不是法律规范本身。

二、教育法律规范的结构

法律规范的结构即构成法律规范的要求，也就是构成法律规范内容的各个组成部分及相应关系。从逻辑结构上看，法律规范通常由法定条件、行为准则和法律后果三个要素组成，这三个要素之间要有内在的关系。教育法律规范的结构也是如此。

(一)法定条件

法定条件指法律规范适用的条件和情况。每一项教育法律规范，只有在规定的法定条件出现时，才能适用该规范。

例如，《义务教育法》第十一条规定："适龄儿童、少年因身体状况需要延缓入学或者休学的，其父母或者其他法定监护人应当提出申请，由当地乡镇人民政府或者县级人民政府教育行政部门批准。"

这项教育法律规范中，"因身体状况""由当地乡镇人民政府或者县级人民政府教育行政部门批准"就是该规范使用的法定条件。也就是说，适龄儿童、少年只有出现疾病或者特殊情况，并且经过批准，才可延缓入学或休学。在一些情况下，法定条件不明确写出，但它隐含在规范条文中。但是，对含有处罚或奖励内容的规范，法定条件必须明确地见诸条文中，这才能保证规范被准确地实施。

(二)行为准则

行为准则指法律规范中指明的行为规则的基本要求。具体地说，就是教育法律规范中规定的当某种条件和情况出现时，法律关系的参加者应该做什么、不应该做什么，可以做什么、禁止做什么，这是教育法律规范的核心部分，是行为规则的主要内容。任何一项法律规范都必须具备该部分内容。

例如，《义务教育法》第十一条规定："凡年满六周岁的儿童，其父母或者其他法定监护人应当送其入学接受并完成义务教育；条件不具备的地区的儿童，可以推迟到七周岁。"这是规定应当做什么。第二十二条规定："县级以上人民政府及其教育行政部门应当促进学校均衡发展，缩小学校之间办学条件的差距，不得将学校分为重点学校和非重点学校。学校不得分设重点班和非重点班。"这是规定不应该做什么和禁止做什么。第三十五条规定："学校和教师按照确定的教育教学内容和课程设置开展教育教学活动，保证达到国家规定的基本质量要求。"这是规定允许做什么。这样一些规定指明了义务教育中的国家、社会、学校、家庭及适龄儿童、少年各方的行为方向和模式。

(三)法律后果

法律后果是指在某种条件或情况出现时，法律关系的参与者作出或没有作出"行为准则"要求的某种行为（作为或不作为）时，应承担的法律后果、法律责任，即对违反法律规范的行为给予何种处置。教育法的后果分为肯定式的后果和否定式的后果两种。

例如，《义务教育法》第五十一条规定："国务院有关部门和地方各级人民政府违反本法第六章的规定，未履行对义务教育经费保障职责的，由国务院或者上级地方人民政府责令限期改正；情节严重的，对直接负责的主管人员和其他直接责任人员依法给予行政处分。"第六十条规定："违反本法规定，构成犯罪的，依法追究刑事责任。"这就是教育法的否定式后果，它表明的是国家对违反某种法律规范所持的不赞许态度，对违反法律规范的相对人来说，否定式后果表现为一定形式的责罚和制裁。再如，《中华人民共和国义务教育法实施细则》（以下简称《义务教育法实施细则》）第三十七条规定："地方各级人民政府对为实施义务教育作出突出贡献的企事业单位，学校、社会团体、部队、居（村）民组织和公民，给予奖励。"这就是教育法的肯定式后果，它表明的是国家对合乎某种法律规范所持的赞许和鼓励态度，表现形式是对行为人的肯定和奖励。

应当指出，教育法律规范的法定条件、行为准则、法律后果三个要素是密切联系，缺一不可的，否则难以起到法律规范的作用。但教育法律规范要明确表达这三个要素，并非每一个教育法律条文都必须包含上述三个要素，这就要求我们具体问题具体分析。

第三节　教育法的渊源

一般来说，法律的渊源是指法的效力和渊源，即法律规范的外部表现形式，是指由不同的国家机关制定或认可的具有不同法律效力的规范性法律文件。教育法的渊源是指国家根据法律的职权和程序制定的关于教育方面的规范性文件。我国教育法的渊源主要有宪法、教育法律、教育行政法规、地方性教育法规、教育规章以及教育条约和协定。

一、宪法

（一）宪法规定了教育法的基本指导思想和教育立法的基本原则

宪法是我国的根本大法，它规定了我国的根本制度和任务，具有最高的法律地位和法律效力，是制定一切法律、法规的依据。其中的教育法律条款，原则性地规定了教育法的指导思想，即坚持四项基本原则，坚持改革开放，以社会主义现代化建设为中心等。

宪法的基本原则也是教育立法的基本原则，主要包括：一切权力属于人民、社会主义公有制、坚持社会主义精神文明建设、宪法至上等。

（二）宪法规定了教育活动的基本法律规范

1. 宪法规定了发展教育事业的目的、形式和任务

教育是整个国家发展的基础，所以宪法必须对发展教育事业的目的、形式和任务作出原则的规定。《宪法》第十九条规定："国家发展社会主义的教育事业，提高全国人民的科学文化水平。国家举办各种学校，普及初等义务教育，发展中等教育、职业教育和高等教育，并且发展学前教育。国家发展各种教育设施，扫除文盲，对工人、农民、国家工作人员和其他劳动者进行政治、文化、科学、技术、业务的教育，鼓励自学成才。国家鼓励集体经济组织、国家企业事业组织和其他社会力量依靠法律规定举办各种教育事业。国家推广全国适用的普通话。"

2. 宪法规定了公民受教育的权利

受教育是每一个公民的权利。《宪法》第四十六条规定："中华人民共和国公民有受教育的权利和义务。国家培养青年、少年、儿童在品德、智力、体质等方面全面发展。"

3. 宪法规定了从事教育工作的公民有进行创造性工作的自由

《宪法》第四十七条规定："中华人民共和国公民有进行科学研究、文

学艺术创作和其他文化活动的自由。国家对于从事教育、科学、技术、文学、艺术和其他文化事业的公民的有益于人民的创造性工作，给予鼓励和帮助。"

4. 宪法规定了父母或监护人的教育义务

《宪法》第四十九条规定："父母有抚养教育未成年子女的义务。"

5. 宪法规定了教育管理的权限

现代教育主要是由国家推动的，为了保证教育的有效发展，国家必须重视对教育的管理。《宪法》第八十九条、第一百〇七条、第一百一十九条，规定了国务院和县级以上地方各级人民政府和民族自治地方的自治机关领导和管理教育工作的权限。

二、教育法律

(一)教育基本法律

教育基本法律是依据宪法制定的调整教育内外部相互关系的基本法律规范，是教育法律体系的"母法"。教育基本法律通常规定国家教育的基本方针、基本任务、基本制度以及教育活动中各主体的权利和义务。

我国的基本教育法——《教育法》是 1995 年 3 月 18 日在第八届全国人民代表大会第三次会议通过，并于同年 9 月 1 日起施行的。该法共十八章八十四条，规定了我国教育的地位、性质、方针、体制和教育活动的基本原则，规定了教育的基本制度，政府、学校及其他教育机构，教师及其他教育工作者，学生、学生家长等教育法律关系主体的法律地位及其权利和义务，规定了教育与社会的关系，教育投入与条件保障，教育对外交流与合作，以及保护教育法律关系主体合法权益的法律措施。

(二)教育单行法律

教育单行法律是国家根据宪法和教育基本法律的原则制定的规范和调整某一类教育或教育的某部分关系的教育法律。教育单行法律的门类可以根据教育的层次和类别确定。从层次来分，教育依次分为学前教育、初等教育、中等教育和高等教育；从类别来分，教育可分为普通教育和职业教育、全日制教育和非全日制教育等。我国教育单行法律属于一般法律，根据《宪法》第六十七条的规定，一般由全国人民代表大会常务委员会制定。目前，我国已经制定并公布实施的教育单行法律主要有五部。

1.《学位条例》

该条例由第五届全国人民代表大会常务委员会第十三次会议于 1980年 2 月 12 日通过，1981 年 1 月 1 日起施行。该条例共有二十条，把学位层次分为学士、硕士、博士三级，对授予各级学位的条件、学位的评定、学位授予机关、授予程序和方法作出了明确规定。《学位条例》的颁布和实行确立了我国的学位制度，保证了我国学位的质量。

2.《义务教育法》

该法由第六届全国人民代表大会常务委员会第四次会议于 1986 年 4 月 12 日通过，1986 年 7 月 1 日起施行(2006 年 6 月 29 日，第十届全国人民代表大会常务委员会第二十二次会议修订了《义务教育法》，2006 年 9 月 1 日起施行)。该法共八章、六十三条，对我国的义务教育的性质、形式、学制、管理体制、保障措施等作出了规定，有力保证了我国义务教育的实施。

3.《教师法》

该法由第八届全国人民代表大会常务委员会第四次会议于 1993 年 1 月 31 日通过，1994 年 1 月 1 日起施行。该法共九章、四十三条，主要就教师的职业性质、教师的权利和义务、教师的资格和任用、教师的培养和培训、教师的考核、教师的待遇、教师的奖励以及有关的法律责任进行了规定。《教师法》是我国教师职业化和专业化的法律保障。

4.《职业教育法》

该法由第九届全国人民代表大会常务委员会第四次会议于 1996 年 5 月 15 日通过，1996 年 9 月 1 日起施行。该法共五章、四十条，规定了职业教育的地位、发展方针、职业教育的管理体系、职业教育的实施、职业教育的保障条件等。

5.《高等教育法》

该法由第九届全国人民代表大会常务委员会第四次会议通过，该法共八章、六十九条，对高等教育管理体制、高等院校内部管理体制、教师和学生的权利和义务等方面作出了规定。

此外，全国人民代表大会及其常务委员会发布的教育方面的决定、决议等也属于教育法的范畴。

三、教育法规

(一)教育行政法规

教育行政法规是指国家最高行政机关实施、管理教育事业，根据宪法和教育法律制定的规范性文件。教育行政法规在内容上是针对某一类教育事务作出的规范，具有相对的稳定性，其制定、审定、发布需要经过法定的程序。我国《宪法》第八十九条规定，国务院有权"根据宪法和法规，规定行政性措施，制定行政法规，发布决定和命令"。教育行政法规一般有条例、规定和办法或细则三种。

1. 条例

条例是指对某一方面的教育行政工作的比较系统、全面的规定。教育方面的条例主要包括：《普通高等学校设置暂行条例》(1986年12月15日，国务院108号令发布实施)、《高等教育自学考试暂行条例》(1988年3月3日，国务院15号令发布)、《幼儿园管理条例》(1989年8月20日，经国务院批准，国家教育委员会第4号令发布)、《学校体育工作条例》(1990年2月27日，经国务院批准，国家教育委员会第8号令发布)、《学校卫生工作条例》(1990年6月6日，经国务院批准，国家教育委员会第10号令发布)、《残疾人教育条例》(1994年8月23日，国务院发布)、《扫除文盲工作条例》(1988年2月5日，国务院发布)、《教师资格条例》(1995年12月12日，国务院发布)和《教学成果奖励条例》(1994年3月14日，国务院发布)等。

2．规定

规定是指对某一方面工作部分的规定。教育方面的规定主要包括：《征收教育费附加的暂行规定》(1986年4月28日，国务院发布，1990年6月7日进行了修改)、《高等教育管理职责暂行规定》(1986年3月12日，国务院发布)等。

3．办法或细则

办法或细则是指对某一项行政工作的较为具体的规定。教育方面的办法或细则主要包括：《中华人民共和国学位条例暂行实施办法》(1981年5月20日，国务院批准实施)、《义务教育法实施细则》(1992年2月29日，国务院批准，国家教育委员会第19号令发布)等。

（二）地方性教育法规

地方性教育法规是我国教育法的重要渊源之一，根据立法目的和立法的依据可分为两种：第一种是执行性、补充性的地方性教育法规，主要是为了执行宪法、教育法律和教育法规，根据本地区实际情况而制定。第二种是自主性的地方性教育法规。在国家尚未制定出教育法规的情况下，地方在不违背宪法的前提下，可制定本地区的自主性的地方法规。地方性教育法规与一般性的教育法规相比，有以下特点：一是与国家的宪法，教育法律、法规保持一致，不得违背或抵触；二是只在本地区适用；三是更具有可操作性。

四、教育规章

按制定、发布机关的不同，教育规章可分为两类：一类是国家教育部(原国家教育委员会)制定的教育规章，即部门教育规章，经常称之为规定、办法、规程、大纲、标准等。部门教育规章由国家教育部颁布或由国家教育部与其他部委联合颁布，在全国有效。教育规章主要包括：《普通高等学校学生管理规定》(1990年1月20日，国家教育委员会第7

号令发布)、《普通高等学校教育评估暂行规定》(1991年4月26日，国家教育委员会第15号令发布)、《全国中小学校长任职条件和岗位要求(试行)》(1991年6月25日，国家教育委员会发布)、《小学生日常行为规范》和《中学生日常行为规范》(1991年8月20日，国家教育委员会发布)等。这些部门教育规章是对教育法律、法规的重要补充。

另一类是省、市、自治区、直辖市的人民政府和经国务院批准的较大市的人民政府制定的规范性文件，这些文件被称为地方性教育规章，其范围局限于本行政区域，但内容的性质和国务院各部委制定的规章是一致的。

此外，行政法、民法、刑法、教育政策、教育判例等也是教育法律的重要渊源。

第四节　教育法体系

一、什么是教育法体系

法学界一般将法律体系理解为部门法体系。据此，我们认为教育法体系就是以我国现行的教育法律为基础形成的门类齐全、结构严谨、内部和谐、比例科学、协调一致的有机统一整体。我们根据制定机关和法律形式的不同，将教育法体系划分为不同的层次；根据法律内容的不同，将其划分为不同的部门。具体地说，我国的教育法体系是由纵向的四个层次(见图3-1)和横向的七个部门(见图3-2)构成的。

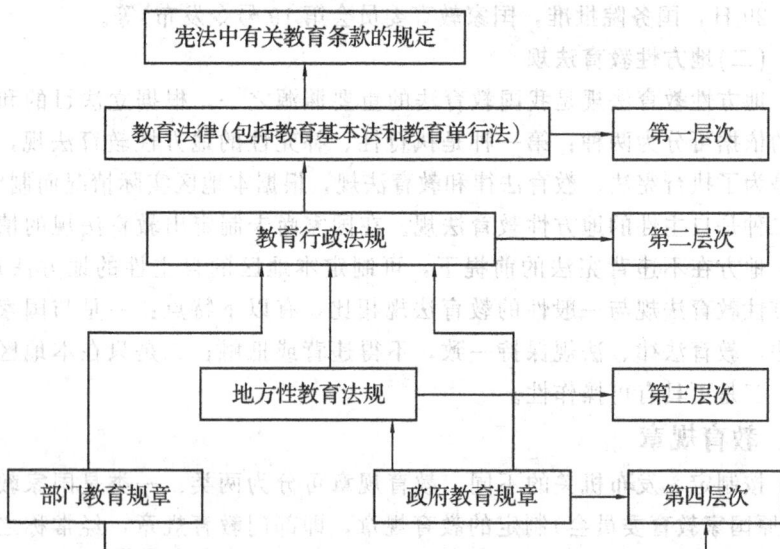

图 3-1　教育法体系纵向的四个层次

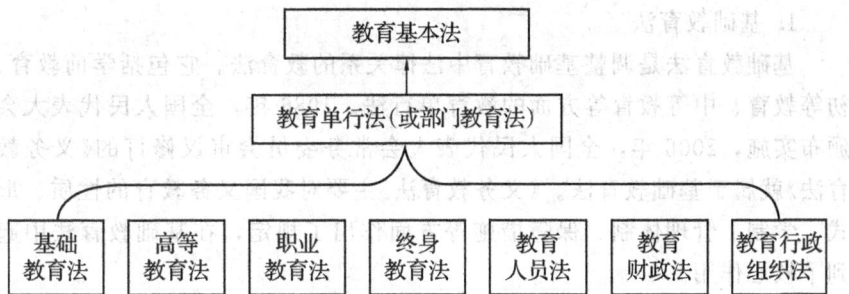

图 3-2　教育法体系横向的七个部门

二、我国的教育法体系及其法律地位

(一)纵向的四个层次

如前所述，宪法是国家的总章程，是我国一切立法的依据。那么，教育法律、教育行政法规、地方性教育法规和政府及部门教育规章就构成了我国的教育法体系纵向的四个层次(见图 3-1)。这里只介绍教育法律。既然法律可分为基本法律和基本法律以外的法律这两种类型，那么，教育法律也可分为教育基本法和教育单行法(或部门教育法)两种。

教育基本法是依据宪法制定的调整教育内外部相互关系的基本法律准则，是教育法体系中的"母法"。教育基本法规定了一个国家的教育的基本方针、基本任务、基本制度以及教育活动中各主体的权利、义务等。例如，1995 年，全国人民代表大会制定和颁布实施的《教育法》，规定了我国教育的性质、地位、任务、教育方针、教育基本原则、教育管理体制、教育基本制度以及教育关系主体(学校、教师、学生)的法律地位、教育投入与条件保障、教育对外交流与合作等方面的内容。这些都是我国教育的根本性、全局性的重大问题，因而，《教育法》是我国的教育基本法。

部门教育法是根据宪法和教育基本法的原则制定的调整某一类教育或教育的某一具体部分的内外部关系的教育法律，包括《义务教育法》《职业教育法》《教师法》《学位条例》等。完备的教育法律制度要求在教育基本法之下，教育单行法应基本覆盖教育的主要门类和教育的主要方面。

(二)横向的七个部门

部门教育法根据规范和调整内容的不同以及我国的具体国情和实际需要，一般由基础教育法、高等教育法、职业教育法，终身教育法、教育人员法、教育财政法、教育行政组织法七个部门组成(见图 3-2)。

1. 基础教育法

基础教育法是调整基础教育中法律关系的教育法。它包括学前教育、初等教育、中等教育等方面的教育单行法。1986 年，全国人民代表大会颁布实施，2006 年，全国人民代表大会常务委员会审议修订的《义务教育法》就属于基础教育法。《义务教育法》主要对我国义务教育的性质、形式、学制、管理体制、保障措施等方面作出了规定，在基础教育法中起到了核心作用。

2. 高等教育法

高等教育法是指对完成高级中等教育基础上实施的教育中的法律关系进行调整的教育法。它包括专科、本科和研究生教育等方面的教育单行法。1998 年，全国人民代表大会常务委员会通过和颁布实施的《高等教育法》就属于高等教育法。它主要对高等教育的发展原则、办学体制、基本制度、学校内部管理体制、教师和学生的权利和义务等方面作出了全面的规定，成为高等教育法的主体。1980 年，全国人民代表大会常务委员会通过和颁布实施的《学位条例》，将学位分为学士、硕士和博士三级，对授予各级学位的条件、学位的评定、学位授予机关、授予程序和方法等作出了明确的规定，《学位条例》是高等教育法的重要组成部分。

3. 职业教育法

职业教育法是指调整各级各类职业学校和各种正式的职业培训方面的法律关系的教育法。1996 年，全国人民代表大会常务委员会通过和颁布实施的《职业教育法》就属于职业教育法，它规定了职业教育的地位、发展方针、管理体制、教育体系、实施和保障条件等，是职业教育法的主体。

4. 终身教育法

终身教育法是指对各级各类成人教育、继续教育中的法律关系进行调整的教育法。国务院 1988 年发布的《扫除文盲工作条例》《高等教育自学考试暂行条例》、原国家教委 1988 年发布的《成人高等学校设置的暂行规定》等教育行政法规和教育行政规章是终身教育法的重要组成部分。

5. 教育人员法

教育人员法是指规范和调整各级各类教育教学活动中因教职、学员而产生的社会关系的教育法。1993 年，全国人民代表大会常务委员会通过和颁布实施的《教师法》就属于教育人员法。它对教师的职业性质、权利和义务、资格和任用、培养和培训、考核和奖励、待遇以及有关的法律责任等进行了全面的规定，是教育人员法的主体。

6. 教育财政法

教育财政法是指为保障教育事业的发展，保证教育法律关系主体的权利，对教育物质条件的保障等方面作出规定的教育法。它应对教育经费的来源、分配、使用、管理等方面作出规定。各有关方面对制定此法呼声很高，但考虑到其有关内容已在《教育法》等相关法律中有所规定，是否单独立法尚在论证之中。

7. 教育行政组织法

教育行政组织法是指调整教育管理活动中各种法律关系的教育法。它应对各级教育行政组织机构的设置、管理权限的划分、人员条件、管理职能等方面作出规定。

这里需要特别说明的是，《学位条例》《教师法》等教育单行法的制定和实施都早于教育基本法《教育法》，出现先有"子法"，后有"母法"，这是我国教育法制建设在特定的历史条件下，贯彻"急用先立"原则的具体体现，这在国外是少有的。

(三)教育法的法律地位

各种表现形式的教育法，是由不同性质、不同地位的不同国家机关制定的。由于制定机关的不同，制定的教育法就具有不同的法律地位和不同的法律效力。2000年3月15日，全国人民代表大会颁布实施的《中华人民共和国立法法》(以下简称《立法法》)规定："法律的效力高于行政法规、地方性法规、规章。行政法规的效力高于地方性法规、规章。""地方性法规的效力高于本级和下级地方政府规章。省、自治区的人民政府制定的规章的效力高于本行政区域内的较大的市的人民政府制定的规章。""民族自治地方的人民代表大会有权依照当地民族的政治、经济和文化的特点，制订自治条例和单行条例……自治条例和单行条例可以依照当地民族的特点，对法律和行政法规的规定作出变通规定，但不得违背法律或行政法规的基本原则……"《立法法》还规定："部门规章之间、部门规章与地方政府规章之间具有同等效力。在各自的权限范围内施行。""地方性法规与部门规章之间对同一事项的规定不一致，不能确定如何适用时，由国务院提出意见，国务院认为应适用地方性法规的，应该决定在该地方适用地方性法规的规定；认为应当适用部门规章的，应当提请全国人民代表大会常务委员会裁决。""部门规章之间，部门规章与地方政府规章之间对同一事项的规定不一致时，由国务院裁定。"从立法机关的权力和立法依据看，各种形式的教育法在法律效力上是具有从属性的，其法律地位和效力见表3-1。

表 3-1 不同机关制定的教育法的法律地位

各类教育法 的法律地位 （由高到低）	各类教育法的表现形式	各类教育法不同的制定机关
	宪法中有关教育条款的制定	全国人民代表大会
第一位	教育基本法	全国人民代表大会
第二位	教育单行法（或部门教育法）	全国人民代表大会
第三位	教育行政法规	国务院
第四位	部门（行政）教育规章	国家教育行政部门及 国务院其他部委
第五位	地方性教育法规	省、自治区、直辖市人大及其常委会
第六位	政府教育法规	省、自治区、直辖市人民政府
第七位	地方性教育法规	省、自治区人民政府所在地的市的市人 大和经国务院批准的较大市的市人大
第八位	政府教育规章	省、自治区人民政府所在地的市的人 民政府和经国务院批准的较大市的市 人民政府

同是教育法律而又属于两种不同类型的教育基本法和教育单行法，其法律地位和效力，《立法法》没有明确规定，但我们认为它们也有所不同。由教育基本法的含义可知，教育基本法是全部教育法规的"母法"，是协调教育部门内部以及教育部门与其他社会部门相互关系的基本准则，也是制定教育部门其他法律、法规的依据。教育基本法是构成一个国家教育法律体系的基础。

《教育法》是教育基本法。在我国法律体系中，它与《中华人民共和国刑法》（以下简称《刑法》）《中华人民共和国民法》（以下简称《民法》）等处于同等法律地位，均属于国家基本法律；在我国教育法律体系中，《教育法》处于教育的"母法"的地位，起着统领作用，具有最高的法律权威，是所有其他教育单行法的立法依据。

由此可见，教育单行法是教育基本法的下位法，上述所列的教育单行法，如《义务教育法》《职业教育法》《高等教育法》《民办教育促进法》《教师法》《学位条例》等，其法律地位和效力都应当在《教育法》之下，以上这些教育单行法同属于部门教育法，均是教育法体系的第二个层次，这就决定了这些教育单行法不得违背上位法，包括《宪法》和《教育法》，当然，这些教育单行法之间也不得相互冲突，它们都是教育行政法规和地方性教育法规、政府(部门)教育规章等教育法律、法规的立法依据之一。

第五节　教育法律关系

一、教育法律关系的含义及特征

法律关系，是指人们在社会生活中，依照法律的规定相互之间形成的一定的社会关系，即法律规范在调整人们的行为过程中形成的法律上的权利和义务关系。法律关系的形成必须以法律规范为前提。在社会生活中，人们必然要发生各种各样的联系，形成各种各样的事实关系，但并不是所有事实关系都是法律关系。例如，政治关系、经济关系、家庭关系、邻里关系，爱情关系、师生关系等，这些事实关系中，只有法律调整的，即由法律规范的事实关系才具有法律关系的性质，不由法律规范调整的事实关系不是法律关系。例如，朋友要互相帮助、讲求信义等，这些属于道德规范调整的范畴。

教育法律关系，是指由教育法律规范所确认和调整的，表现为教育法律关系主体之间的权利和义务联系的社会关系。

在教育活动中，人们彼此要产生各种各样的联系，即社会关系。教育法律关系同基于习惯、道德、信仰等形成的社会关系相比，具有以下特征。

第一，教育法律关系是依据教育法形成的社会关系，是教育法律规范在教育活动中的体现。教育法律关系与教育法律规范有着不容分割的联系。任何一种教育法律关系，都是由与这一法律关系相适应的现代教育法律规范确认和调整的。如果某种教育关系没有法律上的规定，就不是教育法律关系。

第二，教育法律关系根源于社会物质生活条件，并由教育关系和教育法律的性质和内容决定，属于上层建筑范畴。

第三，教育法律关系是由国家强制力保证执行的社会关系，对违反和破坏教育法律关系的行为予以相应制裁。

第四，某种教育法律关系的存在，总是以相应的现行的教育法律为前提。教育法律规范规定了教育法律关系产生、变更或消亡的条件和教育法律关系的一般内容，如果不存在某种教育法律规范，就不会产生教育法律关系。

二、教育法律关系的类型

教育法是调整教育关系的法律的规范的总和。这些教育关系虽然复杂多样，但就其性质而言可分为两类。一类是纵向性的法律关系，一般称为教育行政法律关系；另一类是横向性的法律关系，一般称为教育民

(一)教育行政法律关系

教育行政法律关系是国家行政机关在教育行政过程中发生的关系。这一关系反映的是国家与相对人的纵向关系，其实质是国家如何领导、组织和管理教育活动。在这一关系中，国家教育行政机关是最主要的当事人，与国家教育行政机关相对的当事人则主要是学校及其他教育机构、教育职员、学生及其家长、企事业单位、社会团体、公民个人等。当国家教育行政机关行使教育行政职能时，便与上述各行为主体发生法律关系。

这一法律关系中，国家教育行政机关与其相对人的法律地位是不平等的。国家教育行政机关处于管理的、领导的和主动的法律地位，而其管理的相对人，如学校、教师、学生等处于被管理的、被领导的和被动的法律地位。教育行政法律关系虽然也存在着"强迫性"的行政法律关系，如教育行政部门对教育事业的宏观调控权利等，但其强迫度明显弱于其他类型的行政法律关系。即教育行政机关在作出某种决定时还需在一定程度上考虑其行政相对人的意愿。尤其在扩大学校办学自主权后，教育行政机关与学校的关系就更是如此，教育行政关系与一般行政管理者、管理相对人之间的领导与服从、命令与执行的隶属关系不同，它必须考虑其管理相对人的特点。因为学校是一个以"教学民主和学术自由"为主要特征的教育机构，教师与学生需要专门从事科学与文化创造的宽松和谐的环境，这就不能简单地将教育行政关系与一般的行政法律关系同等对待。

(二)教育民事法律关系

教育民事法律关系是不具有行政隶属关系的学校与行政机关、企事业单位、集体经济组织、社会团体、个人之间在教育活动中发生的关系。这种关系是在共同意思表示的基础上建立起来的。各个平等主体之间在教育教学活动中所引起的财产所有和流转是这类关系的基本内容。教育民事法律关系涉及财产、人身、土地、学校环境、人才培养合作、科技成果转让、联办产业、联合办学等方面。确切地说，这是一类具有教育特征和民事性质的教育法律关系，随着教育民主化的发展，这种平权性的教育法律关系的范围将会逐步扩大。

三、教育法律关系的构成要素

教育法律关系的构成要素有三个：教育法律关系主体、教育法律关系客体和教育法律关系内容。

(一)教育法律关系主体

教育法律关系主体是指教育法律关系的参与者，即在教育法律关系中享有权利和承担义务者，是教育法律关系的构成要素之一。

可以成为教育法律关系主体的自然人和法人有：教育行政机关、其他国家机关、学校及其他教育机构、教育者、学生及其他受教育者、企事业单位、社会组织和其他公民等。在华的外国人、无国籍人，财团法人也可以成为我国教育法律关系的主体。

教育法律关系的主体必须具有教育法上的权利能力和行为能力。所谓教育法上的权利能力，是教育法律关系的主体依法能够享受教育法上的权利和履行教育法上的义务的一种资格或者能力。受教育者在教育法上的权利能力不同于其在民法上的权利能力，公民在民法上的权利能力始于出生，终于死亡，受教育者在教育法上的权利能力则必须达到一定年龄或者具备某种资格才能取得。

所谓教育法上的行为能力，是教育法律关系主体能够以自己的行为，依法行使教育法上的权利和承担教育法上的义务的能力。教育者在教育法上的行为能力，除必须具备完全的民事行为能力外，还应具备中华人民共和国国籍，是中华人民共和国公民，或是经国务院教育行政主管机关特别许可的外国人或无国籍人，以及具有法定的相应学历并经国家教师资格考试合格，由国家教育行政机关认定。如果相对人不具有法定的相应学历或未通过国家教师资格考试，即不能通过自己的行为来行使教育法上的教育者的权利和履行教育法上的教育者的义务时，也就不具备教育法上的教育者的行为能力。

国家教育行政机关是依照组织法建立起来的行使教育行政管理职权的行政主体，它在教育法上的权利能力和行为能力，始于它们依法成立，终于它们依法撤销。学校和其他教育机构是具体组织教育者和受教育者实施教育教学活动的社会组织，其在教育法上的权利能力和行为能力始于其合法成立，终于其合法撤销。个人捐资成立的以发展教育、科技为宗旨的教育基金会的性质属于财团法人，在教育法律关系中独立享有民事权利，承担民事义务，属于教育法律关系主体。

综上所述，任何教育法律关系都是其主体间形成的一种权利与义务关系。

(二)教育法律关系客体

教育法律关系客体是指教育法律关系的权利、义务所指向的对象，即教育法律关系客观化的表现形式，是教育法律关系构成的要素之一，一般包括物、行为、与人身相联系的精神财富(精神产品和其他智力成果)等。

1. 物

物可分为不动产和动产两大类。

(1)不动产包括场地、房屋和其他建筑设施以及场馆等

场地,主要指学校或其他教育机构占用并用于教育教学活动的专用土地。依据我国宪法及有关法律规定,土地的所有权属于国家或集体,学校和其他教育机构的用地所有权均属于国家或集体。学校和其他教育机构只拥有使用权。任何单位或个人都不能随意侵占教育用地。

房屋和其他建筑设施,主要指专门用于教育教学活动的教学、实验用房或教室、实验室及其必要的附属建筑物。

场馆,主要指国家或地方政府及有关组织为发展公共教育事业而兴建的博物馆、图书馆、文化馆、科技馆、体育馆、美术馆、历史文化古迹和革命纪念馆等,属于公益性机构并兼有教育功能。

(2)动产包括资金、教学仪器设备等

资金,即教育事业的经费,以国家财政拨款为主。国家对教育的拨款,旨在改善办学条件、教师待遇,提高教育质量,不允许任何机关或个人以任何借口将教育事业经费擅自挪作他用。企事业单位、社会团体或公民个人为祖国的教育事业提供的捐助,包括委托国家教育行政机关把捐款代为投放到最需要的地方,或直接把捐款投向某一具体学校或其他教育机构,或依据捐款人心愿设立奖学金、科研基金等。上述这些被投放的单位均有妥善保管、合理使用、专款专用的义务,使捐助发挥最大效用。

教学仪器设备包括广播、电视等视听器材,各类植物标本及其他用于教育教学的必需品。

2. 行为

行为是指教育法律关系主体实现权利、义务的作为或者不作为,主要包括以下几个方面。

(1)行政机关的行政行为

行政机关的行政行为指国家行政机关为履行国家的教育事业的行政管理权而依法实施的,直接或间接产生行政法律后果的行为,它包括行政立法行为和行政执法行为。

行政立法行为,从狭义上讲,专指行政机关制定的有关教育行政管理的行政法规、行政规章及其他规范性文件的活动;从广义上讲,指国家机关依照法定权限和程序制定有关国家教育行政管理工作的规范性文

件的活动。

行政执法行为，是国家行政机关及其授权学校和其他教育机构依法针对具体的人或事施行的单方面的能直接产生教育法律效果的行为，如通知行为、批准或拒绝行为、许可行为、免除行为、处罚行为及委托给学校或其他教育机构具体颁发学历证书的授权行为等。

(2)学校和其他教育机构的管理行为

学校和其他教育机构的管理行为包括制定学校或机构内部管理规范的行为；具体组织教学科研活动的行为；决定给予违纪教育者或受教育者一定的教育纪律处分，接受被处分者申诉的行为；决定给予工作出色、成绩优秀的教育者或受教育者一定奖励的行为；对修业期满，符合国家学历水平要求的受教育者发给毕业证书或学位证书的行为；对符合本教育机构自行规定的学业水平要求的受教育者发给教育机构的结业证书的行为；其他内部管理行为。

(3)教育者与受教育者之间的教育教学行为

教育者与受教育者之间的教育教学行为是维系教育关系最基本的行为，是教育法律关系赖以存在的重要条件。

此外，还有学生家长、各种社会组织参与、支持教育活动的各种行为。

3. 精神产品和其他智力成果

精神产品是智力的创造性活动的结晶，属于非物质财富，主要包括各种教材、著作在内的精神产品和智力成果，各种具有独创性并行之有效的教法、教具等的发明。

(三)教育法律关系内容

权利和义务是法律关系的核心，没有权利和义务为内容，则无所谓法律关系。

1. 法律上的权利

法律上的权利是指法律关系主体(法律关系的参加者)依法享有的某种利益或资格，表现为权利享有者可以作出一定的作为或不作为，并能要求与该项权利相对的义务承担者实施一定的作为或不作为。例如，根据我国的《著作权法》第十条的规定，作者享有发表权、署名权、修改权、保护作品完整权、使用权和获得报酬权。他人，即义务承担者未经同意，侵犯上述权利就构成侵权行为。一切法定的权利，国家都以其强制力给予保障，当法定的权利受到分割时，权利的享有者有权向有关国家机关请求法律保障。

阅读资料：

全国首例侵犯受教育权案审结❶

1990年，原告齐某参加中考，被济宁市某学校录取为1990级财会班的委培生，但是原告就读的某中学将录取通知书直接给了和原告同级的陈某。陈某遂冒用原告姓名，在某校财会班就读直至毕业，后被分配到银行工作。

1999年1月29日，原告齐某以侵犯姓名权和受教育权为由，在山东省枣庄市人民法院对陈某、陈某之父以及山东省济宁市某学校、山东省滕州市某中学、山东滕州市教育委员会提起诉讼，要求被告赔偿经济损失16万元和精神损失40万元。8月23日，山东高院据批复，依据《宪法》第四十六条判决：被告陈某停止对齐某姓名权的侵害；陈某、陈某之父、济宁某学校、滕州某中学、滕州教委向齐某赔礼道歉；齐某因受教育的权利被侵犯造成的直接经济损失7 000元由陈某和陈某之父赔偿，济宁某学校、滕州某中学、滕州教委承担连带赔偿责任；齐某因受教育的权利被侵犯造成的间接经济损失由陈某、陈某之父赔偿，济宁某学校、滕州某中学、滕州教委承担连带赔偿责任；陈某、陈某之父、济宁某学校、滕州某中学、滕州教委赔偿齐某精神损害赔偿费50 000元。

山东省高级人民法院认为，陈某等以侵犯姓名权的手段，侵犯了齐某依据《宪法》规定所享有的受教育的基本权利，并造成了具体的损害后果，应承担相应的民事责任。

2. 法律上的义务

法律上的义务是指法律关系主体（法律关系的参加者）依法承担的责任，表现为义务承担者必须依法实施一定的作为或不作为。例如，《教育法》的第四十条规定，"从业人员有依法接受职业培训和继续教育的权利和义务。国家机关、企业事业组织和其他社会组织，应当为本单位职工的学习和培训提供条件和便利"，就是必须作为的义务。《未成年人保护法》第十条规定，"禁止对未成年人实施家庭暴力，禁止虐待、遗弃未成年人，禁止溺婴和其他残害婴儿的行为，不得歧视女性和未成年人或者有残疾的未成年人"，则是必须不作为的义务。一切法定的义务，国家都以强制力强制其履行，当义务的承担者拒绝履行应尽的义务时，国家司

---

❶ http：//news. ifeng. com/opinion/special/luocaixia/detail ＿ 2010 ＿ 08/16/1961362 ＿ 0. shtml.

法机关或其他有关机关有权采取措施强制其履行，甚至给予相应的行政、民事或刑事制裁。

教育法律关系内容，是指教育法律关系主体在依法成立的法律关系中享有的某种权利和应承担的某种必须履行的责任，它由法律规范所确认，并由国家强制力保证实施，是教育法律关系的重要构成要素之一。这里所说的教育法律关系主体享有的某种权利，即教育法律规范对其能够作出或者不作出一定行为以及可以要求他人相应作出或不作出一定行为的许可与保障，又称法律权利，它由法律确认、设定，并被法律保护。这里所说的教育法律关系主体应承担的某种必须履行的责任，即教育法律规范对其必须作出一定行为或不得作出一定行为的约束，又称法定义务，它以法律规定为前提，不履行者将受到国家强制力制裁。

>>> 复习与思考

1. 教育法的基本特征和原则有哪些？
2. 简述教育法律规范的结构。
3. 谈谈教育法律规范与教育法、教育法律文件、教育法律条文之间的联系与区别。
4. 我国教育法的主要渊源有哪些？试举例说明。
5. 简述教育法律关系的类型。
6. 简述教育法律关系的构成要素。

>>> 案例分析

谢某是七年级女生，一天下午课间，因与同学吵架而私自离开学校，晚自习时，班主任检查发现谢某不在教室，同桌报告谢某与同学吵架，可能回家了，班主任信以为真，未予以追查，原想待谢某回校后再予以批评教育，第二天下午，班主任上课发现其仍未返校，这才与家长联系，但家长说谢某昨晚并未回家，经家长与亲友联系，仍无下落，无奈家长报案，但至今仍无下落，家长最后到法院状告学校，要求学校赔偿 10 万元。

问题与思考：

1. 本案涉及何种类型的法律关系？法律关系的主体有哪些？
2. 学生家长提出的民事赔偿诉讼要求合理吗，为什么？

>>> **参考文献**

1. 张乐天．教育政策法规的理论与实践［M］．上海：华东师范大学出版社，2012.

2. 董建稳．现代教育政策法规导论［M］．咸阳：西北农林科技大学出版社，2010.

3. 孙洪莲．教育政策法规解读及案例分析［M］．哈尔滨：黑龙江教育出版社，2008.

4. 徐建平，茅锐，江雪梅．教育政策与法规［M］．重庆：重庆大学出版社，2013.

5. 陈振明．政策科学——公共政策分析导论［M］．北京：中国人民大学出版社，1998.

6. 罗宏述，米桂山．教育政策法规［M］．北京：科学普及出版社，1992.

第一章 教育法概述

第四章 学校的权利与义务

内容提要

在教育工作中，需要调动各方面的积极性，增强所有教育法律关系的主体，努力维护教育法律关系主体的合法权益，才能促使依法执教在教育活动中尽可能实现。本章首先从法学角度对学校的概念、特点、法律地位、学校法人特点及学校作为相对人的权利等进行了阐述，然后结合案例论述了学校的基本权利和基本义务，最后探讨了学校的内部管理体制。

第一节 学校的法律地位概述

一、学校的法律地位

(一)学校的概念及特点

1. 学校的概念

从教育理论角度看，学校是指按照一定社会或阶级的需要，依据社会及青少年身心发展规律，有目的、有计划、有组织地对青少年进行培养和教育的专门机构。学校教育对人的发展，特别是对青少年的发展起着主导作用，是社会和教育发展到一定阶段的产物。它萌芽于原始社会末期，出现于奴隶社会，发展于封建社会，完善于现代社会。

从法学角度看，学校是法律调整的对象，是经教育行政主管机关批准设立或登记注册，以实施学制系统内的教育为主的教育机构，享有一定权利并承担一定义务。我国学制系统内的基本教育阶段为学前教育、初等教育、中等教育和高等教育。每一个教育阶段根据教育对象和培养目标的不同而设有不同类型的学校，主要包括幼儿园，小学，初级中学，高级中学或完全中学，各类中等专业学校，职业学校，技工学校，普通高等学校，具有颁发学历证明资格的成人学校，以及其他专门实施学历性教育的教育机构。

正确理解法学视角的学校的含义，应注意三点：第一，学校是法律调整的对象。根据社会发展的需要，法律有权干预学校的办学方向、发展规模、学校结构等。第二，必须经主管机关批准成立和登记注册的教育机构是享有一定权利并承担一定义务的社会组织。学校是事业单位法人。第三，学校一经批准设立或登记注册，就享有自己的权利和义务。

2. 学校的特点

法学视角的学校作为事业法人，和企业法人有很大的不同，具有自己的特点，具体表现在以下几个方面。

(1)设立学校的目的是培养全面发展的人才，以学生是否得到全面发展为衡量标准

我国学校设置的目的就是为社会主义现代化建设服务，必须与生产劳动相结合，培养德、智、体、美、劳等方面全面发展的社会主义事业的建设者和接班人，而企业是以营利为目的的生产和经营单位，追求利润的最大化是企业发展的终极目标，也是企业发展的原动力。因此，衡量学校的教育质量和发展水平，主要是以人才的培养质量为标准，即学生是否得到了全面发展，而企业的发展是以经济效益的高低为衡量标准。

(2)学校的经费来源主要是国家财政拨款

在我国，教育的经费主要来源于国家的财政拨款，有一部分来源于社会团体及个人的捐赠、捐资、集资等，但这些其他社会力量举办的教育不占主要地位，这些财政拨款的使用与企业的借贷资金不同，是不用偿还的，而企业的资产来源于所有者投入资本和债权人借入资金及企业在生产经营中获得的效益。

(3)在限制范围内赋予学校法定的办学自主权

因为学校是公益性组织，它的办学活动直接影响到学生受教育权的实现，所以，教育法在赋予学校法定的办学自主权的同时，也必须对其权能作出必要的限制。国家应根据社会发展的需要，干预学校的办学方向、发展规模以及学校的结构等。学校所拥有的办学决策权、用人自主权、招生分配权、财产权等都是在国家宏观调控的监督和控制之下的。

(二)我国学校的法律地位

1. 学校法律地位的含义

所谓学校的法律地位，是指法律根据学校这种社会组织的目的、任务、性质和特点而赋予它的一种同自然人相似的"人格"。我们可以从以下几个方面进一步来理解这个概念。

(1)学校法律地位的实质是其法律人格

我们知道，作为生命体的自然人具有自己独立的人格。法学上借用"人格"一词，把社会组织体看成一个"人"(民法上称"法人")，其人格主要是指该社会组织从事某种活动的权利能力、行为能力及相应的责任能力，并主要以这三种能力在某种法律关系中取得主体资格。学校的法律人格，主要从其从事教育教学活动的权利和义务中反映出来，是其办学自主权的抽象化、形象化。

(2)学校法律地位的内容体现学校的任务、条件和特点

从民法意义上讲，学校的法人权利能力的范围决定于成立该法人的宗旨和业务范围，法人无权进行违背它的宗旨和超越其业务范围的民事活动。我国的《教育法》规定的学校的具体权利，体现了学校培养社会主义建设者和接班人的育人宗旨。而不同条件和特点的学校，如中小学和高等学校，其权利、义务的内容也不完全相同。

(3)学校法律地位在形式上是由法律赋予的

学校是相对独立的组织教育活动的实体，必须具有相应的法律地位，这是毋庸置疑的。学校成为法人的实体要求必须符合我国《民法通则》规定的条件：依法成立；有必要的财产或者经费；有自己的名称、组织机构和场所；能够独立承担民事责任。同时，《教育法》第三十一条明确规定了学校"自批准设立或登记注册之日起取得法人资格"。这些规定，为进一步落实学校的法律地位，扩大学校依法办学的自主权，促使教育机构广泛参与民事活动，提供了基本的法律依据。应当指出，学校的法律地位不仅包括它在民事法律关系中的法人地位，也包括它在行政法律关系中的法律地位。学校在行政法律关系中的法律地位，则由宪法和行政法所规定。

2. 学校法律地位的特点

(1)公共性

许多国家都有"公法人"的概念。所谓公法人，一般指行使、分担国家权利或依据属于公法的行政法等特别法，以公共事业为成立目的的法人。换言之，公法人是按照涉及公共利益的法律建立的，能够作为公权力并承担义务的组织，是为公共利益而存在的主体，它与依照民法、公

司法等法律设立的私人或合伙组织不同。国外教育立法中明文规定学校为公法人，或强调其公共性。例如，德国规定，学校是公共机构，同时也是国家机构。日本的《教育基本法》规定："法律所承认的学校，具有公共性质。"❶我国虽然没有公法人的概念，但学校却体现了"公"或者国家的特点，主要表现为以下几点。

①学校法律地位是依据《教育法》确立的，学校的设立、变更、终止有特殊的注册登记程序，必须经国家教育行政部门审批决定。

②学校设立的目的是提高全民族素质，培养人才，促进物质文明和精神文明建设。因此，国家有权根据本国国情建立相应的教育制度，并为提高国民素质采取必要的教育措施，同时，国家也要承担与受教育权相应的责任，为教育的发展提供必要的财政来源及其他条件。国家对教育的投入，同一般的社会公益事业是不同的，体现了国家的利益。

③学校行使的教育权，实质上属于国家教育权的一部分。我国的《教育法》第十八条明确规定了学校享有教育教学权、招生权、对学生进行学籍管理权、实施奖励或处分权、对学生颁发相应的学业证书权等。对学校来说，这种教育教学实施权，既是国家授予的权利，又是国家交予的任务，只能正确行使，不能放弃。

（2）多重性

我国学校根据条件和性质的不同，可以有多重主体资格。当学校参与教育行政法律关系，取得行政上的权利和承担行政上的义务时，它就是教育行政法律关系的主体；当学校参与教育民事法律关系，取得民事权利和承担民事义务时，它就是教育民事法律关系的主体。所谓教育行政法律关系，是指学校在实施教育活动中，与国家行政机关发生的关系或是当学校享有法律、法规授予的某些行政管理职权，取得行政主体资格时，与教师、学生发生的关系。所谓教育民事法律关系，是学校与不具有行政隶属关系的行政机关（此时，行政机关是机关法人身份）、企事业组织、集体经济组织、社会团体、个人之间发生的社会关系，这类关系涉及面颇广，涉及学校财产、人身、土地、学校环境乃至创收中的权利，这些社会关系都会产生民事所有和流转上的必然联系。教育行政法律关系和教育民事法律关系是两类不同的法律关系。学校在这两类不同的法律关系中的法律地位是不一样的。在教育行政法律关系中，学校是作为行政管理相对人出现的。当然，这并不排除学校作为办学实体享有

❶ 杜忠芳. 透视法律修订背后的理念转变——日本新旧《教育基本法》的比较与研究[D]. 上海：华东师范大学，2008.

自己的权利和义务。在教育民事法律关系中，学校与其他主体处于平等地位。

二、学校法人的特点

学校作为事业单位的重要组成部分，是事业单位法人，自成立之日起取得法人资格，独立进行民事活动并独立承担民事责任，具有法人的民事权利能力、行为能力、责任能力。

(一)公益性

在我国法系中，法人分为公法人和私法人。公立学校属于公法人。私立学校一般属于私法人中的公益法人，其设立宗旨是谋取公共利益，以区别于谋取财产利益的营利法人。我国学校法人属于事业单位法人。事业单位主要靠国家财政拨款进行活动，国家对事业单位法人的经费拨款，都是按预算支出科目进行的，事业单位法人必须遵守专款专用的原则，必须按规定的开支范围和货币额度用款。我国的《教育法》第八条规定，"教育活动必须符合国家和社会公共利益"，教育的公益性原则，要求在中国境内实施的教育活动必须对国家和人民负责，而不是对个人或小团体负责，不能因个人或小团体的利益而损害国家、人民和社会的公共利益；要求不得以营利为目的，即不得以主要从事经济活动获取财产上的增值为目的。划分是否以营利为目的的标准，关键看是否将收入用于学校自身的建设和发展。如果收益归举办者所有或在举办者中分配，就属于以营利为目的的办学，是违反教育法律规定的。

(二)具有办学自主权

学校法人仅仅是享有财产权、参与民事法律关系流转的法人，还是同时具有"事权"意义上的法人，对这一问题有两种不同的观点。《中国教育改革和发展纲要》在"逐步建立政府宏观管理、学校面向社会自主办学的体制"的醒目标题下，指出："在政府与学校的关系上，要按照政事分开的原则，通过立法，明确高等学校的权利、义务，使高等学校真正成为面向社会自主办学的法人实体。"这尽管针对高等学校，但后来的《教育法》已将自主办学权推及基础教育的所有学校。不难看出，立法者建立学校法人制度的立法意图在于：调整政府与学校的关系，保障学校的自主权。它所规定的不仅仅是财产上的权利与义务，也是"事权"意义上的全面的自主办学的权利与义务。因此，学校法人既具有民法上法人的一般权利，也具有办学自主的权利。

(三)财产独立性

法人拥有独立的财产是其具有法律人格的基础和前提条件，是独立地享有民事权利和承担民事义务的物质基础。法人的独立财产是法人拥有的、独立于其创设人或成员的财产。学校法人财产的独立性问题在教育理论界似乎没有引起大的讨论，但在实践中却存在不少混乱，尤其是在中小学，主要是公立学校财产（学校自有的部分资产除外）面临着财产所有权与管理权、使用权的分离。学校无论是过去处于"附属物"的地位还是现在具有法人资格，学校的财产所有权无疑属于国家，财产使用权，过去和现在一般都属于学校。而在财产管理权上却发生了变化，过去学校对其财产不具有或不完全具有管理权，学校的土地、房屋、设施、设备乃至办学经费，政府都可以任意调拨。根据《教育法》规定，学校具有"管理、使用本单位的设施和经费"的权利。可以说，学校法人制度的确立，增加了学校对其财产的管理权。

（四）独立承担民事责任

我国的《教育法》第三十一条规定："学校及其他教育机构在民事活动中依法享有民事权利，承担民事责任。"法人独立责任是法人独立人格的两大基本支柱之一，而独立责任是独立财产的最终体现。学校法人在民事活动中产生的债务，教育主管部门不承担连带责任；同时，学校内的成员（教师、学生）也不对其债务负责；并且在一般情况下，校长、学校管理人员也不承担其债务。学校法人的独立责任是由其独立的民事主体地位决定的。学校法人作为民事主体，既独立于它的成员，也独立于它的领导机构和下属机构，虽然它们之间存在千丝万缕的联系，但在民事法律地位上则是相互独立的。学校法人有自己的法律人格，拥有独立的财产，享有自主管理的权利，其责任当然由自己承担。

三、学校作为行政相对人的权利

在行政法律关系中，学校具有两种主体资格，它既是法律、法规授权的行政主体，又是行政主体实施行政行为的行政相对人。作为行政主体，它与行政相对人，即学生、教师构成行政法律关系；作为行政相对人，它又与其他的行政主体形成行政法律关系。

学校作为行政相对人具有以下权利：

（一）排除违法行政的请求权和行政介入权

学校的权益受到法律的保护，但行政主体违法行为或不当行使权力，给学校的法人权和办学自主权带来侵害时，或者行政主体怠慢行使行政权，没有给学校法定的给付和保护时，学校有权请求排除行政权的违法行为或不当侵害，有权请求行政主体履行法定职责。

（二）参与制定教育法规或计划的权利

教育行政权的行使应反映学校及其教师、学生的意志。学校、教师、学生除了通过其代表机关制定法律，为行政主体提供基本存在的依据和行为准则外，还有权参与制定较具体的教育行政法规或行政计划。随着行政民主化要求的不断提高，这种广泛吸收公民和社会组织参与行政过程的权利，必将成为现代法治行政中人权保障的重要内容。

（三）听证的权利

在行政行为作出之前，特别是在损益性行政行为作出之前，必须保证学校有听证的权利，对相对方提供有关行政行为的认定事实、理由和依据，给对方充分的辩论的机会，从而作出合法、合理的行政行为。这样才能在最大限度上避免行政机关对学校权益的侵害。

阅读资料：

北京某大学建材轻工学院诉北京市某区物价检查所违法的行政处罚案❶

1990年8月以后，北京某大学建材轻工学院（以下简称建材轻工学院）在收取1990年度该院所属的夜大工科新生学费时，根据1990年4月12日，国家教委、国家物价局、财政部038号文件《关于修订普通高等学校举办函授和夜大收费办法的通知》（以下简称"038号文件"）的规定，将北京市物价局审定的夜大学生每生每学年408元的收费标准提高到460元。同年11月，北京市某区物价检查所（以下简称物价所）在依法对建材轻工学院收取学费的标准进行检查时，认为建材轻工学院按新标准收取夜大新生69人的学费，共超收3780元，违反了1985年3月28日，教育部、财政部（85）教计字30号文件《关于中央部门部属高等学校举办函授和夜大学实行收费的通知》（以下简称"030号文件"）的规定，属于价格违法行为。1991年2月6日，某区物价所根据《中华人民共和国价格管理条例》第十二条第三项和国家物价局《关于价格违法行为的处罚规定》第五条第五项、第九条、第十条第四项的规定，作出没收建材轻工学院非法所得3780元的处罚决定。建材轻工学院不服，于1991年2月20日，向北京市物价检查所提出复议申请。北京市物价检查所经复议后认为，某区物价所对建材轻工学院的处罚，"事实清楚，证据确实，依据充分，程序合法"，于1991年4月18日，作出复议决定，维持某区物价所的处罚决定。建材轻工学院对此复议决定不服，于1991年4月30日，向北京市某区人民法院提起行政诉讼。某区人民法院审理后认为，"038号文件"明确提出，"近几年由于情况变化，原收费标准和收费办法已不能适应

❶ 李珏．教育类行政诉讼的受理问题[D]．上海：复旦大学，2005．

当前的实际需要，决定修改收费标准。从 1990 年开始，对新招收的函授和夜大学生按本通知规定的标准和办法收费"。该文件规定，1990 年新招收的夜大理工科学生每人每年可在 500 元内收取，函授和夜大的具体收费标准由各省、自治区、直辖市教育、物价财政部门制定，而北京尚无具体规定。建材轻工学院的收费未超过"038 号文件"规定的标准。"030 号文件"颁布在前，"038 号文件"颁布在后，某区物价所适用的规章错误，认定原告建材轻工学院超收的 3780 元为非法所得，无法律依据。据此，某区法院判决撤销某区物价所的处罚决定。

分析： 在本案中，作为原告的高等学校——建材轻工学院，与被告某区物价所之间是一种行政法律关系。某区物价所处于行政主体的地位，而建材轻工学院则处于行政相对方的地位。某区物价所行使价格监督检查的行政职权，而建材轻工学院则接受前者的管理和监督。作为行政相对方的建材轻工学院，如果认为行政主体作出的行政行为违法，有权申请行政复议和提起行政诉讼，使自己的合法权益得到维护。而本案中，建材轻工学院正是这样做的，并且最终在诉讼中获得了法院的支持。

第二节　学校的权利与义务

学校的权利是指其在教育活动中依法享有的权利，即学校在教育活动中能够作出或不作出一定行为，并要求相对人相应作出或不作出一定行为的许可和保障，学校的权利由教育法确认、设定和保护。

一、学校的基本权利

根据《教育法》第二十八条的规定，我国学校及其他教育机构享有的具体权利包括以下几方面。

(一)按照章程自主管理学校权

章程是指学校为保证正常运行，对内部管理进行规范而制定的基本制度，是实行依法治校，提高学校管理水平和效率的重要保证。学校依法制定章程，确立其办学宗旨、管理体制及各项重大原则，制定具体的管理规章和发展规划，自主作出管理决策，并建立、完善自己的管理系统，组织实施管理活动，这是建立现代学校管理体制的重要前提。主管部门或举办者对学校符合其章程规定的管理行为无权干涉。

教育法规定学校享有这样的权利，是基于学校作为法人在依法批准设立时，必须具有符合国家规定的组织章程。法人本身是一个组织机构，组织机构的运转活动必须有自身内部的管理章程，这是设立学校及其他教育机构必须具备的基本条件。学校一经依法设立，即意味着具备得以设立的全部条件，也就是说，其章程得到了确认，因此学校按照被确认的章程管理自身内部的活动，即成为学校及其他教育机构行使的法定权利。各级各类学校的任务不同，章程的内容各有不同，但其共同点应主要包括：办学宗旨、教育教学活动管理规则、校内管理体制、财务管理制度、安全保卫制度、民主管理与监督制度、修改章程的程序等。

学校章程的制定应注意以下几点：一是要与现行的法律、法规相一致；二是代表改革与发展的方向，并为学校的各项教育教学、管理工作提供保证；三是建立与章程相配套的各项规章制度，形成一整套学校管理的规范性文件；四是制定规章制度的用语应准确，不应使执行者和遵守者产生歧义。

下面这个案例，就是学校在制定校内章程及规章制度时应注意的。

阅读资料：
王某要求省教育委员会撤销学校行政科给予的行政处罚案❶
王某是某省一所高校外语系二年级的本科生。1996年10月下旬的一天傍晚，他在学校宿舍里私自用电炉煮饭不慎失火，造成部分公私财物毁损，本人也被轻微烧伤。因其行为严重违反了学校关于禁止在学生宿舍使用燃煤、燃油炉具和各种用于煮饭、烧水的电热器的规定，故受到记大过处分。同时，学校总务处依据学校有关规定给予其罚款100元的行政处罚。这期间，《行政处罚法》刚刚实施（自1996年10月1日起实施），媒体正在广泛宣传该法的有关知识。王某看报后认为学校行政科不是国家行政机关，无权对他实施行政处罚，要求退还100元罚款，但校方不予退还。于是，王某将此争执情况反映到省教育委员会，要求撤销学校作出的行政处罚，责令学校退还该项罚款。

分析：在这个案例中，学校行政科显然无权作出《行政处罚法》规定的行政处罚。但是，学校的公共财物因学生的过错行为受到人为毁损后，按照"有损害必有救济"的民事原则，学校是有权要求责任人予以赔偿的；而有关违反校规的罚款规定虽然是由学校单方面制定的，

❶ 胡锦光．行政法案例分析［M］．北京：中国人民大学出版社，2000：165．

但学生入校报到注册后，实际上已与学校就此达成了某种协议，双方都应遵守。可见，所谓"行政处罚"的那100元"罚款"并不是我国《行政处罚法》第八条第二项指的行政处罚种类之一的"罚款"，其性质属于一种比较特殊的赔偿金。简而言之，尽管王某认为学校行政科无权作出行政处罚的意见是有一定道理的，但其提出的退还"罚款"的要求是不能予以满足的。因此，高校的有关规章制度的用语应进一步规范化，以减少误解。不仅如此，在制定章程中还要遵循必要程序，一般应包括以下几项：①由校长主持制定章程的工作，并应组成各方代表参加的学校章程起草小组，必要时，可请教育法方面的专家、学者作为顾问；②经充分讨论后，由教职工大会通过；③报请教育行政主管部门依法审核。

(二)组织实施教育教学活动权

这是学校的一项最基本的权利。学校之所以成立，就是要实施教育教学活动。因此，这项权利的内容主要是，学校有权根据自己的办学宗旨和任务，依据国家教育主管部门有关教学计划、课程、专业设置等方面的规定，自行决定和实施自己的教学计划，决定具体的课程、专业设置，决定选用何种教材，决定具体课时和教学进度，组织教学评比、集体备课，对学生进行统一考核、考试等。学校作为以培养人、教育人为宗旨的法人，具有《教育法》确定的从事教育教学活动的权利；其他领域不是依据《教育法》成立的法人，均不具有从事教育教学活动的权利。

(三)招收学生权

学校有权依据国家的招生法律、法规和主管部门的招生管理规定，根据自己的办学宗旨、培养目标、任务以及办学条件和能力，制定本机构具体的招生办法，发布招生广告，确定招生的具体数量和人员，确定招生范围和来源。招生是一种属于教育活动的特殊活动，招生权是教育机构的基本权利。学校一旦被教育法确认为具有进行教育活动的权利能力的法人，那么作为学校组织实施的教育活动之一的招收学生的活动，就被认定为学校具有的特殊的法定权利；其他领域中不被教育法确认的法人机构，不具有招生的权利。同时，学校招收学生必须符合国家的有关规定，其招生简章和广告内容必须真实、准确，严格按规定履行审核手续，不得制发虚假招生简章和广告。

阅读资料：

高中没考上，学校赔8万[1]

湖南岳阳市9名初中学生因为没有考上高中，将某学校告上了法庭。6月6日，岳阳市岳阳楼区人民法院判决某学校赔偿9名学生8万多元。

这起教学质量纠纷案的起因是该校的招生广告。在招生广告中该校声称："90％以上的学生都能够进入重点中学和大学学习。"提起诉讼的9名学生认为当初就是看了这则广告后，考虑到该校可能教学质量很高，才交了比其他学校高出很多的学费（每年近6000元）到这里来上学的。2000年，该校共有18人参加了初中升高中毕业会考。但结果和学校当初宣称的90％以上的升学率相差很大，这18人中，不仅没有一人考上重点中学，而且没有一人超过普通中学录取分数线。为此，学生找到了学校，要求校方给个说法，但学校却推脱说，这次会考失败是因为考试的第一天有人在考场作弊，被监考教师发现，影响了考生的情绪。学校是不可能退钱的，但可以让他们免试进入本校高中，并免掉高一的学费。

在讨不到理想说法的情况下，9名学生联合起来，以违约为由将学校告上了法庭，要求学校退还学费并赔偿损失共计17万元。

法院开庭审理了此案。法庭认为，学校当初在招生广告中声称的"90％以上的学生都能够进入重点中学和大学学习"，应该被视为一种广告承诺。但在会考后却无一人考上重点高中，因此应视为校方违约，当初的招生广告也应该被视为虚假广告。校方应该对学生没有升入高中负责。但学生没有升入高中，显然和自身的努力也有关系，因此学校只应该赔偿部分损失。法院最后判决学校赔偿9名学生的损失共计8.55万元。

分析：这一全国首起教学质量纠纷案的起因就是虚假招生广告，学校也为其违法行为承担了相应的法律责任。另外，在招生工作中，不遵守国家规定，擅自违反招生的国家统一标准或将招生资格转给学校教师及工作人员或其他社会组织或个人，都是违法行为，学校对这种委托都要承担相应法律责任。教育主管部门要对学校的招生工作进行监督，建立健全的监督机制，实行监督部门、教育部门和招生部门

---

[1] 每日新报，2001-06-11.

三结合。对违反规定招收学生的和在招收学生中徇私舞弊的学校，应依法责令退回所招学生，返还所收费用，并对直接负责的主管人员和其他直接责任人员予以行政处分或依法移送司法机关处理。教育主管部门非法限制甚至取消招生权的做法是侵害学校办学自主权的违法行为，也必须予以制止。

(四)学籍管理权

所谓"学籍管理"，主要是指学校针对受教育者的不同层次、类别，制定有关入学与报名注册、成绩考核、纪律与考勤、留级、降级、转专业与转系、退学、休学与复学、转学的管理办法，并对其实施具体的管理活动。"奖励"是指学校针对受教育者德、智、体等方面的突出表现，给予精神的、物质的奖励，如颁发荣誉证书，给予奖学金等。"处分"是指学校对违反校纪校规的受教育者给予的校内处分，包括警告、记过、留校察看、勒令退学、开除学籍等处分形式。

学校根据教育部关于学籍的管理规定，制定相应的具体的学籍管理办法。学校根据国家有关学生奖励、处分的规定，结合本校的实际，制定具体的奖励与处分办法；并可以根据这些管理办法，对受教育者进行具体的管理活动。但学校制定管理制度，应符合有关教育的法律、法规、规章的规定，且制定的对学生的处分不得重于现行法律、法规、规章的规定。

学籍管理权是学校代表国家行使对受教育者的教育活动的权利的重要组成部分，是普通公民和一般社会组织不能行使的公共权力，是加强对受教育者的教育、管理职能，维护教学秩序，保证教育教学质量的需要。公民作为受教育者，一旦进入学校及其他教育机构，其受教育的权利即依法实现，而这个权利的实现过程又是公民依法履行受教育义务的过程。所以，受教育者有义务接受所在学校及其他教育机构的法律确认的学籍管理和纪律要求。值得注意的是，学校在运用国家赋予的这一专项权力时，应严格遵守国家有关学籍管理的规定，不仅要遵守法律、法规及规章规定的实体性的管理规定，而且在对学生进行学籍管理时要注重程序，要将处理决定进行告知，并应允许被处理者本人提出申诉、申辩和保留意见，并且学校有责任对学生的申诉进行复查。要注意不能侵犯受教育者的受教育权等相关权利。

阅读资料：

王某等不服技工学校责令退学、注销学籍的处分❶

王某等四人，1995年9月4日，经考试被某技工学校录取。录取前，该学校与四原告家长所在单位分别签订了定向招生、分配的合同，并收取了各原告学杂费3540元或4340元。入学后，四原告分别进入电工班、厨工班或者维修班学习。1996年4月30日上午，原告王某、张某在数学科目考试中作弊；1996年5月2日上午，原告刘某、马某在电子技术、机械基础科目考试中作弊。该学校于1996年5月2日，公告开除四人学籍，又于1996年5月3日，以"××技校(1996)18号"文件的形式对王某等四人作出责令退学、注销学籍的处分决定，该校作出该处分未报告主管部门。四名学生不服该处分，向某区人民法院提起行政诉讼。原告认为，王某、张某虽然在考试中作弊，但已向学校写出书面检查承认错误，而被告仍作出开除学籍的处罚，属于处分过重，侵犯了未成年人受教育的合法权益，而且处分程序违法，请求法院判决撤销该处分，恢复学籍。该技工学校称，作出该处分是学校内部的管理行为，技工学校不属于国家行政机关，原告无权提起行政诉讼。某区人民法院认定，该学校是法律、法规授权的组织，起诉符合行政诉讼法收案范围，该校的处分程序违法，显失公正，而且超越职权，判决撤销该处分决定，限制判决生效后三日内恢复王某等四人的学籍。该技校上诉，二审法院驳回上诉，维持原判。

分析： 这起案例涉及以下几个问题：一是学校是否能作为被告，即学校是否带有行政主体资格；二是学校是否正确运用了法律，学校的学籍处理认定程序是否合法。王某等四原告在期中考试中作弊，属于违纪行为，根据《教育法》第二十八条规定，"学校及其他教育机构有权对受教育者进行学籍管理，实行奖励和处分"，该学校虽不是行政机关，但属于法律授权的组织，能够依法对学生进行学籍管理，对学生行使奖励、处分权。该学校对四原告作出责令退学、注销学籍的处理决定，是根据国家劳动部颁发的《技工学校学生管理规定》在行政管理活动中行使行政职权，是具体行政行为，并不是学校的内部管理行为。根据最高人民法院的《关于贯彻执行〈中华人民共和国行政诉讼法〉若干问题的意见(试行)》中关于受案范围的规定，"具体行政行为

---

❶ 胡锦光．行政法案例分析[M]．北京：中国人民大学出版社，2000：183．

就是国家行政机关、行政机关工作人员，法律法规授权的组织，行政机关委托的组织或个人在行政管理活动中行使行政管理职权，针对特定的公民、法人或其他组织，就特定的具体事项作出的有关公民、法人或者其他组织权利、义务的单方行为"，该技工学校责令退学、注销学籍严重影响了该学生受教育的权利。所以，该学校对四原告的责令退学、注销学籍的处分，是学校行使法律授予的行政职权作出的具体行政行为，学生不服，可以提起行政诉讼。

此外，劳动部颁布的《技工学校学生学籍管理规定》第二十七条规定："对违犯纪律和犯错误的学生，学校应进行批评教育，情节严重或者屡教不改，可给予警告、严重警告、记过、留校察看、责令退学或者开除学籍等纪律处分。"四原告均系未成年人，考场作弊尚属首次，能主动写出检查，认识错误，改正错误，具有从轻处理情节且并未达到情节严重和屡教不改的程度，学校应给予重新改正的机会，不应开除学籍，剥夺未成年人受教育的权利。《未成年人保护法》第十八条也规定了，"学校应当尊重未成年学生受教育的权利……不得违反法律和国家规定开除未成年学生"，该校作出责令四原告退学、注销学籍的决定，违背了法律目的，属于显失公正，而且该学校作出的处分程序也违法。根据《技工学校学生学籍管理规定》第二十八条的规定，"处分学生必须经过校务会议讨论，校长批准执行；其中责令退学和开除学籍的处分，需报学校主管部门批准并报劳动部门备案"，该学校于1996年5月2日，未经校务会议讨论即对王某等四名学生公告开除，又于同年5月3日，未报主管部门批准即作出责令退学、注销学籍的处分，在程序上违法，在实体上显失公正。所以，法院判决撤销该处分决定并责令限期恢复四原告学籍是正确的。

（五）对受教育者颁发相应的学业证书权

学校依据国家有关学业证书的管理规定，根据自己的办学宗旨、培养目标和教育教学任务的要求，有权对经考核、成绩合格的受教育者，按其类别颁发毕业证书、结业证书等学业证书。学业证书制度是我国的教育基本制度之一。法律授予了学校行使对受教育者颁发学业证书、学位证书的行政权力，这种权力是代表国家行使的在学位、学历证书方面的行政管理职权。

凡经国家批准设立的学校，就具有了《教育法》确认的按国家规定颁发学历证书或其他学业证书的权利。学校在行使这一权利时，应该严格依据法律、法规、规章的规定，维护学生的受教育权利。

《教育法》规定："经国家批准设立或者认可的学校及其他教育机构按照国家有关规定，颁发学历证书和其他学业证书。"《义务教育法实施细则》规定："对受完规定义务教育的儿童、少年，由学校发给完成义务教育的证书。"《职业教育法》也有类似的规定。《学位条例》规定，我国学位分为三级，即学士、硕士和博士；国务院设立学位委员会，负责领导全国学位授予工作。《学位条例》第八条规定："学士学位由国务院授权的高等学校授予；硕士学位、博士学位由国务院授权的高等学校和科学研究机构授予。"

阅读资料：

田某诉北京某大学拒绝颁发毕业证、学位证的行政诉讼案❶

原告田某因在一次考试中携带记有公式的字条而被监考教师停止考试，随后，被告北京某大学教务处以考试作弊为由，依据学校关于严格考试纪律的文件对田某作出退学处理。但该退学处理决定并未得到实际执行。在此后的两年中，原告以一名正常学生的身份继续参加学期注册，使用学校各项设施，包括校医院、图书馆、教室，继续享受学校补助金，也交了学费，修完了所有学分并参加了实习和毕业设计。临近毕业时，被告教务处通知原告所在系，因对原告已作出退学处理，故不能让其毕业，不发放毕业证、学位证、派遣证等。原告认为，学校拒发毕业证、学位证的行为侵犯了其合法权益，向北京市海淀区法院提起诉讼，请求法院判令被告发放毕业证、学位证等，及时有效地为其办理毕业派遣手续；赔偿经济损失3000元，在校报上公开赔礼道歉等。

北京市海淀区人民法院经审理，判令被告在本判决生效之日起30日内，向原告田某颁发大学本科毕业证书；于本判决生效之日起60日内，召集本校的学位评定委员会对原告田某的学士学位资格进行审核；于本判决生效之日起30日内，履行向当地教育行政部门上报原告田某派遣的有关手续的职责；驳回原告田某的其他诉讼请求。

分析： 学校依照国家的授权，有权制定校规、校纪，并有权对在校学生进行教学管理和违纪处理，但是制定的校规、校纪和据此进行的教学管理和违纪处理，必须符合法律、法规和规章的规定，必须保护当事人的合法权益。北京某大学对田某按退学处理，违反了法律、法规和规章的规定，是无效的。

---

❶　中华人民共和国最高人民法院公报，1999(4)．

(六)聘任并管理教师及其他职工权

学校根据国家有关教师和其他教职工管理的法规、规章的规定,从本校的办学条件、办学能力和实际编制情况出发,有权自主决定聘任、解聘有关教师和其他职工,可以制定本校的教师及其他职工的聘任办法,签订和解除聘任合同,并可以对教师及其他职工实施包括奖励、处分在内的具体管理活动。教育机构在聘任、奖励、处分教师和其他职工时,应根据教师和其他职工的职责要求,重点考虑本人的表现及业绩。此项权利是学校实施教育活动的保证,也是学校作为法人被法律确认的权利之一。

我国《教师法》第十七条规定:"教师的聘任应当遵循双方地位平等的原则,由学校和教师签订聘任合同,明确规定双方的权利、义务和责任。"实施教师聘任制,学校和教师的关系以共同的意愿为前提,以平等为原则,双方的权利和义务是对等的,没有隶属关系。同时,教职工在接受聘任后,学校有权对其工作成绩进行奖励,对其不良表现进行惩罚。《教师法》第三十三条规定:"教师在教育教学、培养人才、科学研究、教学改革、学校建设、社会服务、勤工俭学等方面成绩优异的,由所在学校予以表彰、鼓励。"

阅读资料:
教师对学校处理不服提出的诉讼案❶

某校化学教师赵某参加了县教育学会组织的为期一天的学术研讨会。事先未向学校请假,也没有和教同班课程的其他教师换课,致使他任教的两个班各有一节化学课没有上。学校按旷职论处,按照本校的有关规定,扣发其当日的工资和本月全勤奖,并在全校职工大会上提出批评。教师赵某依据《教师法》第七条的规定,"教师享有从事科学研究、学术交流、参加专业的学术团体、在学术活动中充分发表意见的权利",认为自己参加的是县教育学会的学术活动,学校对其进行处罚侵犯了其合法权益,对学校作出的处理决定不服,向这所学校的主管部门提出了申诉。赵某要求返回扣发的工资和奖金,在全校职工大会上取消对其所做的批评。

教育行政部门对此进行了调查,认为教师所述情况基本属实。但教师既享有法律赋予的权利,也应当完成法律规定的义务。《教师法》第八条规定,教师应当履行"贯彻国家的教育方针,遵守规章制度,

---

❶ 四平市教育委员会. 教育执法案例评略.

执行学校的教学计划，履行教师聘约，完成教育教学工作任务"的义务。赵老师只强调了权利的方面，而没有遵守学校的规章制度和执行教学计划，没有很好地完成教育教学的工作任务。学校作出的决定符合权限和程序，使用的法律、法规正确，事实清楚。教育行政部门因此决定维持学校原处理结果。教师赵某在接到《教育行政案件处理决定》后，15天内未向有关部门提起行政复议和诉讼。

　　分析：作为教师，法律、法规赋予其特定的权利，但其权利的行使应以履行相应的法定义务为前提，权利的享有与义务的履行是统一的，不能只强调权利而不去履行义务，违反学校的规章制度，这是法律不予保护的。

(七)对本单位设施和经费的管理使用权

　　学校作为法人单位，对其占有的场地、教室、宿舍、教学设备等设施，办学经费以及其他有关财产，享有财产管理权和使用权，必要时可对其占有的财产进行处置或获得一定的收益。同时，学校行使此项权利，也应遵守国家有关国有资产管理、教育经费投入及学校财务活动的管理规定，符合国家和社会的公共利益，此项权利有利于学校发展和实现学校的办学宗旨，有利于合理利用教育资源，任何人不得妨碍学校教育和管理活动的正常进行，不得侵害举办者、投资者等有关权利人的财产权利。

　　我国的《教育法》第七十二条规定："破坏校舍、场地及其他财产的，由公安机关给予治安管理处罚；构成犯罪的，依法追究刑事责任，侵占学校及其他教育机构的校舍、场地及其他财产的，依法承担民事责任。"

阅读资料：

学校与周边村因土地使用权产生的诉讼案❶

　　1993年，经原国家教委决定，成立A市B大学，并在该市郊区某村征得土地500亩，用于修建这所大学。当时征地时的500亩土地是作为一块整耕地征用的，后来因为城市规划需要在此块地中间修一条马路，将此500亩地分成东西两块。由于基建资金紧张，B大学决定先在西块土地上进行建筑施工，东块土地暂缓建设一年。B大学用围墙将东块土地围住。某村农民发现B大学有闲置的土地未用，遂将围墙推倒，并在土地上种上庄稼和一部分果树，B大学领导发现后

---

❶　法制日报，1996-5-22.

进行劝阻，农民不听，于是B大学决定将推倒的围墙修复。修复围墙后的某天夜晚，农民连夜再次将其推倒，并用拖拉机等工具阻挠B大学再次修复，B大学感到为难，便找某村村委会协商，晓之以理，某村村委会人员称："虽然征地属于你们，但此地为空地，农民种种也没有什么不对，如果你们现在用地，你们要赔偿农民种地未收获前投资的本钱。"B大学自然不同意，协商不成，只好起诉到法院，要求某村农民撤出被征用的土地。

分析：这是学校运用法律维护自身合法权益的典型案例。这起案例，涉及学校对其单位设施的管理和使用权。按《土地管理法》的有关规定，国家进行经济、文化、国防建设以及兴办社会公共事业，按一定的手续和程序办理征地手续，可以享有土地使用权。B大学经原国家教委批准成立，土地管理部门批准其征用某村土地500亩，是符合法律规定的，征得土地后应当充分合理地利用土地。B大学因基建资金紧张，将东块土地暂缓建设一年也在《土地管理法》规定的闲置年限之内。《土地管理法》规定，征地连续闲置3年不用的，土地管理部门就有权回收土地。某村农民进入东块地围墙之内进行耕种的行为是侵权行为。因为土地的使用权已归B大学所有，某村已丧失了对此地的占有、利用的权利。因此，农民无权对东块土地进行耕种，村委会要求赔偿农民的投资本钱没有法律依据。因此，法院判决责令农民停止侵害行为，退还土地，学校负责修复围墙。

(八)拒绝对教育教学活动的非法干涉权

依据《教育法》规定，学校有权"拒绝任何组织和个人对教育教学活动的非法干涉"，即学校对来自行政机关(教育行政机关)、企事业组织、社会团体、个人等任何方面的非法干涉教育教学活动的行为，有权拒绝。所谓"非法干涉"，是指行为人违反法律、法规和有关规定，作出的不利于教育教学活动的行为。例如，强行占用教室，随意冲进教室抓人，随意要求学校停课，以行政命令干涉具体的教学活动，要求学校向学生家长催粮要款等。当前，某些教育行政部门的业务机构，对学校教学的随意检查、干预过多，这是侵犯学校实施教育教学自主权的行为，干扰了正常的教育教学秩序，对此，学校有权抵制。

我国《教育法》第七十二条规定："结伙斗殴、寻衅滋事，扰乱学校及其他教育机构教育教学秩序或者破坏校舍、场地及其他财产的，由公安机关给予治安管理处罚；构成犯罪的，依法追究刑事责任。"

(九)法定的其他权

法定的其他权是《教育法》规定的"法律、法规规定的其他权利",是指除前述八项权利外,现行法律、行政法规以及地方性法规赋予学校的民法中规定的一般法人的权利和其他法律、法规规定的权利,还包括将来制定的法律、法规确立的有关权利。此项规定是对学校享有的除前述八项权利外的其他合法权利的概括。此项规定有利于将来制定有关的教育法律、法规,进一步完善学校的办学自主权。

二、学校的基本义务

学校的义务是指其在教育活动中必须履行的法律义务,即对学校在教育活动中必须作出一定行为或不得作出一定行为的约束。它依据法律产生,并以国家强制力保障履行。规定学校的义务,一是为保证学校实现育人宗旨、实施教育教学活动;二是保障学校学生的受教育权利和教师的合法权益。从深层次上说,这也是权利、义务一致的体现。我国《教育法》规定的学校的基本义务包括以下几个方面。

(一)遵守法律、法规

这项义务是基于我国宪法的有关规定确立的,是法律对一般法人的要求。《宪法》第五条规定:"一切国家机关和武装力量、各政党和各社会团体、各企业事业组织都必须遵守宪法和法律。一切违反宪法和法律的行为,必须予以追究。""任何组织或者个人都不得超越宪法和法律的特权。"学校是培养人的社会组织,遵守法律、法规是其必须履行的基本义务。此项义务中的"法律"包括宪法和国家权力机关制定的法律;"法规"包括国务院制定的行政法规和地方性法规。《教育法》作出此项规定,并不是对宪法有关内容的简单重复,它包括两层含义,既包括学校在一般意义上的守法,不得违背法律;也包括教育法律、法规、规章中对学校及其他教育机构确立的特定意义上的义务,这些义务与实施教育教学活动,实现办学宗旨有密切联系。

(二)贯彻国家教育方针,执行国家教育教学标准,保证教育教学质量

这项义务的内容包括:①学校及其他教育机构在整个教育教学活动中,要坚持社会主义办学方向,贯彻《教育法》第五条确立的国家教育方针,走教育教学与生产劳动和社会实践相结合的办学道路,要使受教育者把学习科学文化与加强思想修养、学习书本知识与投身社会实践、实现自身价值与服务祖国人民、树立远大理想与进行艰苦奋斗统一起来。从德、智、体等方面全面教育、培养学生。②要执行国家教育教学标准,努力改善办学条件,加强育人环节,保证教育教学活动和培养学生的质量达到国家的教育教学质量要求,并不断提高教育教学质量。所谓"国家

教育教学标准"，是指国家对各级各类教育的教育内容、教育教学质量及办学条件等规定的必须达到的一般标准，它是国家评估和指导教育活动的基本依据，是一国教育水平的集中反映。国家教育教学标准通常由国家组织编订或者经国家审定批准，由各级各类教育机构具体实施。

确立此项义务，有利于保证学校教育的社会主义性质，促使学校努力为社会主义现代化建设培养德、智、体等方面全面发展的各类人才，要改变当前学校教育中出现的"片面追求升学率""唯智育"等不良倾向，以提高国民素质为根本宗旨，以培养学生的创新精神和实践能力为重点，全面推进素质教育。从法律意义上讲，《教育法》施行后，不履行此项义务，出现上述违背国家教育方针的办学行为，或者不执行国家教育教学标准，已不再是单纯的教育思想和教育方针的错误问题，将被作为违法行为对待，学校及有关的直接责任人员要承担相应的法律责任。

(三)维护受教育者、教师及其他职工的合法权益

这项义务的内容包括：①学校自身的行为不得侵犯受教育者、教师及其他职工的合法权益，例如，不得克扣、拖欠教职工工资，不得拒绝合乎入学标准的受教育者入学，尊重学生的受教育权，包括学籍权、学历证书权、学位证书权、上课权等。②当教育机构以外的其他社会组织和个人侵犯了本校学生、教师及其他职工的合法权益时，学校应当以合法方式，积极协助有关单位查处违法行为的当事人，维护其合法权益。这项义务的确立，有助于形成一种学校爱护教师，学生、教师关心、爱护学校的良好教育教学关系，保持校园秩序乃至社会秩序的稳定，也有助于维护学生、教师的合法权益。对学校侵犯教师、学生合法权益的，教师、学生有权依法提起申诉或诉讼。

(四)为受教育者及其监护人了解情况提供便利

这项义务的实质是学校保障受教育者及其监护人了解受教育者本人的学业成绩和在校表现等的知情权，是加强学校教育与家庭教育的联系和沟通的需要，也是保证学生在学业方面受到公正评价的一种途径。所谓"适当方式"，是指学校通过设立"家长接待日""家长会议""教师家访"等合法的、正当的方式，保障家长及其他监护人、学生本人的知情权。但不得采取"考试成绩排队""公布学生档案"等非法的、侵犯学生合法权益的方式。所谓"监护人"，是指未成年人的父母，父母没有监护能力或者不能履行监护职责时，由未成年人的其他成年亲属或者所在基层组织担任监护人。所谓"提供便利"一般包括两方面：一是学校不得拒绝受教育者及其监护人了解学业成绩、在校表现等情况的请求；二是学校应当提供便利条件，帮助受教育者及其监护人行使此项知情权。学校在履行此项义务时，要特别注意不得

侵犯受教育者的隐私权、名誉权等合法权益。

阅读资料：

教师公布学生成绩，家长提出申诉案❶

1996年5月，某小学进行了期中考试。三年级某班主任将学生考试成绩进行了排名。该班女生张某原来的成绩一直名列前茅，但是这次期中考试却排在中游。班主任在全班同学面前公布排榜名次时，不问青红皂白，严厉地批评了张某。张某因为妈妈住院而影响学习成绩，自觉委屈，教师当面批评使她抬不起头。张某回家后，神情沮丧、少言寡语、茶饭不思，躲进自己的小屋不出来，并告诉父母她不想念书了。家长因此向学校提出申诉，认为教师的排榜行为客观上造成孩子沉重的精神负担，伤害了孩子的自尊心，侵犯了孩子的名誉权。并依据《教师法》第八条，教师应履行"关心、爱护全体学生、尊重学生人格，促进学生在品德、智力、体质等方面全面发展"的规定，要求学校对班主任进行批评教育并公开向学生道歉。

学校接受张某家长的申诉书后，找学生、教师进行核实，确认家长反映情况属实。学校认为：该班主任考试的排榜行为违反了《教育法》第二十九条"学校以适当方式为受教育者及其监护人了解教育者的学业成绩和其他有关情况提供便利"和《教育法》第四十二条"受教育者在学业成绩和品行上获得公正评价"以及《教师法》第八条，教师应"关心爱护全体学生、尊重学生人格"的规定，构成了侵害学生的知情权和名誉权，责令班主任撤销排榜并向学生本人及家长赔礼道歉。

(五)遵照国家有关规定收取费用并公开收费项目

学校应依据中央和地方各级政府及其有关部门的收费规定，从办学公益性质出发，按照成本分担原则，公平、合理确定本校的收取学费和杂费的标准(其中，义务教育学校执行国家标准)，并向家长、社会及时公布收费的项目。我国现行关于学校收费的法规、政策文件的基本精神是，国家举办的实施义务教育的学校，不得收取学费，但可酌情收取杂费；非义务教育的学校可以适当收取学费。中小学的收费项目和标准，一般由省一级教育、物价主管部门根据本地实际具体确定；高等学校以及一部分部属、省属中等专业学校的收费项目和标准，一般由各中央主管部门或省一级教育、物价主管部门具体确定。

---

❶ http://wenku.baidu.com/view/4dcd873643323968011c9247.html.

幼儿园一般由县、市教育、物价主管部门确定收费标准。《教育法》确立此项义务，使国家现行的有关学校及其他教育机构收费的一系列政策、规章具有法律效力。学校应向社会公开收费项目，包括收费的具体名称和标准，必要时还应公开所收费用的账目，以便广大人民群众给予监督。

对所有面向学生发行的教学用书（含各科辅导材料和课外读物等），都必须经省、自治区、直辖市教材审定委员会审定。教学用书的征订范围，要限定在省、自治区、直辖市教育行政主管部门发布的图书目录之内，未经省、自治区、直辖市教材审定委员会审定的教学用书不准在学校面向学生发行。对代收费项目要加以规范，代收费的项目应严格限定在必须由学校统一购买的学习用品。除课本以及的确需统一购买的作业本外，学生个人的学习、生活、娱乐用品，学校和教师不准统一收费代购。代收费的具体范围由省级物价、财政和教育行政主管部门规定，各中小学不得擅自扩大代收费的范围，学校代收费应遵循"随时发生、随时收取、多退少补、不得营利、及时结算"的原则。所有与学生有关的社会保险，均由学生及其家长自愿到保险机构办理，学校及其教职人员一律不准代办。不履行此项义务，不执行各级政府有关主管部门的规定，巧立名目，乱收费用，甚至把学校变成营利的工具，都是非法行为，学校及其直接责任人员要承担相应的法律责任。

(六)依法接受监督

这项义务是指学校对各级权力机关、行政机关依法进行的检查、监督以及社会各界依法进行的监督，应当积极予以配合，不得拒绝，更不得妨碍检查、监督工作的正常进行。这是学校作为行政管理相对人和独立法人应承担的法定义务，特别是符合《教育法》第八条确立的"教育活动必须符合国家和社会公共利益"原则的基本要求，有利于促进学校自觉地把教育教学和管理活动置于主管部门和社会的监督之下，全面贯彻国家的教育方针。

第三节　学校的内部体制及组织机构

一、学校内部管理体制

(一)含义

学校管理体制，是指学校的机构设置、隶属关系和权限划分等方面的体系和制度的总称。从系统功能理论的角度研究，学校管理体制是为适应政治、经济、社会、科技、文化、人员、自然等教育外部系统与学校这个子系统之间的信息、物质、能量的充分交换，以发挥学校的教育功能，促进学校内外系统良性发展的学校管理的组织体系和制度体系。

(二)主要内容

通过对学校管理体制内涵和二十多年来我国学校管理体制改革实践的分析，我国中小学管理体制主要包括以下几个方面。

1. 学校领导制度

学校领导体制是规定学校内部领导的组织原则，确定学校管理、领导力量的地位作用、权责范围以及彼此关系的一种组织制度。

2. 学校人事制度

学校人事制度是学校管理体制的重要组成部分。学校人事改革的根本目的就是要在干部和教职工中形成任人唯贤、人尽其才、不断优化的竞争机制，实现学校内部新、旧管理体制和运行机制的转换，最终促进教育教学质量的不断提高。

我国目前的改革是从传统的派任制转向岗位聘任制，这项改革激发了学校内部的竞争力，一定程度上激发了教职工的工作积极性，提高了工作效率和教育教学质量。

3. 学校分配制度

学校分配制度改革既是学校管理制度改革的重点也是难点。为了克服分配上的平均主义以及教师工资收入水平过低的现象，充分调动教职工的工作积极性，21世纪以来，许多学校在实行岗位责任制与教师聘任制的基础上，对分配制度进行了改革，主要做法是实行绩效工资制。绩效工资制的改革，是学校管理体制改革的突破口。

校长负责制是学校管理体制改革的核心，岗位责任制和人员聘用制是学校管理体制改革的关键，绩效工资制是学校管理体制改革的突破口。

阅读资料：

铃响之后❶

T老师在S小学任班主任。S小学纪律严格，教师工作也紧张。一天，T老师中午返校走到操场上时遇见了学生家长，于是两人聊了起来。此景被F校长见到了。当T老师走进教研室时，下午上课的铃声已经响过了。下班前，T老师见到教研室的揭示板上清楚地写着F校长的检查结果：T老师今天下午迟到半分钟。顿时，T老师感到十分沮丧。

---

❶ 杨颖秀.学校管理学[M].北京：人民教育出版社，2004：103.

从此以后，T老师每天踏着铃声上下班。过了一段时间，T老师调到了 M 小学。一天，T老师还未走进校门，上课铃声就响了起来，T老师听见铃声赶紧向校门跑去。恰好 M 小学的 W 校长站在校门口，见此情景，对 T 老师喊道："不要跑，不要跑，不要累坏了身体!"W 校长的话让 T 老师感动不已。从此以后，T 老师总是提前来到学校。

思考：

1.请对比 F 校长和 W 校长对待教师迟到现象的做法，并分析哪一种做法较好？为什么？

2.作为校长，应不应当抓教师迟到的问题？为什么？

二、学校内部领导体制

(一)含义

学校内部领导体制就是关于学校的机构设置、隶属关系、权限划分和组织制度等方面的总和。它是确定学校内部领导力量的地位、作用、权责划分及其彼此关系的根本制度。它除规定学校工作由谁来领导，以什么形式进行领导外，还确定了学校内部各种组织的地位、作用和相互关系。

(二)领导体制的类型

在管理学中，古往今来的领导体制，按不同的标准可以分为许多种类。按照参与决策的人数分，可分为一长制和合议制；按照机构内部单位的职权性质和范围分，可分为层次制和职能制；按照不同层次的机关职权的集中与分散程度分，可分为集权制和分权制；按照统一机构的各单位接受上级机关的控制程度分，可分为完整制和分离制等。由于中小学的特殊性，通常只按参与决策的人数来分析学校领导体制类型。下面主要介绍一长制和合议制。

1. 一长制

在我国，一长制通常称为个人负责制，在西方，一长制通常称为独任制或独裁制，行政决策权由最高行政首长一人掌握，并对本单位的工作全面负责，权力集中，责任明确，指挥通畅，反应迅速，工作效率高。但是，一长制的有效性在很大程度上依赖领导者个人的素质，如果用人不当，极易导致决策失误，并易出现独裁专断现象。同时，这种体制给领导者带来的心理压力较大。一长制比较适用于事务性、执行性机构。

2. 合议制

在我国，合议制通常称为集体负责制，在西方，合议制称为会议制或委员会制。行政决策权分别掌握在两个以上的行政主管手中，凡事需要集体商量表决，少数服从多数，可以集中多数人的才能智慧，掌握多方面的信息，保证决策计划的周密性和完备性，可以避免独裁专断现象的产生。同时，由于责任分散，领导者承受的心理压力较小。但是，这种制度权力分散，易导致决策周期长，问题议而不决，决而不行，指挥不力，行动缓慢，协调困难，遇事相互推诿，无人负责，工作效率低下。故这种体制多用于以制定方针政策、长期规划、立法、协调的职能为主的机构。

(三)校长负责制

1985 年，《中共中央关于教育体制改革的决定》规定："学校逐步实行校长负责制。"1993 年，中共中央、国务院印发的《中国教育改革和发展纲要》规定："中等及中等以下各类学校实行校长负责制。"1995 年 3 月 18 日，第八届全国人民代表大会第三次会议通过的《教育法》第三十条规定："学校的教学及其他行政管理，由校长负责。"2006 年 6 月 29 日，第十届全国人民代表大会常务委员会第二十二次会议修订，2006 年 9 月 1 日起施行的《义务教育法》第二十六条规定："校长由县级人民政府教育行政部门依法聘任。"

1. 含义

校长负责制就是校长负责处理学校的日常教学科研活动，完善学校的管理，校长全权代表学校并负责，赋予校长决策权、指挥权、人事权和财务权，同时健全学校领导机构的核心机制。

2. 特点

在这种领导体制中，党、政、群三方面的地位、作用与职责权限都有明确的限定。

(1)校长全面负责

校长由上级人民政府或上级教育行政部门任命，是学校行政系统的最高领导人，是学校的法定代表人，在学校领导关系中处于中心地位。

校长对外代表学校，向上级党委、政府和教育行政部门负责；对内全面领导和负责学校的各项工作，对教职工、学生和学生家长负责。

(2)党组织保证监督

实行校长负责制后，学校党组织的主要工作是：负责对学校行政干部的教育、考查、管理和监督，在政治上把关；加强学校党的建设，做好教职员工的思想工作；参与学校重大问题的决策，保证教育方针的贯彻执行；加强对群众团体的领导，发挥各组织在学校中的作用；协调学校中组织和个人、领导与群众的关系。

（3）教职工民主管理

教职工代表大会是教职工民主管理和民主监督的基本形式。教职工代表大会的职权是：对学校的重大问题有建议权；对学校领导干部的工作有监督评议权；对有关学校发展建设的问题有审议权；对有关教职工工作及利益的问题有决定权；对教代会决议的落实有检查权。校务委员会是学校民主管理的审议机构。

阅读资料：

庚校长会用权吗？❶

庚校长上任一年多，学校工作有新进展，经常受到县教育局领导的表扬，各方人士对他的评价是"会用权"。

一天，教务主任向庚校长反映，自己年龄大，兼任大队辅导员不合适，教务处副主任是由大队辅导员改任的，兼任比较合适。庚校长解释，当时的决定是考虑副主任新接工作，怕两头照顾不过来。庚校长找来副主任谈此事，副主任表示可以兼任。于是庚校长更改了决定，由副主任兼任大队辅导员。

在教代会上，庚校长提出考勤制度的修改方案，被否定。庚校长重新考虑学校的具体情况，考虑学校教师均是教龄较长的教师，考勤制度过于琐碎，有不信任教职工之嫌。庚校长重新修改了方案，并征求各方意见，再拿到教代会上讨论，顺利通过。

一次，手工课张老师向庚校长提出手工课材料不足，请学校解决。庚校长答复："请与负责后勤工作的张副校长谈"。张老师问："您不是校长吗？"庚校长回答："是的。但财务由张副校长分管。"

思考：

1. 在处理三件事情时，庚校长分别用了哪几方面的职权？
2. 你认为庚校长会用权吗？为什么？

三、学校内部组织机构

（一）含义

学校内部组织机构是指为实现学校教育目标而设置的由专人负责的各种相互联系的运作系统。它是为实现学校教育目标而设置的由专人负责的各种相互联系的机构，是学校领导管理人员组织开展各项活动、处

---

❶ 杨颖秀．学校管理学［M］．北京：人民教育出版社，2004：126.

理内外关系和各种事务的一种组织制度。学校组织结构是学校组织的框架，它表明了学校各组成部分的排列顺序、空间位置、联系方式，以及各要素之间的相互关系。

(二)类型

1. 政治性组织机构

政治性组织机构主要包括中国共产党在学校的支部或总支部，处于领导或政治核心地位；还包括各民主党派在学校的基层组织，发挥参政议政的作用。

2. 行政性组织机构

行政性组织机构主要包括学校的校务委员会、行政会议、校长办公室、教务处、总务处、校办企业管理机构，属于校长领导下的审议机构、职能机构、办事机构和生产管理机构，是学校管理的主体性组织机构。

3. 业务性组织机构

业务性组织机构主要包括在校长、教导主任领导下的教科室，各学校教研组、年级组、班级等教育科研组织，以及图书馆、阅览室、资料室、电化教育室、实验室和卫生室等事务性组织，是教学和科研组织机构，承担部分管理职责，主要属于执行、操作性的业务机构。

4. 群众性组织机构

群众性组织机构主要包括学校中的共青团组织、少先队组织、学生会组织、教育工会和教代会组织，属于教职工和学生的群众性组织。

5. 其他组织机构

其他组织机构包括爱国卫生运动委员会(小组)、治安保卫委员会(小组)、家长委员会等。

(三)设置的依据和原则

1. 依据

(1)学校自身的需要

学校自身的需要主要是指学校的目标、任务和学校的规模。

(2)社会政治制度的要求

不同的政治性组织和群众性组织必须是执政者允许或支持的。

(3)政策法规的限制

国家和地区各级政府办学，不仅体现在教育经费的来源是实行以国家为负担主体的多层次、多渠道的筹集方式，而且体现在办学的方针、目标、教学计划以及学制和学校编制，也是由国家及有关地方政府确定的，常以政策法规的形式颁发。

2. 原则

（1）统一指挥原则

统一指挥原则是指在一个组织机构内要建立一个统一的行政领导和指挥系统，下级只接受一个上级的直接指挥，不能有多重指挥。

贯彻这一原则的要求包括：要充分调动下级的积极性和主动精神，不允许上级越级指挥，也不允许下级越级接受更高一级的指令，同级职能部门之间不存在指挥与服从关系，但要相互提供信息和建议，进行良好的合作。

（2）权责对称原则

权责对称原则是指一定的组织机构和相应的岗位职务必须承担一定的职责，并拥有一定的权力，使职责和职权相一致，既避免有责无权，又避免有权无责，保证在其位，行其权，尽其责。

贯彻这一原则的要求包括：要做到能级对应，以保证权力的有效性，实现岗位责任制，把不同岗位的权力、责任统一起来，要对履行职责的情况进行评价，并实施相应的奖惩，实行统一领导，分级分工管理，做好分权与授权。

（3）协调一致原则

协调一致原则是指组织机构作为一个整体，要有统一的意志、统一的指挥、统一的行动，组织的各部门要在明确分工的前提下，互相沟通协作，为了实现共同的目标，上下步调一致地行动，形成有效的运作机制。

贯彻这一原则的要求包括：要有统一的决策指挥系统，这是协调一致的首要条件，要加强信息交流与沟通，形成管理的封闭，这是加强管理的重要基础，要有全局意识和基本的组织纪律，这是重要的组织保证。

（4）因校制宜原则

因校制宜原则是指学校组织机构根据学校自己的性质、特点、任务、环境、历史以及发展前景等因素决定自己机构的废、改、立。学校组织机构的设置要从学校实际出发，因校制宜，不强求一律。

贯彻这一原则的要求包括：要根据自己的条件和历史沿革研究机构的设置；要根据学校的规模和任务目标确立机构；不要贪大求全，要力求精简和高效。

>>> **复习与思考**

1. 法学视角的学校的概念是什么？我国学校的法律地位如何？请联系实际谈谈自己的认识。

2. 学校有哪些基本权利和基本义务？

3. 什么是学校管理体制？我国中小学管理体制主要包括哪些内容？

>>> 案例分析

学校扩建的经费解决办法

某中学校舍需求紧张，需要扩建，否则将影响学校的发展。可是扩建校舍需要一笔很多的经费，上级教育行政部门无法解决。在进退两难的情况下，该中学的校长苦苦思索了好几天，终于在学校领导班子会议上提出一个解决办法：周末邀请教育行政部门、财政部门、社区、家长委员会、教职工代表大会、学生会的有关人员召开一个会议，专门研究学校今后应如何发展的事情，请大家充分发表意见，出谋划策。

问题与思考：

1. 该校长为什么要邀请各方代表参加会议，共商学校发展之事？

2. 你认为会议能否解决学校扩建的经费问题？为什么？

>>> 参考文献

1.《教育政策法规》编写组. 教育政策法规[M]. 西安：西北大学出版社，2011.

2. 张乐天. 教育政策法规的理论与实践[M]. 上海：华东师范大学出版社，2012.

3. 徐建平，茅锐，江雪梅. 教育政策与法规[M]. 重庆：重庆大学出版社，2013.

（二）学生有权请求对其他成绩进行考核评定。

B.学生有权对学校给予的处分提出申诉或提起诉讼。

第五章 学生的权利和义务

内容提要

学生是受教育者的另一种称谓。受教育者是指在教育活动中承担学习责任和接受教育的人。本章先阐述学生的法律地位及其特点，再着重论述学生的权利，包括学生的基本权利以及特殊群体所享有的特殊权利和学生的义务。最后，本章探讨对于未满18周岁的未成年人，如何对其实施法律保护及预防犯罪。

第一节 学生的法律地位

一、学生的法律地位的概述

（一）学生的概念及特点

1. 学生的概念

对学生这一概念，有广义和狭义两种理解。广义的学生是指向教师或前辈学习的人；狭义的学生是指在学校或其他教育机构中专门从事学习活动的人。法律意义上的学生是指在依法成立的或国家法律认可的学校及其他教育机构按规定条件具有或取得学籍，并在其中接受教育的公民。学生也是受教育者的另一种称谓，受教育者是指依照法律、法规尤其是教育法律、法规的规定，围绕教育机构实施有目的、有计划的教育教学活动，以学习者身份构成的社会群体。

2. 学生的特点

学生是教育活动中最重要的角色，也是教育法律关系中最重要的主体，没有了学生也就没有了法律意义的教育活动。学生作为教育法律关系主体之一，与其他教育法律关系主体相比，具有以下几个特点。

(1)主体权利、义务的多样性

一方面，受教育者作为特定的社会群体，具有共同的权利和义务；另一方面，不同年龄、身份的学生以及接受不同类型教育的学生，在教育法律关系中又存在权利与义务的差异性。例如，《幼儿园管理条例》《义务教育法》《高等教育法》分别对幼儿、少年儿童、大学生的权利和义务作出了明确规定。

(2)主体法律关系的多重性

教育活动是涉及多个主体的社会活动。受教育者作为教育活动主体之一，在教育活动中依法与其他主体之间形成一定的教育法律关系。如学生与学校、学生与教师之间的法律关系。一方面，学生与学校、教师之间存在着教育与被教育、管理与被管理的关系；另一方面，学生与学校、教师之间也存在着平等的权利主体关系。

(二)学生的法律地位的含义

法律地位指法律主体享受权利与承担义务的资格。也用以指法律主体在法律关系中所处的位置，它常用来表示权利和义务的对应程度。法律地位一般由其他社会规范、习俗先行限定，由法律最终确认后生效。

1. 现行法对学生法律地位的界定

学生的法律地位要在具体的社会关系中来加以界定。学生所处的社会关系概括起来可以分为一般社会关系和教育法律关系两种。在这两种社会关系中，学生的法律地位是不同的，所取得的主体资格也是不同的，即分别为在一般社会关系中的公民地位和教育法律关系中的主体地位。

学生作为一般社会关系中的公民，具有宪法和法律所赋予公民的各项基本权利，同时也享有教育法律所赋予教育法律关系主体的各项权利。

例如，《宪法》第四十六条规定："中华人民共和国公民有受教育的权利和义务。"《教育法》第九条规定："中华人民共和国公民有受教育的权利和义务。""公民不分民族、种族、性别、职业、财产状况、宗教信仰等，依法享有平等的受教育机会。"第三十六条规定："受教育者在入学、升学、就业等方面依法享有平等权利。"《义务教育法》第四条规定："国家、社会、学校和家庭依法保障适龄儿童、少年接受义务教育的权利。"这些规定，反映了学生作为公民和作为教育法律关系主体的地位和权利。

另外，学生作为特殊年龄阶段的社会群体，越来越成为国际社会共同关注、干预和援助的对象。

1989年11月20日，联合国第44届大会一致通过《儿童权利公约》。

该公约界定儿童是指 18 岁以下的任何人，并规定儿童出生后就具有姓名权、国籍权、生存权、受教育权、不受剥削和虐待等各项权利，不受种族、肤色、性别、语言、宗教信仰、政治主张等影响。我国政府于 1990 年 8 月 29 日正式签署了这一公约，成为该公约的第 105 个签约国。同时，就我国对未成年学生保护的国内法而言，《未成年人保护法》《预防未成年人犯罪法》等一系列法律、法规都对未成年人的国家保护、社会保护、家庭保护以及学校保护方面作出了具体的规定。

2. 学生的法律地位的界定

学生的法律地位是指学生以其权利能力和行为能力在具体法律关系中取得的一种主体资格。学生的法律地位必须要得到法律的确认和赋予，从根本上说，法律的这种确认和赋予都源于学生的受教育权利。因此，我们认为学生法律地位的取得是以学生的受教育权为基础的。

(三)学生的法律地位的特点

1. 不同年龄段的学生的法律地位的特点不同

学生的年龄分布是从幼儿到青少年，不同年龄段的学生的法律地位的特点是不同的，相应享受的法律权利和应承担的法律义务、责任也就有所不同。例如，1989 年 8 月 20 日，经国务院批准，国家教委第 4 号令发布的《幼儿园管理条例》，确立了幼儿的法律地位；1986 年 4 月 12 日公布，1986 年 7 月 1 日生效的《义务教育法》确立的是少年儿童的法律地位；1998 年 8 月 29 日通过，1999 年 1 月 1 日起实施的《高等教育法》确立的是大学生的法律地位。

2. 作为受教育者，学生与教育者的权利、义务的不对等性

学生作为受教育者，与学校、教师之间事实上存在着管理和被管理、教育和被教育、组织和被组织的关系，也就是说，学生和学校以及教师之间有不对等性。学校不是行政主体，学校不享有行政职权。但学校享有的法律明文规定的某些权利，如自主招生、制定学校规章制度、发放毕业文凭、授予学位以及奖励和处分学生等明显具有公权力的性质。当学校对学生行使这种类似行政职权性质的权利时，学校不需要征求学生的意见，往往只根据学校单方的意志表示，学生无权与校方讨价还价、协商解决。因此，在这种情况下，学校与学生之间的地位并不完全对等。

二、学生法律主体地位的确立与演变

(一)社会的进步引起学生地位的变迁

在古代社会，教育强调学生应尽的义务，漠视学生的权利，学生只能服从教师的教导，教师在学生面前拥有绝对的权威。但在现代社会，

民主、平等、自由是人类的理想和信念，不管在政治还是经济方面都需要个体积极参与，并成为主体。在教育领域的体现就是，学生不再是被动的受教育者，而是学习的主体，师生关系也转变成民主、平等的关系。学生作为法律关系的主体是经过宪法、民法和教育法确定的，有其权利和义务，具有法律性和社会性。因此，学生的法律地位不是一开始就有的，而是在社会政治、经济和文化生活发展的影响下逐渐形成的，并经法律承认后正式确立。

(二)学生观的转变

我国传统的教育主要是从社会发展的需要来培养人，而很少从学生身心发展的要求来教育人。人们一贯把学生看作教育的加工对象，缺乏尊重学生的意识，没有把学生作为有主体意识的个体，更没有把学生当作独立的个体和法律关系主体，这种"师尊生卑"的学生观延续了几千年。20世纪七八十年代，随着我国改革开放的不断深入，民主与法制的建设以及教育的不断发展，传统的师生关系得到很大的改变，学生逐渐被看作有思想、有感情、有意志、有主体意识的人，法律对学生的权利和义务作出了明确的规定。

(三)学生自身法律意识的提高

随着我国法治水平的提高，个人主体意识也在逐渐增强，学生法律意识的提高尤其明显。学生不仅在社会生活中、学校生活中逐渐意识到他们的法律拥有权，而且其权利是受法律保护的，不得随意受到侵害，否则他们将运用法律的武器捍卫自己的正当权益。学生的教育法律主体地位的确立，是和学生自身主体意识的增强、法律意识的提高密切相关的。

(四)通过立法确立学生的法律地位

自20世纪80年代以来，我国加大了依法治教的力度，颁布了一系列的教育法律、法规，如《义务教育法》《教育法》《未成年人保护法》《职业教育法》及《高等教育法》等，这些法律、法规对各级各类学生的权利和义务作出了明确的规定，确立了学生的法律地位。

第二节 学生的权利和义务

学生是一个以学习为主要任务的社会群体，是公民在学校或其他教育机构上学期间身份的特殊表现形式。这意味着学生身份的双重性，学生并不因为其成为学生而丢失其公民的基本身份。因而，公民以学生身份在学校期间具有学生的权利和义务，但同时仍具有公民本身应有的权利和义务。因此，学生的权利一般由两个部分组成，一是学生作为公民所享有的权利，《宪法》第四十六条规定了公民有受教育的权利；二是学生作为受教育者所享有的权利，《教育法》中规定了学生作为受教育者区别于其他公民所应享有的具体权利。

一、学生的权利

《教育法》第四十二条规定受教育者享有以下权利。

（一）学生的基本权利

1. 受教育权

受教育权是指公民作为权利主体依照法律、法规的规定，在受教育方面可以作出或不作出一定行为的许可和自由，并可要求他人为其受教育而作出一定行为或履行一定义务的权利。我国《宪法》及各项教育法律、法规也从不同角度、不同层面对此作出了规定。例如，我国《宪法》第四十六条规定："中华人民共和国公民有受教育的权利。"《教育法》第九条规定："中华人民共和国公民有受教育的权利和义务。"《义务教育法》第十条规定："凡年满六周岁的儿童，其父母或者其他法定监护人应当送其入学接受并完成义务教育。条件不具备的地区的儿童，可以推迟到七周岁。"

受教育权包括受教育机会获得权和受教育条件使用权。受教育机会获得权是指公民依法获得接受一定形式、一定阶段的受教育机会的权利。平等是受教育机会的主要原则。我国《教育法》第三十六条规定："受教育者在入学、升学、就业等方面依法享有平等权利。"受教育机会获得权是受教育条件使用权得以实现的前提条件。受教育条件使用权是指公民依法享有利用法律规定的受教育条件发展自己的权利。受教育条件使用权包括参加学校教育教学计划安排的各种活动（如教学活动、课外活动）的权利和使用教育教学设施、设备、图书资料的权利。受教育条件使用权是受教育机会获得权的深化和发展。

阅读资料：

爸爸不让女儿上学，可以吗？❶

小芳的家住在农村，她在村里的小学上五年级。一天，爸爸突然对她说："明天你不要去上学了，到小卖部给你妈帮忙吧，你妈一个人忙不过来。"小芳听了后，伤心地哭了。她想念书，她舍不得学校的教师和同学们。但是，她又不能不听爸爸的话，只好不去学校读书

---

❶ http：//wenku. baidu. com/view/30fff078168884868762d6ed. html.

了。教师了解到小芳的情况后，找到了小芳的爸爸，劝他让小芳继续上学。小芳爸爸说："女孩子比不得男孩子，读书多了也没什么用，还不如让她在家里干点活呢。再说了，小芳是我的女儿，让不让她上学得由我说了算。"

分析：《宪法》第四十六条规定："中华人民共和国公民有受教育的权利和义务。"《教育法》第九条规定："公民不分民族、种族、性别、职业、财产状况、宗教信仰等，依法享有平等的受教育机会。"《义务教育法》第十一条规定："凡年满六周岁的儿童，其父母或者其他法定监护人应当送其入学接受并完成义务教育。"

让孩子上学接受教育是法律规定的父母必须履行的义务，而且法律规定，女孩和男孩享有平等的权利，不能歧视女孩。小芳的爸爸让小芳中途辍学的行为是违法的，听了教师的话应当让小芳赶快回到学校继续读书。如果不改正的话，当地政府应对他进行批评教育，并责令他送小芳返回学校上学。另外，为保护儿童受教育的权利，国家还禁止工厂、商店、个体户等雇用不满16周岁的儿童。

2. 获得经济资助权

学生享有"按照国家有关规定获得奖学金、贷学金、助学金"的权利，简称"获得经济资助权"。《教育法》第四十二条规定："按照国家有关规定获得奖学金、贷学金、助学金"。

奖学金是为奖励品学兼优的学生和报考国家重点保证的、特殊的、条件艰苦的专业的学生而设立的经济资助制度。

贷学金是指为向家庭经济困难的学生提供帮助而设立的经济资助制度。当前，贫困家庭的孩子上不起学已引起社会各界的广泛关注，为此教育部、财政部、中国人民银行、银监会联合下发了《关于进一步完善国家助学贷款工作的若干意见》，对助学贷款政策作出重大调整，就是为了保障贫困家庭学生的法定受教育权利的有效实现，从而维护教育公平。凡符合规定条件的学生都可以通过学校申请贷学金，这是受教育者享受法律保护的平等权利。对贷学金的款额、对象，国家都有明文规定。

助学金，又称为勤工俭学金，是指为使学生，特别是家庭经济困难的学生通过参加劳动获得报酬，自主完成学业的经济资助制度。凡是符合规定的学生都有权参加勤工俭学活动，并获得一定的劳动报酬，任何单位和个人不得克扣或拖欠学生的助学金。对于义务教育阶段的学生，国家已经明确规定不收学费、杂费，并且由国家财政保障义务教育经费。

《义务教育法》第四十四条还规定："各级人民政府对家庭经济困难的适龄儿童、少年免费提供教科书并补助寄宿生生活费。"义务教育阶段的适龄儿童、少年有获得国家经济帮助的权利。

> **阅读资料：**
>
> ### 国家奖学金是否应该被二次分配？❶
>
> "为了倡导一种团结友爱、互帮互助的精神"，湖北省某师范学院日前"建议"对该校35名国家奖学金获得者的奖学金进行"二次分配"，以资助更多的未获奖的贫困生。为达到目的，该院的院、系领导亲自出马，拿着已经填好了"建议捐款数额"的《自愿捐款协议书》对获奖学生进行动员，终于使除家庭特别困难、所得奖学金不够交清所欠学费的3名学生之外的其他32名学生捐出10.4万元奖学金。你认为湖北省某师范学院的这一做法是否妥当，对此有哪些思考？
>
> **分析：** 首先，某师范学院此举的出发点是为了让更多的贫困生得到资助，这是应当肯定的。但问题是，那些获得国家奖学金的学生本身就是贫困学生，有的甚至连基本生活费都没有着落。他们通过自己的努力赢得了获取国家奖学金的机会，本来可以借此摆脱困境，现在却因为捐出了"数额巨大"的奖学金，使自己在经济上再次陷入困境，这显然不合情理，也不公平。
>
> 其次，由于获奖者对奖学金的支配权得不到保证，必将打击贫困大学生竞争国家奖学金的积极性，这违背了设立国家奖学金的初衷。《教育法》第四十二条规定，受教育者享有"按照国家有关规定获得奖学金、贷学金、助学金"的权利。某师范学院的做法显然侵犯了获得国家奖学金的学生的这一权利。
>
> 教育机构、教育工作者的工作必须在遵循相关的法律、法规的基础上进行，依法保证教育的公平性原则的实现。

3. 获得学业证书权

获得学业证书权是指学生享有"在学业成绩和品行上获得公正评价，完成规定的学业后获得相应的学业证书、学位证书"的权利。对此，我们可以从两个方面来进行理解。

---

❶ http://wenku.baidu.com/link?url=scHbokjqF7nK8kca00Pxrm8uaUmm7HNkg XLGaq0tNU-9T2zOrc08oZ7YJkXagD-QKynQAhs-W0lsgU-3DGhGaXYEgKz4WM zzRkGqhttvhji.

（1）获得公正评价

按照学生学籍管理的规定，学生的学籍档案里有学习成绩登记表，学校要如实地记录学生各科学习成绩和品行状况。学业成绩的评价是教育机构对学生在受教育的某一时期内的学习情况和知识结构、知识水平的概括，具体包括课程考试成绩记录、平时学习情况和总评等。品行评价包括对政治觉悟、道德品质、劳动态度等的评价。在学业成绩和品行上获得公正评价是指学生有权在德、智、体、美等方面获得国家统一标准的一视同仁的客观评价。值得注意的是，教师对学生的评价不应受到学生家长的权势、地位、金钱等的影响，也不能受到其他与教育教学无关因素的影响。例如，评价不能受个人好恶的影响等。

（2）获得学业证书

一个学生完成规定的学业后就应该获得相应的学业证书或学位证书，这是学生的一项重大权利。根据国家相关教育法律、法规的授权，学校可以制定校规、校纪对在校学生进行教学管理和违纪处分。但是这一切都必须符合国家宪法和法律的规定，必须保护学生的合法权益。例如，不能以学生是否给学校提供捐助作为颁发学业证书的条件；不能增加和减少颁发学业证书的条件。从本质上来看，学业证书和学位证书是对学生一段受教育时期的学业成绩、学术水平和品行的最终评定。学生除思想品德等方面合格外，完成或提前完成教育教学计划规定的全部课程，考试、考核及格或修满学分，在该教育阶段结束时均有权获得相应的学业证书、学位证书。

阅读资料：
北京大学博士状告母校❶

北京大学电子学系 92 级博士研究生刘某，1999 年 1 月 10 日进行博士论文答辩，答辩委员会 7 位委员同意刘某通过答辩，建议授予他博士学位。1 月 19 日，北京大学学位评定委员会电子学系分委员会以 12 票赞成，1 票反对，建议授予他博士学位。1 月 24 日，北京大学学位评定委员会以 6 票赞成、7 票反对、3 票弃权，因赞成票数未达到半数的法定票数（当时到场 16 人）而否定了他的论文，作出不能授予他博士学位的决定。根据我国法律规定，具有最终决定权的是学位评定委员会。另据北京大学的说法，因为论文没有通过，刘某也

---

❶ 湛中乐，李凤英. 刘燕文诉北京大学案——兼论我国高等教育学位制度之完善 [J]. 中国教育法制评论，2002(1).

不能获得博士毕业证书，因此他最终拿到的只是证明他学业经历的结业证书。在听到这个消息后，刘某感觉到脑子里一片空白。后来，刘某找了北京大学的许多单位，希望有关部门能解释作出这一决定的具体的理由，但结果却让他大失所望，北京大学没有给予任何答复。当时，刘某向有关部门和国务院学位办公室提出申诉未果后，又向法院等寻求帮助，法院不予受理。1999年9月24日，刘某向北京市海淀区人民法院提起行政诉讼，状告北京大学及北京大学学位评定委员会，要求北京大学为其颁发博士研究生毕业证书，并要求学位评定委员会在合理的时间内对其申请重新评议并作出决定。一审法院经过审理，判决被告北京大学在判决生效后两个月内向刘某颁发博士毕业证书，责令被告北京大学学位评定委员会于判决生效后三个月内对是否批准授予刘某博士学位的决议审查后重新作出决定。被告不服此判决，上诉至北京市中级人民法院。二审法院以原审法院未能查清诉讼时效问题为由，撤销原判，发回重审。2001年，海淀区人民法院以"超出诉讼时效为由"，驳回起诉。

4. 申诉起诉权

申诉起诉权包括申诉权和诉讼权。学生的申诉权和诉讼权是学生作为公民所享有的程序性权利。《宪法》第四十一条规定："中华人民共和国公民对任何国家机关和国家工作人员的违法失职行为，有向有关国家机关提出申诉、控告或者检举的权利，但是不得捏造事实进行诬告陷害。对于公民的申诉、控告和检举，有关国家机关必须查清事实，负责处理。任何人不得压制和打击报复。"以《宪法》为依据，《教育法》对学生的申诉权和诉讼权进一步作出了明确规定，《教育法》第四十二条规定："受教育者对学校给予的处分不服，有向有关部门提出申诉的权利，对学校、教师侵犯其人身权、财产权等合法权益，有提出申诉或依法提起诉讼的权利。"在学生申诉制度中，学生是申诉人。但由于学生的行为能力有限，学生的监护人亦可代为申诉。被申诉人一般是学校和教师。受理申诉的机构一般是学校或教育行政主管部门。目前，我国的学生申诉制度，尤其是学生申诉的具体管辖问题还有待完善。

学生的诉讼权是指学生对学校、教师侵犯其人身权、财产权等合法权益，有依法提起诉讼的权利。诉讼权在理论上包括民事诉讼权、刑事诉讼权和行政诉讼权。

阅读资料：

乱收费、乱罚款❶

1995 年 6 月至 1996 年 6 月，某中学李老师对该班学生以迟到、旷课、违反纪律、考试不及格等借口，收取学生罚款等十多项费用 2 100 多元。1996 年 6 月 23 日，全班学生向法院递交了诉状，法院当即免费受理。

经庭审调查，学生所诉乱罚款、乱收费均属事实，被告也承认。但是，被告在辩护过程中，同时向法院提供了一份该校的规章制度，并称自己是按学校规章制度办事，不应该承担责任。某校制定的规章制度中有这样的规定：学生迟到 1 次罚款 1 元，旷课 1 次罚款 2 元，不上课间操 1 次罚款 1 元，不交作业 1 次罚款 1 元，打架、骂人罚款 5 元，吸烟罚款 10 元，损坏桌椅罚款 10～150 元，损坏玻璃罚款 5～20 元，损坏门窗罚款 50～100 元，迟还图书罚款 5 元，乱放自行车罚款 1 元。教师迟到 1 次罚款 10 元，教师旷课 1 次罚款 20 元。

5. 人身权

人身自由权是指公民有按照自己的意志，在法律规定的范围内自主支配行动的权利。人身自由权的核心是行动的自由。人身自由权包括身体自由权和内心自由权。我们一般提到的是身体自由权。因为对身体自由侵害的同时，也一般构成对内心自由的侵害。人身自由权是法律赋予每一个公民的重要的人身权利，是公民参加国家管理和社会活动以及行使其他权利的必要条件。《宪法》第三十七条规定："中华人民共和国公民的人身自由不受侵犯。任何公民，非经人民检察院批准或者决定或者人民法院决定，并由公安机关执行，不受逮捕。禁止非法拘禁和以其他方法非法剥夺或者限制公民的人身自由，禁止非法搜查公民的身体。"

公民的人身自由权是《宪法》规定的一项基本权利。学生作为普通公民，同样享有人身自由权。学校侵犯学生人身自由的主要表现是非法拘禁学生，例如，一些学校和教师将未完成作业的学生、违反纪律的学生在放学后长时间地留在学校。所谓拘禁，主要是指用捆绑、禁闭等方法，使他人在一定时间内失去行动自由。非法拘禁学生是故意剥夺学生人身自由的行为。一些学校的管理人员与教师法制观念淡薄，当学生的行为不当或违法时，不用正确的教育手段，也不依靠司法机关，而是擅自体罚，非法拘禁，侵犯了学生的人身自由，甚至还会导致学生自杀。

---

❶　杨颖秀.教育法学[M].北京：中国人民大学出版社，2008：75.

阅读资料：

体罚致使学生自杀，责任由谁承担？❶

1998 年 3 月 23 日下午 6：40 分左右，湖北省某市五中初二(3)班男生周某从一栋 19 层高的楼的楼顶跳下，当场身亡，并留下遗书一份。周某在遗书中写道："我是被周某(班主任)逼的……"3 天后，周某同班的十几个学生来到他家，带来一束花，哭着递给周某的父亲一份 24 个学生签名的《我们的控诉》，联名控告他们的班主任。学生的《我们的控诉》写道："周某的个子特别小，也特别调皮，班主任就给他起了个外号叫跳蚤，老是当着全班同学的面叫，说他像个跳蚤一样跳来跳去"，"班主任经常抓他的头发，用力一旋，周某就原地转 360°，再一旋，就再转一圈。还经常揪周某的耳朵，敲他的后脑勺，我们都感到打骂周某是平常的事了"。还有，"因周某迟到，又未系棉袄的扣子，班主任就让他脱掉棉袄，冻了一个上午才让他穿上，周某一次上体育课没有穿球鞋，班主任就罚他脱了鞋袜，在操场上跑了好多圈"。后来，记者又了解到，周某自杀前一周，班主任将他的座位调到了讲台左边，距黑板不到一米，单独一张课桌，离别人远远的，稍不小心就被叫起来站着听课，或者被赶出教室。周某多次向别的同学说，由于黑板反光，他根本看不见右边黑板上的字，而教数学的班主任说这么做是为帮助他学习。周某自杀前 3 天，班主任让他在班上就学习雷锋日记发言，周某说："我要向雷锋同志学习，做一个优秀的中学生。"另一个同学站起来说："有的人死得重于泰山，有的人死得轻于鸿毛。"班主任这时就对周某说："你要死就死得轻如鸿毛。"周某班上的其他不少同学也被班主任打过、罚过，他们班已转学、退学、休学了几个学生。

(二)特殊学生群体的特殊教育权利

除上述权利以外，一些特殊群体的学生还享有法律、法规规定的其他权利。这一特殊群体主要包括女性、经济困难学生及残疾学生等。

1. 女性——享有平等的受教育权利

现代社会，男女应该是平等的，但由于文化、经济和其他因素，男女不平等的现象依然存在。所以，法律、法规对女性受教育权予以保护就显得尤为重要。《教育法》第三十六条规定："学校和有关行政部门应当

❶ 易际培．校园心罚行为的法律责任[J]．班主任，2003(12)．

按照国家有关规定，保障女子在入学、升学、就业、授予学位、派出留学等方面享有同男子平等的权利。"《妇女权益保障法》第十六条规定："学校应当根据女性青少年的特点，在教育、管理、设施等方面采取措施，保障女性青少年身心健康发展。"该法第十七条规定："父母或其他监护人必须履行保障女性青少年接受义务教育的义务。"这些规定都对女性受教育权利的实现起到法律保障作用。

2. 经济困难学生——享有获得资助的权利

为保证家庭经济困难的学生也有平等受教育的机会，国家规定对这些学生进行经济资助。《教育法》第三十七条规定："国家、社会对符合入学条件、家庭经济困难的儿童、少年、青年，提供各种形式的资助。"《高等教育法》第五十四条规定："家庭经济困难的学生，可以申请补助或者减免学费。"第五十五条规定："国家设立高等学校学生勤工助学基金和贷学金，并鼓励高等学校、企业事业组织、社会团体以及其他社会组织和个人设立各种形式的助学金，对家庭经济困难的学生提供帮助。"这些规定对保证家庭经济困难的学生接受教育起到一定的作用。

3. 残疾学生——享有平等的受教育权利

残疾人是社会的一个特殊群体，国家有责任保障这部分人受教育的权利得到实现。《教育法》第三十八条规定："国家、社会、学校及其他教育机构应当根据残疾人身心特性和需要实施教育，并为其提供帮助和便利。"《残疾人保障法》第十八条规定："国家保障残疾人受教育的权利……国家、社会、学校和家庭对残疾儿童、少年实施义务教育。国家对接受义务教育的残疾学生免收学费，并根据实际情况减免杂费。国家设立助学金，帮助贫困残疾学生就学。"

阅读资料：

残疾学生入学被拒案❶

某县黄家屯村民黄某有一个男孩，幼时患病造成左脚跛瘸，导致行动不便。孩子到了入学的年龄，黄某带他到黄家屯小学报名，但学校以他是残疾儿童为由，拒绝招收。为使儿子能够入学，黄某又带他到附近的另一所学校龙门镇小学报名。而龙门镇小学则以此儿童非所属学区为由，也拒绝招收。

分析：修订后的《义务教育法》规定："残疾儿童、少年有权要求

---

❶ 杨颖秀. 教育法学[M]. 北京：中国人民大学出版社，2008：73.

普通学校接收其进入普通班级就读，并为其学习、康复提供帮助。"黄某的儿子虽有残疾，但正常的学习和生活尚可自理，普通小学应给予学习的机会，黄家屯小学和龙门镇小学拒收残疾儿童入学，侵犯了残疾儿童的受教育权，学校的行为是违法的。

(三)学生权利保护中存在的问题

学校内部管理欠缺应有的规范。对教师、学生、学校等各方的权利和义务的规定大多停留在理论条文上，而未能以具体的、操作性的正式程序规定来加以落实。

我国传统社会观念和传统教育都习惯于把中小学生看作管理和教育的对象，而非看作具有独立个性和主体意识的个人，尊重学生权利的意识淡薄。人们普遍把学校中的学生当作有关诉讼案中的相对弱势群体。

二、学生的义务

学生在享有权利的同时，要承担相应的义务。《教育法》第四十三条规定受教育者应当履行下列义务。

(一)遵纪守法的义务

遵纪守法既是每个公民应履行的义务，也是每个学生应履行的义务。学生遵守国家法律、法规，重点在于遵守法律、法规中有关学生的规定。法律、法规对不同层次和不同类型学校的学生有不同的要求。如果不遵守国家法律、法规或者触犯了有关法律、法规，就要受到法律的制裁。

(二)养成良好思想品德和习惯的义务

这是指学生应遵守学生行为规范，尊敬师长，养成良好的思想品德和行为习惯的义务。学校的任务是为社会培养德、智、体等方面全面发展的社会主义事业的建设者和接班人。德、智、体等方面全面发展以德育为首，以教书育人、培养人才为本。学生养成良好的品德既是学生成才的基本义务，也是学校教育的重要职责。法律、法规对不同层次和不同类型学校的学生有不同的要求，履行养成良好品德的具体标准是不同的。目前我国已制定的相应的学生行为准则包括《小学生守则》《中学生守则》《小学生日常行为规范》《中学生日常行为规范》《中小学德育工作规程》《高等学校学生行为准则》等。

(三)努力学习的义务

学生的根本任务就是要努力学习科学文化知识，完成规定的学习任务，成为德、智、体等方面全面发展的社会主义事业的建设者和接班人。

这是学生作为受教育者区别于其他公民的一项特定的主要义务。该义务的具体内容主要是指学生应该明确学习目的，刻苦认真学习；遵守课堂纪律，按时到校，不迟到、不早退，不无故缺课；上课专心听讲，勇于提出问题，敢于发表自己的见解，积极回答教师的提问；认真复习，按时独立完成各科作业；遵守考试纪律，考试不作弊；完成各个阶段的必修课程，努力取得优良成绩。教育的学习任务包括两种，一种是结果性的，即某一教育阶段的教学计划规定的受教育者在该教育阶段结束时所应完成的学习任务；一种是过程性的，即受教育者为完成某一教育阶段总的学习任务而要完成的日常的、大量的、具体的学习任务。这两种性质的学习任务是相辅相成的，受教育者应按时完成。

(四)遵守学校管理制度的义务

学校规章制度是保证学校教育教学工作按时、按质完成的基本举措。学生作为学校教育教学工作的对象与参与者，有遵守这些管理制度的义务。遵守学校的管理制度，与遵守国家的法律、法规在实质上是一致的。从广义上说，学校的管理制度是国家法律、法规的具体化。遵守学校的管理制度主要是指学生遵守其所在学校的思想政治教育管理制度、教育教学管理制度、学籍管理制度、体育与卫生管理制度等。

三、未成年学生的法律保护

在学生群体中，未满 18 周岁的未成年人是一个特殊的群体。由于未成年学生处于生理上、心理上尚未完全发育成熟的阶段，缺乏自我保护能力，因此需要对其实施法律保护，特别是需要实施人身权和受教育权的保护。

(一)对人身权的保护

人身权是公民权利中最基本、最重要的一项权利。因为人身权的正常享有与否，关系到公民能否进行正常的学习、工作和生活。由于人身权的享有对公民具有不可或缺的重要性，我国《宪法》《刑法》《国家赔偿法》等对人身权及其保护做了详细规定。一般而言，人身权包括生命健康权、人格尊严权、人身安全权、人身自由权、心理健康权、名誉权、荣誉权、隐私权、肖像权、信用权、婚姻自主权、著作权、监护权等多项具体权利。

1. 对身心健康权的保护

身心健康权是人身权的最基本权利，主要包括学生的生命健康权、人身安全、人身自由和心理健康等方面的内容。未成年学生的身心健康权应受到法律的保护。

阅读资料：

程某诉学校的人身伤害案❶

程某是浙江某县的一名五年级小学生，性格内向，学习很好。他十分喜欢文学作品，甚至到了痴迷的程度。一次上数学课，他正专心致志地读小说，被教师叫起回答问题。由于回答不上来，教师把他拽到讲台前，打了他两个耳光，又让坐在前排的两名男同学接着打他耳光，之后把他逐出教室。此后连续3天，上数学课时教师让他在黑板前罚站。在以后的近一个月时间里，家长和班主任教师发现程某神情大变，目光涣散，反应迟钝，不爱讲话，常常盯着一个地方发呆……后经医院诊断，他患了心因性精神病，不得已，只好退学。在数学教师无力支付全部医药费的情况下，程某的家长找到了学校，他们认为学校对此负有责任，可校长却说此事与学校无关。后经媒体曝光，学校才不得不对程某进行了相关的赔偿。

分析：《未成年人保护法》第二十一条规定："学校、幼儿园、托儿所的教职员工应当尊重未成年人的人格尊严，不得对未成年人实施体罚、变相体罚或者其他侮辱人格尊严的行为。"上述案例中，作为一名教师，在其学生程某有错误时，不是对学生进行引导教育，而是使用暴力对学生进行体罚，其行为侵害了学生程某的合法权益，应受到法律的制裁。同时，作为共同被告的程某所在的学校，未对在校学生起到保护作用，使学生的合法权益遭到侵害，也应对程某受到伤害承担相应的民事责任。

2. 对隐私权的保护

隐私权是指学生有权要求他人尊重自己个人的、不愿让或不方便让他人获知或干涉的、与公共利益无关的信息或生活领域。对这一权利的保护主要表现在：①不得披露未成年人的隐私。《未成年人保护法》第三十九条规定："任何组织或者个人不得披露未成年人的个人隐私。"②不得隐匿、毁弃、非法拆开未成年人的信件。《宪法》第四十条规定："中华人民共和国公民的通信自由和通信秘密受法律的保护。"《未成年人保护法》第三十九条规定："对未成年人的信件、日记、电子邮件，任何组织或者个人不得隐匿、毁弃；除因追查犯罪的需要，由公安机关或者人民检察院依法进行检查，或者对无行为能力的未成年人的信件、日记、电子邮件由其父母或者其他

---

❶ 杨颖秀. 教育法学［M］. 北京：中国人民大学出版社，2008：83.

监护人代为开拆、查阅外，任何组织或者个人不得开拆、查阅。"

阅读资料：

质疑"中学操场审判未成年抢劫犯"❶

2002 年 4 月 19 日，《江南时报》以《中学操场审判未成年抢劫犯》为题，报道了南京市秦淮区法院审理的一起未成年人犯罪的案件。这次"庭审"是在南京市第十八中学的操场上进行的，被告人今年刚满 17 岁，16 岁时用水果刀对被害人脖子、头部等处连捅 11 刀，并用板凳将其打昏在地，抢劫人民币 80 余元，由于有自首情节，被判处有期徒刑一年零六个月。我国《刑事诉讼法》第一百五十二条规定："十四岁以上不满十六岁未成年人犯罪的案件，一律不公开审理。十六岁以上不满十八岁未成年人犯罪的案件，一般也不公开审理。"《未成年人保护法》第五十八条规定："对未成年人犯罪案件，新闻报道、影视节目、公开出版物、网络等不得披露该未成年人的姓名、住所、照片、图像以及可能推断出该未成年人的资料。"《预防未成年人犯罪法》第四十五条也规定："对未成年人犯罪案件，新闻报道、影视节目、公开出版物不得披露该未成年人的姓名、住所、照片及可能推断出该未成年人的资料。"

3. 对名誉荣誉权的保护

名誉荣誉权是指学生有权根据其日常生活行为、作风、观点和工作表现获得关于思想品德、学业表现或其他方面形成的积极社会评价以及特定社会组织授予称号的权利。未成年学生的名誉荣誉权受到法律保护，他人不得诽谤、诋毁，非法定程序，他人不得剥夺，否则，就构成了对学生名誉荣誉权的侵犯。

阅读资料：

女大学生状告市教委侵害荣誉权案❷

1998 年 7 月，贾某作为应届毕业生参加了当年的高考，毕业前她曾获市教委授予的市级"优秀学生干部"称号，按有关规定，她可享受加分提档奖励。而某市教委有关人员在办理过程中，把贾某"学生登记表"中的"优秀学生干部"改成了"三好学生"，并加盖了市教委的

---

❶❷　杨颖秀. 教育法学[M]. 北京：中国人民大学出版社，2008：85.

印章，而"三好学生"是不加分提档的，结果贾某以2分之差失去了她所期望的上一所重点大学的机会。进入普通高校的贾某及其家人的身心因此都受到重创。贾某母亲曾多次找到市教委及有关部门希望寻求解决，均未得到满意答复。随后他们将某市教委告上法庭。法院经审理判决认为，某市教委的工作人员因过错行为，致使贾某在报考某重点大学的录取中未能享受到市级"优秀学生干部"加分提档的待遇，丧失了可能被录取的期待权，对贾某造成了经济和精神损失，构成了对荣誉权的侵犯，判决某市教委以书面形式向贾某赔礼道歉，并在其高考档案中作出书面更正；赔偿贾某经济损失11733.60元，精神损失费3万元。案例中的贾某，按正常入学年龄应已满18岁。但在其荣誉权受到侵害时，受到了法律救济。当然，未成年学生的荣誉权受到侵害时，同样会依法受到救济或保护。对未成年学生人身权的保护是多方面的，除了上述提及的具体方面外，在管理和教育学生的过程中，还应该注意保护学生的劳动成果，尊重他们的著作权、人身权，维护其肖像权等。由于学校或教师的故意或过失而造成对学生这些具体权利侵害的，学校或者教师都要承担相应的法律责任。

（二）对受教育权的保护

未成年学生的受教育权是其享有的一项重要权利。《教育法》第九条规定："中华人民共和国公民有受教育的权利和义务。""公民不分民族、种族、性别、职业、财产状况、宗教信仰等，依法享有平等的受教育机会。"

对于未成年学生来说，受教育权是其在学校各项权利中最重要、最基本的权利。对未成年学生受教育权的保护主要体现在对就学的平等权保护以及对未成年学生受教育权侵犯的法律救济保护等方面。

就学的平等权首先体现在对依法接受规定年限的义务教育的未成年学生，学校必须按照有关规定接纳他们入学，不得以任何理由将他们拒之于校门之外。《义务教育法》第二条规定："国家实行九年义务教育制度。"第四条规定："凡具有中华人民共和国国籍的适龄儿童、少年，不分性别、民族、种族、家庭财产状况、宗教信仰等，依法享有平等接受义务教育的权利，并履行接受义务教育的义务。"

另外，就学的平等权还表现为不分民族、种族、性别、职业、财产状况、宗教信仰等，学生依法享有平等的受教育机会。这主要体现在一些弱势群体的受教育权上，具体包括：女子享有与男子同等的受教育权利，为经济困难的学生提供资助，为残疾学生接受教育提供帮助和便利，为违法犯罪的未成年人接受教育创造条件等。对未成年学生受教育权的侵犯，国家实行法律救济制度。当未成年学生的受教育权受到侵犯时，可以通过行政渠道或司法渠道获得救济。

阅读资料：

小学生升学案❶

12岁的刘某是刚刚毕业于某工业大学附属小学的学生，依据其户籍，他被当地招生办分配到该工业大学的附属中学继续学习，相关机构为他下发了入学通知书。但是开学那天，刘某被学校拒之门外。学校拒绝接受刘某的原因是工大附中曾出台一个《校长会议决定》，其中明文规定，像刘某这样的工大第三代子弟要想升入附中，必须参加严格的升学考试，并达到学校的分数要求。由于刘某没有参加该校组织的升学考试，也就没有资格升入该校。几天后，刘某父母不满学校的决定，便向当地人民法院提出诉讼，用法律来捍卫孩子理应享有的平等的受教育权。

分析：修订后的《义务教育法》第十二条提出新的规定："适龄儿童、少年免试入学。""免试"是指义务教育阶段各类学校的招生入学工作，不得举行或变相举行与入学挂钩的考试和测验。因为，义务教育不同于高等教育，它不是以选拔精英为目的的教育，而是国家对全体公民实施的普及性教育，所以，义务教育阶段的学生入学不需要考试。凡是符合年龄要求的学生都有权利进入小学和初中接受教育。但艺术、体育等专业学校可以组织专项测试来选拔学生。

第三节　未成年学生犯罪及其预防

一、未成年学生犯罪的界定

在具体犯罪构成中存在未满18周岁的未成年学生的因素时，这样的犯罪被称为未成年学生犯罪。这一界定主要包括两方面的内涵：一是以未成年学生为主体实施的犯罪；二是以未成年学生为被害人的犯罪。这里仅限于第一种解释。

对以未成年学生为主体实施的犯罪的界定，主要是刑法作出的。我

---

❶　杨颖秀．教育法学[M]．北京：中国人民大学出版社，2008：74.

国现行法律把刑事责任年龄规定为三档：第一档为完全无刑事责任阶段，即不满 14 周岁的行为人，完全不负刑事责任；第二档为相对负刑事责任阶段，即行为人已满 14 周岁，不满 16 周岁只对 8 种特别严重的犯罪负刑事责任；第三档为完全负刑事责任，即 14 周岁以上不满 18 周岁的人犯罪，应当从轻或减轻处罚；不满 18 周岁的人不适用死刑。因此，我国法律对未成年人犯罪的界定，是根据未成年人的各种犯罪实际情况作出的，体现了以教育为主、惩罚为辅的原则。这方面的具体规定见《刑法》第十七条。《刑法》第十七条规定："已满十四周岁的人犯罪，应当负刑事责任。""已满十四周岁不满十六周岁的人，犯故意杀人、故意伤害致人重伤或者死亡、强奸、抢劫、贩卖毒品、放火、爆炸、投毒罪的，应当负刑事责任。""已满十四周岁不满十八周岁的人犯罪，应当从轻或者减轻处罚。""因不满十六周岁不予刑事处罚的，责令他的家长或者监护人加以管教；在必要的时候，也可以由政府收容教养。"

二、未成年学生犯罪的特点与成因

（一）未成年学生犯罪的特点

1. 犯罪团伙化

随着年龄的增长，未成年学生易于形成小团伙。这类少年团伙犯罪极易发展成为黑恶势力，他们给社会带来的危害也将是巨大的。这些少年犯罪大多数是以侵害财产、人身伤害为主要犯罪动机和目的，以结伙抢劫、盗窃、绑架、敲诈为作案手段的。有的团伙有自己的帮规、会徽、纪律、分工，已具有黑社会的性质。未成年罪犯虽年轻力壮具有体力优势，但由于他们的思想还不是太成熟，对犯罪的心理压力大，且他们大都实施暴力犯罪，担心被害人反抗，总觉得单个人作案势单力薄，故他们经常纠集几人去共同作案，形成了犯罪团伙甚至犯罪集团。

2. 成员低龄化

据相关资料，自 20 世纪 90 年代以来，少年违法犯罪的初始年龄比 20 世纪 70 年代降低了 2～3 岁，13 岁以下的少年违法犯罪增多。违法犯罪低龄趋势潜伏着巨大的社会危害，而以对被害人造成肉体上的损害为主要手段或以人的生命、健康为直接侵害对象的各种犯罪呈上升趋势，其中少年涉及的故意杀人、抢劫案件占有较大比例，故意伤害、强奸、绑架案件也占有一定的比例。少年犯罪经常表现为故意犯罪，很少为过失犯罪，犯罪时不计后果，手段残忍，社会危害极大。

阅读资料：
几起惊心动魄的未成年学生犯罪案❶

13岁男童邓某的母亲常在被害人的母亲处买水果，邓某因缺斤短两而图谋报复。邓某采取哄骗手段，将4岁幼女张某叫到自己房间，用绳子勒死后移尸于一间废弃的男厕所内，并对尸体进行解剖，残忍至极。

12岁的七年级学生韩某，因违反学校纪律受到班主任黄老师严肃批评，遂怀恨在心，萌生报复念头，将黄老师骗到公共浴室打成重伤，经抢救无效死亡。

一名15岁的少年因受到教师的批评而怀恨在心，把教师只有4岁的孩子和另外两个孩子都残忍地杀害了。

一名女中学生因与一名男同学恋爱不成，认为命运对她不公，遂谋划将同宿舍的众同学作为"垫背"的，将同宿舍的6名同学统统毒死后服毒自杀了。

分析： 在以往相当长的时间里，我们的教育忽略了使孩子从小就培养和积累起爱心及同情心，使孩子们难以体会到对家人、同学这些平等的对象施以爱心时，自己所能感受到的真诚回报和心灵的温情。而这些导致的后果是，一旦今天的孩子们不得不面临不如意的环境和严酷的竞争时，就导致心理隐患的爆发。

3. 方式智能化

在科技大发展的今天，少年智能犯罪日益增多。有的少年利用计算机实施盗窃、诈骗等犯罪，有的利用通信工具作案，还有的利用自己掌握的科学技术制造电匕首、电击发手枪、麻醉剂等实施犯罪的工具。我国曾发生未成年人利用手提电脑侵入中国公众媒体网络，并非法夺得网络系统管理的最高权限，修改密码和口令，致使网络系统管理员失去对网络的管理权的案例，作案者受到法律的制裁。

4. 流失生犯罪率上升

近几年，流失生犯罪在未成年人犯罪的案件中占的比重越来越大。这些流失生，多数来自单亲家庭和面临解体的家庭。有些离异后的夫妻双方疏于对子女的关心和教育，有的为了再婚而对子女不管不问。还有的父母再婚后，继父或继母把孩子视为眼中钉、肉中刺，从精神上和肉

---

❶ 杨颖秀. 教育法学[M]. 北京：中国人民大学出版社，2008：174.

体上折磨孩子，使孩子在家庭中得不到温暖，最后只好流浪街头，成为未成年人犯罪的后备力量。西南某市曾破获一个由 25 人组成的少年犯罪团伙，这个团伙成员 19 名是流失生，且大部分被学校除名。他们中有的因父母离异而被抛弃，有的因家庭面临解体而被父母忽视，有的因家长过分溺爱而胆大妄为，也有的因学习成绩差受到冷遇和排斥，造成了厌学、弃学而流入社会成为流失生。该团伙中的赵某 8 岁就离家出走，那时他才上小学二年级，父母就离异了，结果父母都不收养他，他就像皮球一样被父母踢来踢去，最后只好流浪街头，遇到了两个同他一样离家出走的孩子。他们先是沿街乞讨，后因饥饿难忍，几个孩子就能偷就偷、能抢就抢。他们晚上露宿街头或桥洞，白天就寻找机会以偷窃或抢劫来维持生活。以后，他们的团伙人数越来越多，越偷胆越大，逐渐走上了犯罪的道路。

（二）未成年学生犯罪的成因

未成年学生犯罪有其深刻的自身及社会原因，具体归因如下。

1. 自身的原因

未成年学生在生理和心理发育上的主要特点有：①生性活泼好动。他们处于身体快速发育时期，感到浑身有使不完的力气，喜欢运动和发泄。②容易冲动。他们的神经系统处于高速发育阶段，易于兴奋，表现为缺乏理智、容易冲动。③好奇心强。他们对于社会的一切都感到新奇，他们渴望以自己的视角了解社会、参与社会，所以他们希望能够尝试新事物。④性的需求逐渐增加。他们渴望异性的理解、关爱，希望性的需求得到满足。⑤需求与获得需求的方法矛盾。他们对于物质、安全、自尊等的各种需求都显著增加，但他们获得上述需求的合法方法受到某种局限，导致上述需求处于一种未满足状态。

未成年学生在生理、心理发育上的这些自然状况使他们区别于成年人。成年人由于生理、心理都已经发育成熟，对社会事物包括法律规则都已经比较了解，可以合法有效地满足自身的各种需求，行为和思想都趋于稳定。这种自然状况的区别决定了未成年人更易于犯罪，因为他们无法做到真正理解犯罪行为和社会危害，他们也无法真正理解接受处罚的代价和这种处罚对于生命的影响。

2. 学校教育的原因

学校教育在未成年学生健康成长过程中发挥着重要作用，但如果学校教育不利，也会影响未成年学生走上犯罪道路。当前学校教育重智轻德，以应试教育为导向；个别教师的素质较低；辍学人数增加，这些过早辍学的孩子走上社会以后容易实施违法犯罪行为。另外，法制教育没有引起学校的足够重视，也是导致未成年学生犯罪的重要原因。

3. 社会的原因

第一，家庭影响。家庭是未成年人成长和生活的最重要的场所。家庭教育的失败、家庭道德的沦落以及不完整家庭等也是未成年学生走上犯罪道路的主要因素。尤其当前的离婚率不断上升，不完整家庭日益增多，这对未成年子女健康成长极为不利。而且，在这样的家庭中，孩子往往也得不到应有的教育和照顾，享受不到家庭的温暖和父母的慈爱，有时甚至处于被遗弃或半遗弃的状态。家庭教育不力，管教不严，致使有些孩子的不良思想和行为发展到一定阶段，难免越过法律的界限，从而走上犯罪道路。

第二，传媒影响。信息通路的开阔使未成年学生获得了知识的广阔资源，但同时也对未成年学生带来了负面的影响。虽然我们在法律、法规以及有关文件中都明确规定禁止传播暴力、色情内容，但在现实生活中，未成年学生容易看到电影、电视中的暴力镜头。未成年学生正处于成长发育阶段，分辨是非能力较差，而模仿能力却很强，而有的大众传媒和非法出版物所描述的暴力、凶杀、色情的情节已无形中起到了教唆未成年学生犯罪的作用。

第三，不良交往。随着年龄的增长，未成年学生对家庭的依赖心理逐渐减弱，独立意识逐渐增强，走向社会、与他人交往、建立友情的需要也越来越强烈。同时，由于许多家长对孩子的个性发展缺乏了解，平常很少与孩子进行沟通，家长与孩子之间的"代沟"明显，孩子们有什么心事，不愿意向家长倾诉，而愿意让同龄朋友帮忙解决。如果孩子结交的朋友中，有人有不良行为，这些不良行为就很容易被传播，孩子甚至在受到朋友腐蚀、引诱下，走上犯罪的道路。

三、未成年学生犯罪的预防

根据《预防未成年人犯罪法》的规定，学校、家庭、社会对未成年学生犯罪的预防，应当紧密配合，形成合力。

(一)预防未成年学生犯罪的教育

预防未成年学生犯罪的教育，其目的是增强未成年学生的法制观念，使未成年学生懂得违法和犯罪行为对个人、家庭、社会造成的危害，以及实施违法和犯罪行为应当承担的法律责任，树立起遵纪守法的意识和对违法犯罪行为的防范意识。

教育行政部门、学校应当将预防违法犯罪的教育作为法制教育的内容纳入学校教育教学计划，结合常见的未成年学生犯罪，对不同年龄的未成年学生进行有针对性的预防犯罪的教育。

司法部门应当结合实际，组织、举办展览会、报告会、演讲会等多种形式的预防未成年学生犯罪的法制宣传活动。

未成年学生的父母或者其他监护人对未成年学生的法制教育负有直接责任。学校在对学生进行预防犯罪的教育时，应将教育计划告知未成年学生的父母或者其他监护人，未成年学生的父母或者其他监护人应当结合学校的教育计划，针对具体情况进行教育。

少年宫、青少年活动中心等校外活动场所应当把预防未成年学生犯罪的教育作为一项重要的工作内容，开展多种形式的宣传教育活动。

对年满 16 周岁不满 18 周岁准备就业的未成年学生，用人单位应当将法律知识和预防未成年学生犯罪纳入职业培训的内容。

城市居民委员会、农村村民委员会等社会基层组织，应当积极开展有针对性的预防未成年学生犯罪的法制宣传活动。

(二)对未成年学生不良行为的预防

未成年学生的父母或者其他监护人和学校，应当教育未成年学生预防不良行为，包括：①旷课、夜不归宿；②携带管制刀具；③打架斗殴、辱骂他人；④强行向他人索要财物；⑤偷窃、故意毁坏财物；⑥参与赌博或者变相赌博；⑦观看、收听色情、淫秽的音像制品、读物等；⑧进入法律、法规规定未成年人不适宜进入的营业性歌舞厅等场所；⑨其他严重违背社会公德的不良行为。

家庭对未成年学生具有监护、教育和管教的责任。未成年学生的父母或者其他监护人和学校应当教育未成年学生不得吸烟、酗酒。任何经营场所不得向未成年学生出售烟酒。中小学生旷课的，学校应当及时与其父母或者其他监护人取得联系。未成年学生擅自外出夜不归宿的，其父母或者其他监护人、其所在的寄宿制学校应当及时查找，或者向公安机关请求帮助。

有关部门对那些事关未成年学生健康成长的社会生活环境具有管理责任。公安机关要加强学校周边环境的治安管理，及时制止、处理中小学校周围发生的违法犯罪行为。广播电影、电视行政管理部门，文化行政部门要加强对文化市场的管理，使广播、电影、电视、戏剧节目，不得有渲染暴力、色情、赌博、恐怖等危害未成年学生身心健康的内容。同时还要禁止任何人教唆、胁迫、引诱未成年学生实施《预防未成年人犯罪法》规定的不良行为，或者为未成年学生实施不良行为提供条件。

(三)对未成年学生严重不良行为的矫治

《预防未成年人犯罪法》所称的"严重不良行为"是指严重危害社会，尚不够刑事处罚的违法行为，包括：①纠集他人结伙滋事，扰乱治安；

②携带管制刀具，屡教不改；③多次拦截殴打他人或者强行索要他人钱物；④传播淫秽的读物或者音像制品等；⑤进行淫乱或者色情、卖淫活动；⑥多次偷盗；⑦参与赌博，屡教不改；⑧吸食、注射毒品；⑨其他严重危害社会的行为。

对未成年学生的严重不良行为，应当及时予以制止。对有严重不良行为的未成年学生，父母或者其他监护人和学校应当相互配合，采取措施严加管教，也可以将其送到工读学校进行矫治和接受教育。矫治措施除包括父母管教、送到工读学校外，还包括治安处罚、训诫、收容教养、劳动教养等具体措施。

对未成年学生严重不良行为的矫治应保障未成年学生矫治过程中的合法权益。未成年学生在被收容教养期间，执行机关应当继续保证其接受文化知识、法律知识或者职业技术教育的权利；对没有完成义务教育的未成年学生，执行机关应当保证其继续接受义务教育的权利。解除收容教养、劳动教养的未成年学生，在复学、升学、就业等方面与其他未成年人享有同等权利，任何单位和个人不得歧视。

(四)未成年学生对犯罪的自我防范

未成年学生要学会遵纪守法，明辨是非，抵制各种不良行为和违法犯罪行为。《预防未成年人犯罪法》第四十条规定："未成年人应当遵守法律、法规及社会公共道德规范，树立自尊、自律、自强意识，增强辨别是非和自我保护的能力，自觉抵制各种不良行为及违法犯罪行为的引诱和侵害。"

未成年学生在自己的合法权益受到侵害时可以向有关部门报告，并请求帮助。《预防未成年人犯罪法》第四十二条规定："未成年人发现任何人对自己或者其他未成年人实施本法第三章规定不得实施的行为或者犯罪行为，可以通过所在学校、其父母或者其他监护人向公安机关或者政府有关主管部门报告，也可以自己向上述机关报告。受理报告的机关应当及时依法查处。"

(五)对未成年学生重新犯罪的预防

对犯罪的未成年学生追究刑事责任，实行教育、感化、挽救的方针，坚持教育为主、惩罚为辅的原则。司法机关办理未成年学生案件，应当保障未成年学生行使其诉讼权利，保障未成年学生得到法律帮助，并根据未成年学生的生理、心理特点和犯罪的情况，有针对性地进行法制教育。对于被采取刑事强制措施的未成年学生，在人民法院的判决生效之前，不得取消其学籍。为此，《预防未成年人犯罪法》规定要组成少年法庭审判未成年人犯罪案件，有始有终地进行法制教育，不得披露未成年人的姓名、住所、照片等；与成年罪犯分管、分押、分别进行教育；对宣告缓刑、假释的未成年学生采取帮教措施等，均对预防未成年学生重新犯罪起着重要的作用。

阅读资料：

对一起少年杀人案的思考❶

樊某，15岁，七年级学生，父亲曾因犯抢劫罪入狱5年，后父母离异。母亲在外打工，父亲长期外出不归。樊某和年迈的爷爷、奶奶一起生活。因为学习成绩不好，樊某常常被爷爷训斥。2月15日，樊某说要买练习册，向爷爷要了钱，可爷爷从其他同学处得知他根本就没买，便狠狠骂了他一顿。樊某根本听不进爷爷的教训，扭头就到村里同学家看电视去了，直到晚上近9点才想起回家。走在路上，樊某越想心里越恨自己的爷爷，心想要是把爷爷弄死了，就不会有人管他了。到家后，他蹑手蹑脚地推开爷爷房门，摸到床头，将爷爷杀害。作案后，樊某心里很害怕，逃离现场，两天后被抓获归案。

分析：这起少年杀害自己亲人的案件再次把少年犯罪问题带到我们面前，这个案件暴露出的诸多问题，不能不引起整个社会的关注和思考。首先，父母离婚，孩子是最大的受害者。在家庭关系中，夫妻关系是家庭存在的基础。父母离婚留给子女的，往往是不满、委屈、怨恨，甚至是仇恨。子女很容易对家庭和周围的一切产生一种猜疑、蔑视和非难态度，以致产生不良行为或违法犯罪行为。其次，父母的犯罪行为，在一定程度上会给孩子带来负面影响。家庭成员，特别是父母的犯罪行为，对未成年子女危害很大。最后，不良网络信息对未成年学生的毒害应引起社会足够的重视。国务院颁行的《互联网上网服务营业场所管理条例》已于2002年11月15日正式实施。《互联网上网服务营业场所管理条例》对网吧的开办条件、经营行为、责任义务等，都作出了明确规定。但《互联网上网服务营业场所管理条例》中的一些条款在一些地方还没有真正落到实处。

>>> **复习与思考**

1. 学生法律地位的确立对保障学生的权利是否具有作用？为什么？

---

❶ 杨颖秀. 教育法学[M]. 北京：中国人民大学出版社，2008：178.

2. 学生享有哪些权利和义务？请结合实际，谈谈自己的理解。

3. 特殊学生群体由哪几部分构成？他们分别享有哪些特殊教育权利？

4. 未成年人犯罪的原因有哪些？如何预防？

>>> **案例分析**

教师能否将学生撵出教室？

因为不守纪律、不完成作业等原因把学生撵出教室、停课的事在中小学时有发生，许多教师对这种做法似乎并不觉得有何不妥。下面就是发生在某市重点中学里的一件事。

一天，上课铃响过后，邵校长和往常一样，在教学大楼内巡视，当他走到一楼时，看见一个七年级的男同学低着头、默不作声地站在教室门口。邵校长问："你不去上课，怎么站在外边？"学生答："是李老师让我出来的。"邵校长问："为什么？"学生答："因为我没完成作业。"邵校长把这个学生带到教导处，先是对其不完成作业的行为进行了批评，随后又让他补上未完成的作业。

下课了，李老师来见邵校长，谈起没让学生进教室上课这件事，邵校长说："不准随便停学生的课，这是学校的规章制度，你怎么忘了？"李老师笑了："校长，你讲得很对，我也知道不该这么做，但个别学生上课爱讲话，不按时完成作业，如果不吓唬一下不行，所以我就在班上宣布了这条纪律，谁违反了谁出去，再说……""再说什么？""这个学生是我亲戚的孩子，一来可用他教育其他学生，二来落下的功课我可以给他补上。"校长听后，思索了一会儿说："你这种做法，听起来似乎有理，实际上是错误的。不管哪个学生，教师都无权停他的课。对学生的管理教育绝不能采取与学校规定相违背的做法，再说，这种做法也达不到教育的目的。这个学生，你还是先把他安排到班里去上课。"

问题与思考：

你认为李老师和邵校长谁做得对？请依法分析上述案例的侵权性质，对此我们应做哪些思考？

>>> **参考文献**

1.《教育政策法规》编写组. 教育政策法规[M]. 西安：西北大学出版

社，2011.

2. 张乐天．教育政策法规的理论与实践[M]．上海：华东师范大学出版社，2012.

3. 徐建平，茅锐，江雪梅．教育政策与法规[M]．重庆：重庆大学出版社，2013.

116

第六章　教师的权利和义务

内容提要

教师是履行教育教学职责的专业人员。今天，教师作为专业化的职业，在专业发展中已经形成了自己的特殊条件、地位和应当具备的素质。《教师法》的颁布对于提高教师的地位，保障教师的合法权益，造就一支具有良好的思想品德和业务素质的教师队伍，促进中国社会主义教育事业的发展，有着重要的意义。本章的学习目标是掌握教师的法律含义，明确教师的权利与义务，掌握教师资格认定的条件以及教师资格认定程序，了解教师聘任制度和教师培训制度，从而提高师范生对教师职业的认识。

第一节　教师的法律含义及地位

一、教师的法律含义

1993年10月31日颁布的《教师法》赋予“教师”特定的法律含义。该法第三条明确规定：“教师是履行教育教学职责的专业人员，承担教书育人，培养社会主义事业建设者和接班人、提高民族素质的使命”，这就是教师的法律概念。这一概念包含以下几层含义。

第一，就教师的身份特征而言，教师是专业人员，1966年10月，联合国教科文组织发表的《关于教师地位的建议》明确提出：“教育工作应被视为专门职业。这种职业是一种要求教师具备经过严格而持续不断的研究才能获得并维持专业知识及专门技能的公共业务。”如同医生、律师一样，教师是一种从事专门职业活动的专业人员，必须具备专门的资格，符合特定的要求。即要达到符合规定的学历；要具备相应的专业知识；要符合与其职业相称的其他有关规定，如要具备相应的知识和能力等。

第二，就教师的职业特征而言，教师的职责是教育教学。只有直接承担教育教学工作职责的人，才具备教师的最基本条件，否则，就不能认为是教师。比如，学校中不直接从事教育教学工作，未履行教育教学职责的行政管理人员、后勤服务人员、校办产业工作人员、教学辅导人员等就不能认为是教师。需要指出的是，在学校及其他教育机构中承担其他工作的同时也承担教育教学职责，并达到教师职责基本要求的人员，也可以认为是教师。

第三，就教师工作目的而言，教师的使命是教书育人，培养社会主义事业的建设者和接班人，提高民族素质。教师所有教育教学工作必须服务于这个目的，教师要认真履行自己的职责。

二、教师的地位

(一)教师的社会地位

教师的社会地位是由经济地位、政治地位、文化地位等多种因素构成的总体性范畴。其中，经济地位决定了教师的职业声望、职业吸引力以及教师从事该项职业的积极性和责任感；政治地位体现了社会对教师的评议以及教师在政治上应享有的各种待遇；文化地位体现了教师在社会文化、观念、道德等构成的综合形态中的地位。

我国社会主义制度的建立使教师从根本上摆脱了受剥削、受奴役的境地，成为社会主义革命和建设的一支重要力量。新中国成立后，在党和政府的重视和关怀下，教师的社会地位得到了明显的提高。尤其是十一届三中全会以来，党和政府把教师视为社会主义现代化建设的宝贵财富，进一步落实知识分子政策，并采取了一系列切实有效的措施，提高教师的社会地位。比如，提高教师工资水平，确立教师节，颁布保障教师合法权益的法律，设立"中小学幼儿教师奖励基金会"等。1986年颁布的《义务教育法》明确规定："全社会都应当尊重教师。国家保障教师的合法权益，采取措施提高教师的社会地位，改善教师的物质待遇，对优秀教师给予奖励。"我国的《教育法》专门就教师的权益、待遇做了具体规定。这为提高教师社会地位提供了重要的法律保障。

教师地位的提高既受政治、经济制度的制约又受生产力水平等因素的制约。由于我国生产力水平还较为落后，加之教师队伍的庞大等因素，我国教师的经济地位和物质待遇等方面还有不尽如人意之处。与国民经济的其他行业相比，教师的工资收入还有待提高，教师工资被拖欠的现象也较为严重。要从根本上解决教师的经济问题，需要社会各界的共同努力。

(二)教师的法律地位

教师的法律地位主要是指教师在履行教育教学职责过程中依法应享有的权利、履行的义务和承担的责任。下面从四个方面考查教师的法律地位。

1. 教师的职业性质

对于教师职业性质的定位主要是看其是否具有专业性。对此，人们的认识经历了一个漫长的发展变化过程，直到现在仍存有分歧。古代社会，由于教育的水平较低，传授知识有限，人们普遍认为教师就是有知识的人，只要有知识就可以当教师。现代学校出现后，由于受教育者人数增多，教学内容不断增加，人们认为有知识同时掌握所教学科知识并懂得如何教的人才能当好教师。人们对于教师职业有了一定认识。

现代社会，职业门类固然很多，但并非所有的职业都具有专业性，这需要以一定的标准来衡量。一般认为这些基本标准涉及的主要内容有：①职业人员是否运用专门的知识与技能，是否具有不可替代性；②是否经过长期的专业教育和训练；③是否享有相当的独立自主权；④是否具有自己的专业团体和明确的职业道德；⑤是否具有重服务、非营利的观念。1986 年 10 月，联合国教科文组织发表的《关于教师地位的建议》明确指出："教育工作应被视为专门职业。这种职业是一种要求教师具备经过严格训练并持续不断的研究才能获得并维持专业知识及专门技能的公共业务。"世界上大多数国家都采纳了这一建议，从我国的现实情况来看，教师工作是一种专门的职业，只有经过严格培养和专门训练的人才能胜任。教师职业作为一种专门职业，具有不可替代性。

2.《教师法》对教师身份的规定

对于教师的身份定位，不同国家有不同规定。从世界范围讲，大致有公务员、雇员、公务员兼雇员三种类型。一些国家如法国、日本等国将公立学校教师规定为国家公务员，由政府任用，教师享有公务员规定的各项权利，给予教师地位，教师还享有诸如教员会议权、教育自由等特殊权利。与此同时，教师也要履行与公务员身份相应的义务。世界上几乎所有的私立学校教师均属于雇员身份。也有一些国家的公立学校教师属于公职雇员。比如，德国公立学校的兼职教师以及暂时尚未达到公务员任命条件的一些专职教师即属于公职雇员教师。他们虽不享有听证权、申诉权、行政诉讼权等公务员教师特有的一些权利，但也不可随便被解约。还有一些国家如英、美等国的公立学校教师则兼有公务员和雇员双重身份。一方面，基于公务员身份，他们享有公务员法律规定的各项权利；另一方面，基于雇员身份，他们又具有契约中所规定的权利和义务。根据我国现行的《国家公务员暂行条例》，教师不属于国家公务员行列。根据《教师法》的规定，"教师是履行教育教学职责的专业人员"，教师既不同于传统的自由职业者，也有别于国家公务员，而是一种专业人员，作为专业人员，教师必须符合专门规定的相应条件，同时也享有一定的专业自主权。教育教学、教书育人是教师的基本职责。

3. 从教师与教育行政机关的关系看教师的法律地位

教师与教育行政机关之间是行政管理者与行政相对人之间的教育行政法律关系。这种法律关系主体之间的地位是不对等的。作为法律关系主体一方的教育行政部门是代表国家并以国家的名义来行使管理职权的，居于主导地位。教育行政机关正是通过依法管理、依法行政来规范教师的教育教学行为，维护教师合法权益的。作为行政管理相对人，教师应认真执行教育行政机关的决定、命令和指示，并对教育行政机关的工作予以监督。当教师认为当地教育行政部门侵犯其根据《教师法》规定享有的权利时，可以向同级人民政府或者上一级人民政府主管部门提出申诉，并可依法提起行政复议或行政诉讼。

4. 从教师与学校的关系看教师的法律地位

教师与学校的关系主要表现为任命制、聘任制等形式。在西方许多国家，这种关系表现为一种雇佣关系。学校在其权限范围内，可以决定教师雇佣和解雇，向教师布置任务，监督评价教师的工作。教师在任用期限内享有教育自由权以及公民应享有的权利。对于校方侵害教师权利的行为，教师可依法提出申诉。我国传统上实行任命制，目前我国正在进行教师任命制度改革。《教师法》第十七条明确规定："学校和其他教育机构应当逐步实行教师聘任制。"我国《教育法》规定，学校有权聘任教师及其他职工，实施奖励或者处分。就我国教师任用现状看，我国学校与教师之间的关系不是雇佣关系，而是聘任或任命的关系。学校有权对符合条件的教师进行聘任，有权组织管理教师的教育教学活动，对教师实施包括奖励、处分在内的管理活动；有权对在聘教师的政治思想、业务水平、工作态度、工作成绩进行考核，为教师受聘任教、晋升工资、实施奖惩等提供依据。学校应为教师的教学、科研、社会服务及进修提高提供相应的条件。教师必须认真履行自己的职责，要从学校大局出发，服从学校安排。但基于教师劳动的特殊性，学校对教师必须合理任用，要给予教师一定的自主权，充分发挥其工作主动性和创造性。教师认为学校侵犯其教学科研、职务聘任、民主管理、工作条件、培训进修、考核奖励等方面合法权益，对于学校或者其他教育机构作出的处理不服的，可以依法提出申诉。

第二节 教师的权利与义务

一、教师的权利

　　教师在法律上的权利分为两部分：一是教师作为一般公民的权利，二是教师作为教育者的权利。作为普通公民，教师享有宪法所规定的公民的基本权利，如公民的政治权利、宗教信仰和自由、社会经济权利、文化教育权利等。作为专业人员，教师在从事教育教学活动中有其特殊的权利，这是一种职业特定的法律权利。而我们这里所谈的教师权利是针对教师的职业权利而言的。

　　教师的权利指教师在教育教学活动中依法享有的权利和利益，是国家对教师能够作出或不作出一定行为，以及要求他人相应作出或不作出一定行为的许可与保障。法律上的教师权利包括教师实施某种行为的权利以及要求义务人履行义务的权利。当教师的权利受到侵害时，有权诉诸法律，要求法律确认和保护其权利。

　　我国《教育法》规定："教师享有法律规定的权利，履行法律规定的义务。"依据《教师法》，我国教师享有以下基本权利。

　　第一，进行教育教学活动，开展教育教学改革和实验，即教育教学权，这是教师的最基本权利。作为教师，有权依据其所在学校的教学计划、教学工作量等具体要求，结合自身教学特点自主地组织课堂教学，有权依照教学大纲的要求确定其教学内容、进度，不断完善教学内容，有权针对不同的教育教学对象，在教育教学的形式、方法、具体内容等方面进行改革和实验。任何人不得非法剥夺在聘教师行使这一基本权利。而不具备教师资格的人不得享有这项权利。虽取得教师资格，但尚未受聘或已被解聘的人员，此项权利的行使处于停止状态，待任用时方能行使这一权利。学校及其他教育机构依法解聘教师的，不属于侵犯教师权利的行为。

　　第二，从事科学研究、学术交流，参加专业的学术团体，在学术活动中发表意见，即科学研究权。这是教师作为专业技术人员所享有的一项基本权利。作为教师，在完成规定的教育教学任务的前提下，有权进行科学研究、技术开发、撰写学术论文、著书立说，有权参加有关的学术交流活动，参加依法成立的学术团体并在其中兼任工作。有权在学术研究中发表自己的学术观点，开展学术争鸣。教师在行使此项权利时要注意处理好教学与科研的关系，使之相辅相成，更好地提高教育教学质量。值得注意的是，目前一些教师尤其是中小学教师普遍存在着科研意识和能力不强的状况，应引起所在学校和教师本人的重视。

第三，指导学生的学习和发展，评定学生的品行和学业成绩，即管理学生权。这是与教师在教育教学过程中的主导地位相适应的一项基本权利。教师作为教育教学活动的主体有权利也有义务指导学生的学习，促进学生的各方面发展，有权评定学生的品行和学业。为了更好地实现这一权利，有关行政部门及社会各方面应该充分尊重教师的主导地位，相信他们。为了更好地实现自己的这一权利，履行这一义务，教师必须端正教育思想，引导学生向积极探索的方向发展，帮助他们树立正确的人生观，端正学习态度，注意自身的全面发展，不要只追求分数，应注意能力的培养。在引导学生的过程中，还要注意因材施教，使每个学生的个性和能力得到最大限度的充分发挥。在评定学生的品行和学业成绩过程中，教师必须做到客观、公正、一视同仁，而不能主观、片面、有私心，必须正确评价每一个学生，正确对待每一个学生，对每一个学生负责。要做到这些，教师最根本的是要热爱教育事业，热爱学生，真正成为学生的良师益友。

第四，按时获取工资报酬，享受国家规定的福利待遇以及寒、暑假期的带薪休假，即获取报酬待遇权。这是教师的基本物质保障权利，教师的工资报酬一般包括基础工资、职务工资、课时报酬、奖金、教龄津贴、班主任津贴及其他各种津贴在内的工资性收入。福利待遇主要包括教师的医疗、住房、退休等方面的各项待遇和优惠以及寒、暑假期的带薪休假。作为教师，有权要求所在学校及其主管部门根据国家教育法律、教师聘任合同的规定按时足额地支付工资报酬；有权享受国家规定的福利待遇。要动员全社会采取有效措施，依据法律的规定，切实保障教师这一基本权利的行使。

第五，对学校教育教学、管理工作和教育行政部门的工作提出意见和建议，通过教职工代表大会或者其他形式，参与学校的民主管理，即民主管理权。这是教师参与教育管理的民主权利，是宪法中规定的"公民对任何国家机关和国家工作人员，有提出批评和建议的权利"的具体体现，有利于调动教师参政议政的自觉性和积极性，发挥教师的主人翁作用，以加强对学校和教育行政部门工作的监督。作为教师，有权通过教职工代表大会、工会等组织形式以及其他适当方式参与学校民主管理，讨论学校改革、发展等方面的重大事项，保障自身的民主权利和切身利益，推进学校的民主建设。以教职工代表大会形式为例，教师的参与管理权体现在以下方面：听取校长的工作报告，讨论学校年度工作计划、发展规划、改革方案、教职工队伍建设等重大问题，讨论职工奖惩办法以及其他与教职工有关的一些福利事项、监督管理工作。教师在行使民主管理权时应注意遵循民主集中制的原则，并充分发挥自己对学校、教育行政部门工作的监督作用。

第六，参加进修或者其他方式的培训，即进修培训权。这是教师享有的继续教育的权利，也是提高教师自身素质以更好地适应教育教学工作的需要。现代社会，科学的飞速发展要求教师及时更新知识，不断提高自身素质。作为教师，有权参加进修或其他多种形式的培训，以提高思想政治觉悟和业务水平。教育行政部门、学校及其他教育机构应采取多种形式，开辟多种渠道，努力为教师的进修培训创造有利条件，切实保障教师权利的实现。当然，教师培训权的行使，要在完成本职工作的前提下有组织、有计划地进行，不得影响正常的教育教学工作。

二、教师的义务

和教师的权利一样，教师的义务也分为两部分，即教师作为公民应承担的义务和教师作为教育者应承担的义务。这两部分义务既有联系又有区别。一方面，教师作为公民应承担的一部分义务体现在教师的特定义务之中；另一方面，教师特定义务中的一部分又是公民义务的具体化和职业化。这里我们主要研究教师的特定义务。

教师的义务指教师依照法律规定从事教育教学工作必须履行的责任或约束。它表现为必须作出或不作出一定行为。依据不同的标准可以对教师义务进行多种划分：①积极义务和消极义务。积极义务是必须作出一定行为的义务，消极义务是不作出一定行为的义务。②绝对义务和相对义务。绝对义务是对一般人承担的义务，相对义务则指对特定人承担的义务。③第一义务和第二义务。第一义务是指不侵害他人的义务，第二义务则指由于侵害他人的权利而产生的义务。

关于教师的义务，我国《义务教育法》规定："教师应当热爱社会主义教育事业，努力提高自己的思想、文化、业务水平，爱护学生，忠于职责。"我国《教师法》第八条专门对教师的义务做了具体规定。依照《教师法》的规定，我国教师应当履行下列义务。

第一，遵守宪法、法律和职业道德，为人师表。宪法和法律是国家、社会组织和公民活动的基本行为准则，任何组织和公民都必须遵守。教师要教书育人，就应模范地遵守宪法和法律，而且要在教育教学工作中自觉培养学生的法制观念和民主精神。教师职业是一种专门化的职业，有着自身的职业道德准则，教师应当自觉遵守职业道德，做到敬业爱岗，热爱学生，诲人不倦，博学多才，关心集体，团结奋进。原国家教委和全国教育工会于 1997 年修订颁布了《中小学教师职业道德规范》，明确规定了中小学教师应当遵守的职业道德准则，中小学教师应严格遵守。教师是人类灵魂的工程师，担负着培养下一代的任务，他们在传授科学文化知识的同时对学生的思想品德、个性形成有着重要影响，所以教师要注意言传身教，做到为人师表。

第二，贯彻国家的教育方针，遵守规章制度，执行学校的教学计划，履行教师聘约，完成教育教学工作任务。教师在教育教学活动中应当全面贯彻国家关于教育必须为社会主义现代化建设服务，必须与生产劳动相结合，培养德、智、体等方面全面发展的社会主义事业的建设者和接班人的方针；自觉遵守教育行政部门和学校及其他教育机构制定的教育教学管理的各项规章制度；认真执行学校依据国家规定的教学大纲、教学计划或教学基本要求制订的具体教学计划；严格履行教师聘任合同中约定的教育教学职责，完成规定的教育教学任务，保证教育教学质量。

第三，对学生进行宪法所确定的基本原则的教育和爱国主义、民族团结的教育，法制教育以及思想品德、文化、科学技术教育；组织、带领学生开展有益的社会活动。这是对教师教育教学工作内容方面的全面规范。作为教师，应结合自身教育教学业务特点，将政治、思想品德教育贯穿教育教学过程之中。对学生进行政治、思想品德教育，不仅是政治、思想品德课教师的职责，也是每一位教师的基本义务。在对学生进行政治、思想品德教育的内容上，教师要遵循我国宪法确定的坚持社会主义道路，坚持人民民主专政，坚持中国共产党的领导，坚持马克思列宁主义、毛泽东思想、四项基本原则，并将其作为对学生进行思想政治教育的首要内容。教师应当有意识地对学生进行爱国主义教育，民族团结教育，法制教育，文化、科学技术教育，弘扬中华民族优良传统，引导学生逐步树立正确的人生观和世界观，教育学生爱祖国、爱人民、爱劳动、爱科学、爱社会主义，把学生培养成为合格的社会主义事业的建设者和接班人。在德育的形式和方法上，应注意根据学生身心发展的特点，采用灵活生动的形式，注重实效，反对形式主义。

第四，关心爱护全体学生，尊重学生人格，促进学生在品德、智力、体质等方面全面发展。我国宪法规定："中华人民共和国公民的人格尊严不受侵犯。"人格尊严是宪法赋予公民的一项基本权利。由于学生在教育教学活动中居于受教育者的地位，其人格尊严往往容易受到侵犯。教师要关心爱护全体学生，对学生应一视同仁，不因民族、性别、健康状况、学生成绩等因素歧视学生，尤其是对那些有缺点的学生，教师应给予特别关怀，要满腔热情地教育指导，绝不能采取简单粗暴的办法，不能侮辱、歧视学生，不能体罚或变相体罚学生，不能泄露学生隐私。因侮辱学生影响恶劣或体罚学生经教育不改的，教师应依法承担相应的法律责任。

第五，制止有害于学生的行为或者其他侵犯学生合法权益的行为，批评和抵制有害于学生健康成长的现象。保护学生的合法权益和身心健康成长是全社会的共同责任，作为教师自然更负有此项义务。教师履行此项义务具有特定的范围，主要是在学校工作和与教育教学工作相关的活动中，制止侵犯其负责教育管理的学生合法权益的违法行为，批评和抵制社会上出现的有害于学生身心健康成长的不良现象。

第六，不断提高思想政治觉悟和教育教学业务水平。教育教学工作是一项专业性较强的工作，教师担负着提高民族素质的使命，这就要求教师具有较高的思想政治觉悟和业务水平，同时这也是社会进步和科学技术发展对教师提出的要求。为此，教师应加强学习，调整知识结构，不断提高思想政治觉悟和教育教学业务水平，以适应教育教学的实际需要。

可见，教师的基本权利和义务基于教育活动而产生，由教育法律规范设定，是一种特定职业的法律权利和义务。它们之间是对立统一、相互依存的关系，没有无义务的权利，也没有无权利的义务。教师既是权利的享有者又是义务的承担者。因此，教师应正确行使自己的权利，严格履行自己的义务。

第三节　我国有关教师的法律制度

当前，我国有关教师的法律制度，通常由教师资格制度、教师职务制度、教师聘任制度、教师培养和培训制度、教师考核与奖惩制度、教师待遇制度和教师申诉制度等构成。

一、教师资格制度

教师资格是国家对专门从事教育工作的人员的最基本要求，它规定着从事教师工作必须具备的条件。教师资格制度是国家对教师实行的一种特定的职业许可制度。世界上许多国家对教师的资格标准都有严格的规定，不少国家建立了教师许可证制度或教师资格证书制度。我国的《教师法》《教师资格条例》对教师资格的分类、取得条件、认定程序等一系列问题做了具体规定，以法律的形式确立了我国的教师资格制度。

（一）教师资格分类

关于教师资格分类，《教师资格条例》第四条明确规定："教师资格分为幼儿园教师资格；小学教师资格；初级中学教师和初级职业学校文化课、专业课教师资格；高级中学教师资格；中等专业学校、技工学校、职业高级中学文化课、专业课教师资格；中等专业学校、技工学校、职业高级中学实习指导教师资格和高等学校教师资格。成人教育的教师资格，按照成人教育的层次，依照上款规定确定类别。"

《教师资格条例》第五条规定："取得教师资格的公民，可以在本级及其以下等级的各类学校和其他教育机构担任教师；但是，取得中等职业学校实习指导教师资格的公民只能在中等专业学校、技工学校、职业高级中学或者初级职业学校担任实习指导教师。高级中学教师资格与中等职业学校教师资格相互通用。"

(二)教师资格条件

我国《教师法》第十条规定："国家实行教师资格制度。中国公民凡遵守宪法和法律，热爱教育事业，具有良好的思想品德，具备本法规定的学历或者经国家教师资格考试合格，有教育教学能力，经认定合格的，可以取得教师资格。"教师资格条件包括以下四个方面。

1. 必须是中国公民

这是成为教师的先决条件。取得教师资格者必须是中国公民，即具有中华人民共和国国籍的公民，不分民族、种族、财产等情况，凡符合条件的，均可取得教师资格。需要指出的是，虽然外国公民符合规定的条件也可以进入中国学校及其他教育机构任教，但并不等于他们取得了中国教师的资格，他们在中国学校任教需要经过一定的审批手续。

2. 必须具有良好的思想道德品质

这是取得教师资格的一个重要条件。这一要求主要表现在全面贯彻执行党和国家的教育方针，热爱教育事业，实事求是，探求真理，忠于职守，爱护学生，作风正派，团结协作等方面，教师要教书育人，为人师表，必须具备良好的思想政治、道德素质。

3. 必须有规定的学历或者经国家教师资格考试合格

从某种意义上讲，学历是一个人受教育程度和文化素质的一个标志，是人们从事一定层次工作所应具备的基本条件。国外许多国家都对教师资格的取得规定了相应的学历要求，比如，美国各州规定，小学教师必须具有学士学位；日本政府规定，小学或初中教师必须具有学士学位；朝鲜政府规定，中小学教师必须是师范大学和教员大学的毕业生；英国、法国等国要求中小学教师必须由受过高等师范教育的人来担任。

结合我国实际，我国《教师法》对各类教师应具备的相应学历做了明确规定："(一)取得幼儿园教师资格，应当具备幼儿师范学校毕业及其以上学历；(二)取得小学教师资格应当具备中等师范学校毕业及其以上学历；(三)取得初级中学教师、初级职业学校文化、专业课教师资格，应当具备高等师范专科学校或者其他大学专科毕业及其以上学历;(四)取得高级中学教师资格和中等专业学校、技工学校、职业高中文化课、专业课教师资格,应当具备高等师范院校本科或者其他大学本科毕业及其以上学历;取得中等专业学校、技工学校和职业高中学生实习指导教师资格应当具备的学历,由国务院教育行政部门规定;(五)取得高等学校教师资格,应当具备研究生或者大学本科毕业学历;(六)取得成人教育教师资格,应当按照成人教育的层次、类别,分别具备高等、中等学校毕业及其以上学历。"

不具备《教师法》规定的教师资格学历的公民,申请获取教师资格,必须通过国家教师资格考试。国家教师资格考试制度由国务院规定。已经在学校或者其他教育机构任教的教师未具备规定学历的,由国务院教育行政部门规定教师资格过渡办法。

教师资格考试科目、标准和考试大纲由国务院教育行政部门审定。教师资格考试试卷的编制、考务工作、考试成绩的发放属于幼儿园、小学、初级中学、高级中学、中等职业学校教师资格考试和中等职业学校实习指导教师资格考试的,由县级以上人民政府教育行政部门组织实施;属于高等学校教师资格考试的,由国务院教育行政部门或者省、自治区、直辖市人民政府教育行政部门委托的高等学校组织实施。幼儿园、小学、初级中学、高级中学、中等职业学校的教师资格考试和中等职业学校实习指导教师资格考试,每年进行一次。

对于学历尚未达标的中小学教师,主要采取中小学教师考核合格证书过渡办法来解决。依据原国家教委发布的《中、小学教师考核合格证书试行办法》的规定,对于不具备国家规定的合格学历的中小学(含农业中学文化课)教师,可申请参加国家考核,取得考核合格证书。考核合格证书设"教材教法考试合格证书"和"专业合格证书"两种。其中"教材教法考试合格证书"分"高中教材教法考试合格证书""初中教材教法考试合格证书"和"小学教材教法考试合格证书"三种。考试的内容、要求和办法,由省、自治区、直辖市教育行政部门规定。"专业合格证书"分"高中教师专业合格证书""初中教师专业合格证书"和"小学教师专业合格证书"三种。凡不具备国家规定合格学历的中小学教师,工作两年以上并已取得"教材教法考试合格证书"的可申请参加"专业合格证书"的文化专业知识考试。文化专业知识考试一般每年举行一次,由省、自治区、直辖市教育行政部门领导和组织。中学教师除考所教学科的有关课程外,均需考教育学和心理学基本原理。小学教师考三门课程:教育学和心理学基本原理;语文和数学任选一门;其他学科(自然、地理、政治、历史、音乐、美术、体育)任选一门。教师在文化专业知识考试及格后,可向所在学校或学区申请颁发"专业合格证书"。

关于教师资格过渡办法，原国家教委根据《教师法》和《教师资格条例》制定并发布了《教师资格认定的过渡办法》，对教师资格过渡的范围，教师资格的分类及适用，教师资格的申请、认定等方面做了规定。申请教师资格过渡的，必须是《教师法》施行之日前已在各级各类学校及其他教育机构中从事教育教学工作的教师及承担教育教学任务的其他专业技术人员和教育职员，且符合《教师法》及《教师资格认定的过渡办法》中的有关规定，由其本人按其所在学校的层次和类别申请认定相应的教师资格。经认定合格者，由认定机关颁发教师资格证书。

4. 必须有教育教学能力

教育教学是教师的本职工作。教育教学能力是教师完成教育教学任务的必备条件。它主要包括语言表达能力，科学地选择、运用教育教学方法的能力，课堂管理能力，组织能力，提高教学水平的能力等。此外，教师的身体状况也应当符合有关规定。

(三)教师资格认定

1. 教师资格的认定机构

教师具备了取得教师资格的条件还必须经过教师资格认定，认定合格的，可以取得教师资格。教师资格的认定机构是指依法负责认定教师资格的行政机构或依法接受委托的教育机构。依照《教师法》《教师资格条例》的有关规定，幼儿园、小学和初级中学教师资格由申请人户籍所在地或者申请人任教学校所在地的县级人民政府教育行政部门认定；高级中学教师资格由申请人户籍所在地或者申请人任教学校所在地的县级人民政府教育行政部门审查后报上一级教育行政部门认定；中等职业学校教师资格和中等职业学校实习指导教师资格由申请人户籍所在地或者申请人任教学校所在地的县级人民政府教育行政部门审查后，报上一级教育行政部门认定或者组织有关部门认定。受国务院教育行政部门或者省、自治区、直辖市人民政府教育行政部门委托的高等学校，负责认定在本校任职的人员和拟聘人员的高等学校教师资格。在未受国务院教育行政部门或者省、自治区、直辖市人民政府教育行政部门委托的高等学校任职的人员和拟聘人员的高等学校教师资格，按照学校行政隶属关系，由国务院教育行政部门认定或者由学校所在地的省、自治区、直辖市人民政府教育行政部门认定。

2. 教师资格的认定程序

(1)提出申请

认定教师资格应当由本人提出申请。申请人应当在受理期限内提出申请并提交教师资格认定申请表和有关证明材料。证明材料包括：身份证明；学历证书或者教师资格考试合格证明；教育行政部门或者受委托的高等学校指定的医院出具的体格检查证明；户籍所在地的街道办事处、乡人民政府或者工作单位、所毕业的学校对其思想品德、有无犯罪记录等方面情况的鉴定及证明材料。

(2)受理

教育行政部门或者受委托的高等学校在接到公民的教师资格认定申请后，应当对申请人的条件进行审查。对符合认定条件的，应当在受理期限终止之日起 30 日内颁发相应的教师资格证书。对不符合认定条件的，应当在受理期限终止之日起 30 日内将认定结论通知本人。对于非师范院校毕业或者教师资格考试合格的公民申请认定幼儿园、小学或者其他教师资格的，应当进行面试和试讲，考查其教育教学能力；根据实际情况和需要，教育行政部门或者受委托的高等学校可以要求申请人补修教育学、心理学等课程。

(3)颁发证书

申请人提出的教师资格认定申请经认定合格后，由教育行政部门或受委托的高等学校颁发国务院教育行政部门统一印制的教师资格证书。教师资格证书终身有效且全国通用。

（四）教师资格丧失

教师教书育人、为人师表的职业特性，对教师的思想品德、道德修养提出了严格的要求。我国《教师法》第十四条明确规定："受到剥夺政治权利或者故意犯罪受到有期徒刑以上刑事处罚的，不能取得教师资格；已经取得教师资格的，丧失教师资格。"《教师资格条例》进一步规定："依照教师法第十四条的规定丧失教师资格的，不能重新取得教师资格，其教师资格证书由县级以上人民政府教育行政部门收缴。"对于弄虚作假骗取教师资格的或者品行不良、侮辱学生，影响恶劣的，由县级以上人民政府教育行政部门撤销其教师资格。被撤销教师资格的自撤销之日起 5 年内不得重新申请认定教师资格。其教师资格证书由县级以上人民政府教育行政部门收缴。

二、教师的任用制度

教师的任用制度包括教师职务制度和教师聘任制度。

（一）教师职务制度

教师职务是依据学校教学、科研等实际工作需要设置的有明确职责、任职条件和任期，并需要具备专门业务知识和相应的学术技术水平才能担负的专业技术工作岗位。教师职务制度是国家对教师岗位设置及各级岗位任职条件和取得该岗位的程序等方面规定的总称。我国《教育法》《教师法》规定了国家实行教师职务制度。

1. 职务设置

根据国家有关规定，教师职务设高等学校教师职务、中等专业学校教师职务、中学教师职务、小学教师职务、技工学校教师职务五个系列。其中，高等学校教师职务设助教、讲师、副教授、教授；中等专业学校教师职务设教员、助理讲师、讲师、高级讲师。普通中小学及学前教师职务设三级教师、二级教师、一级教师、高级教师，其中三级教师、二级教师、小学一级教师为初级职务，中学一级教师和小学高级教师为中级职务，中学高级教师为高级职务。技工学校文化、技术理论课教师职务设教员、助理讲师、讲师、高级讲师。生产实习课教师职务设三级、二级、一级、高级实习指导教师。各级成人学校结合成人教育的特点和层次，分别执行普通高等学校、中专、中小学、技工学校教师职务试行条例。

在教师职务设置上，不同类型、不同任务学校的职务结构不尽相同，各级职务应视各校定编、定员的基础，按照教学、科研工作的需要合理设置。

2. 任职条件

担任一定的教师职务必须具有相应的任职条件。从我国教师职务系列各试行条例的规定来看，担任教师职务的任职条件一般包括：①具备各级各类相应教师的资格。②遵纪守法，具有良好的思想政治素质和职业道德，为人师表，教书育人。③具有相应的教育教学水平、学术水平，能全面、熟练地履行现任职务职责。④具备学历、学位以及工作年限的要求。⑤身体健康，能坚持正常工作。除符合上述条件外，各级各类教师任职条件要求视岗位而有所差异。

3. 职务评审

一般而言，各级教师职务由同行专家组成的教师职务评审小组依据现行各教师职务试行条例的有关规定予以评审。关于教师职务评审的程序、权限以及评审组织的组成办法等，在教师职务系列各试行条例中都有明确规定。

(二)教师聘任制度

1. 教师聘任制度的主要内容

教师聘任制度遵循的是双方地位平等的原则，"双向选择"是这一原则的重点体现。学校或者教育行政部门可以根据国家的有关规定和教育教学、科研工作的需要，自主确定学校的机构设置和教师结构的配置和调整，聘任不同知识结构的教师；教师也有权利根据本人的专业知识、业务能力选择适合自己的工作岗位，使自己在最佳的工作岗位上施展才干。

聘任双方签订的聘任合同具有法律效力，对聘任双方均有约束力，它以聘书形式明确双方的权利、义务和责任。教师按合同履行义务，学校按合同为教师提供教育教学、科学研究、进修、交流等条件，并支付报酬。同时，学校有权对受聘教师的业务水平、工作态度和成绩进行考核，作为升职、调薪、奖励和续聘的依据。

教师聘任制度引进了科学的激励竞争机制。竞争既是市场经济存在的一种形式，同时又促进市场经济发展。教师受聘后在聘任期间，学校要根据聘书中规定的有关内容对该教师的教育教学、科研工作进行认真、严格的考核，并以考核结果作为主要依据对教师进行奖惩、职务晋升和调薪等。

教师首次被聘任时，根据《教师法》的规定，要有试用期。试用期的意义在于决定取得教师资格的公民能担任何种教师职务。这是因为取得了教师资格，只是表明具备了担任教师的条件，但能担任何种教师职务，还需要经过一定的工作实践才能证明。试用期通常为一年。

2. 教师聘任的基本程序

学校任课教师在接受聘任前，需填写学校教师受聘申请表(姓名、年龄、政治面貌、毕业于何年何校、现职称、现职务、从事教学工作的经历、奖励等)，提供毕业证书、教师资格证书原件和复印件。

申请表交教导处备案并征求教研组、学年组的意见。单独聘任的教师由学校进行必要的面试和考核。

决定聘用的教师应接受学校授课任务书，学校单独聘任的教师则应与学校签订聘任协议。

3. 教师聘任的形式

(1)招聘

招聘即学校面向社会公开、择优选拔具有教师资格的应聘人员。它的程序一般是先由学校经人才交流部门批准，然后以广告或启事的形式提出所需人员的条件、工作性质、任务及工资待遇等，通常都要对应聘者进行审查、考核(或考试)，充分体现公平竞争、择优录用的原则。对符合条件者，学校即聘任。可见，招聘具有公开、直接、自愿、透明度高等优点，有利于发现和合理使用人才。招聘与受聘双方应签订聘任合同，并明确双方的权利、义务和责任，聘任合同一经签订便具有法律效力。

(2)续聘

续聘即聘任期满后，聘任单位与教师继续签订聘任合同。一般是在聘任期间，双方合作愉快，聘任单位仍有工作需要，教师对所从事的工作满意，双方自愿签订续聘合同。续聘合同的有关规定和协议可与上次聘任合同相同，也可以根据实际需要变更。

（3）解聘

解聘即学校因某种原因不适宜继续聘任教师，双方解除合同关系。解聘的原因较多，有的是学校在聘任后发现受聘者不符合原定聘用条件，有的是教师在工作中不称职或违反有关规定等，已不适合被继续聘任。由于聘任合同具有法律效力，因而，学校在聘用期限内终止聘任合同、解聘教师时，除有正当理由，否则应承担相应的法律责任。

（4）辞聘

辞聘即受聘教师主动请求学校解除聘任合同的法定行为。如上所述，聘任合同对聘任双方均有法律约束力，教师因种种原因不能继续履行聘任合同，给学校造成损失的，应依照聘任合同的有关规定承担相应法律责任。

三、教师的培养与培训制度

（一）教师的培养

1. 教师培养的含义

教师培养是指专门教育机构为各级各类学校教师的补充、更新而进行的一种专业性学历教育，属于教师职前教育。我国教师培养主要是通过师范教育渠道而进行的。

教师职业是一种专业性很强的社会职业，教育活动有其独特的规律，只有经过严格培养和专门训练的人才能胜任。同时教师承担着教书育人，培养合格人才，提高民族素质的使命，在培养、造就人才的活动中起着十分重要的作用。因此加强职前教育尤为必要。

2. 教师培养的机构

各级师范院校是师资培养的专门教育机构。在我国，小学教师培养机构主要是中等师范院校招收的初中毕业生，学制3～4年；初中教师培养机构主要是高等师范专科学校，主要招收高中毕业生，学制2～3年；高中教师培养机构主要是师范大学（师范学院），主要招收高中毕业生，学制4年。我国《教师法》规定："各级人民政府和有关部门应当办好师范教育，并采取措施，鼓励优秀青年进入各级师范学校学习。""非师范学校应当承担培养和培训中小学教师的任务。"《义务教育法》规定："国家采取措施加强和发展师范教育，加速培养师资，师范院校毕业生必须按照规定从事教育工作。"这就以法律的形式确立了师范院校的教师培养主体地位。

3. 教师培养的形式

就世界范围而言，师资培养教育大体上分为三种类型：①"定向型"师范教育。即在独立设置的师资培养机构培养师资，其培养目标是定向的，以苏联为代表。②"开放型"师范教育。即在普通高等学校培养师资，以美国为代表。③"混合型"师资教育。即在一个国家同时采用"定向型""开放型"两种师资培养制度。日本、西欧许多国家都采取了这一做法。就我国情况而言，目前我国主要采取的是"定向型"师范教育，各级师范院校成为师资培养的主体，但仅靠师范院校培养师资还满足不了当前教育事业发展的需要，所以我国《教师法》也规定非师范院校应当承担培养中小学教师的任务。

4. 教师培养的内容

一般而言，培养合格教师要进行思想品德、文化专业知识、身心素质和教育专业等方面的教育和训练。其中，教育专业训练是师范教育的特殊要求，这主要体现在师范学校的培养目标和教学计划之中。

1980 年，教育部发布的《中等师范学校规程》对中等师范学校（包括幼儿师范学校）的任务、教学工作、思想政治教育、教育实习和劳动教育等方面做了全面规定。中等师范学校的任务是培养具有社会主义觉悟和辩证唯物主义世界观、共产主义道德品质，具有从事小学或幼儿园教育必备的文化与专业知识、技术，热爱儿童、全心全意为社会主义教育事业服务，身体健康的小学或幼儿园师资。中等师范学校开设的课程有：政治、语文、数学、物理、化学、生物、外语、地理、历史、心理学、体育、音乐、美术、小学语文教材教法、小学数学教材教法、小学自然常识教材教法、教育实习等课程。幼儿师范学校开设的课程有：政治、语文、数学、生物、外语、地理、历史、幼儿教育心理学、幼儿教育卫生学、语言及常识教学法、计算教学法、体育及体育教学法、音乐及音乐教学法、美工及美工教学法、舞蹈、教育实习等。思想教育方面主要是培养学生具有爱国主义思想、拥护党的领导、拥护社会主义、热爱教育事业、树立辩证唯物主义观点，培养优良品德和从事小学生思想品德教育的能力。1989 年，原国家教委颁发的《三年制中等师范学校教学方案（试行）》规定，三年制中等师范学校设置必修课和选修课。必修课包括思想政治、文化知识、教育理论、艺术、体育和劳动技术教育等类课程。选修课一般开设文化知识课、小学各科教材教法课、艺术课、体育课以及适应本地经济发展需要的职业技术教育等类课程。教学实践包括参观小学的教育教学活动、教育调查、教育见习、教育实习。课外活动通过举办讲座、组织兴趣小组等多种形式，开展学科、科技、文体以及社会调查活动，是中等师范学校教学活动的有机组成部分。中等师范学校课程计划随着教育事业的发展和初等教育的普及与提高而不断得以调整。

关于高等师范专科学校的课程设置，教育部于1981年修订了师范专科学校10个专业的教学计划并于1982年发布了《关于修订二、三年制师专教学计划几点意见》，对师范专科教育的培养目标、课程设置、教育实习等方面做了规定。师范专科学校的培养任务是培养合格的初级中学师资，其具体要求是：热爱党、热爱社会主义，努力学习马列主义、毛泽东思想，树立辩证唯物主义和历史唯物主义观点；具有爱国主义、国际主义精神和共产主义道德品质，能以自己的言行做学生的表率，坚决执行党的教育方针政策，忠诚于党的教育事业，自觉地为社会主义现代化建设服务；掌握本专业必需的基础理论、基本知识和基本技能，适当了解与本专业有关的科学新成就；具有较好的分析问题和解决问题的能力；掌握教育理论，具有从事初中教育教学工作的能力；具有健全的体魄和良好的卫生习惯。师专的课程设置，要求紧紧围绕培养初中师资的目标，贯彻少而精的原则，安排好政治理论课、教育理论课、专业课、体育课、外语课等类课程。①政治理论课：三年制文科专业开设中共党史、哲学和政治经济学，理科专业开设中共党史（或政治经济学）和哲学。两年制文科专业开设中共党史和哲学，理科专业只开设哲学。②教育理论课：二、三年制专业均开设教育学和心理学。教学法课归入专业课。专业课根据培养目标要求，使学生学好本专业的主干课程，有关专业的基础理论、基本知识和基本技能，为其以后的工作和进修提高打下扎实的基础。③体育课：三年制专业安排两个学年，两年制安排三个学期。④外语课：三年制专业安排两个学年，每周3学时。教育实习是师专教育和教学的重要组成部分，是对学生进行教育和教学工作能力初步训练的基本形式。教育实习教师以课堂教学为主，并担任一定的班主任工作。

关于高等师范院校的课程设置，教育部颁发了《高等师范院校教育专业教学方案（修订草案）》《高等师范院校四年制本科英语专业教学计划（试行草案）》《高等师范校四年制本科音乐专业教学计划（试行草案）》以及高等师范校四年制本科数学、物理、化学等各专业的教学计划（试行草案），对高等师范院校的具体专业培养目标、课程设置、时间安排、教育实习等方面做了规定。高等师范本科院校的任务是培养中等学校师资。其具体要求除了具备与师范专科学校共有的一些特征之外，还特别强调培养对象应尽可能了解与本专业有关的科学成就，进行科学研究的初步训练，能用一种外语阅读本专业的外文书刊。

(二)教师的培训

教师职前在学校系统学习主要是为将来从事的工作打基础、做准备。在科技迅速发展、知识不断更新的今天，要完成教育人的重任，仅靠职前教育是不够的，教师必须不断提高自身素质，而培训则是提高教师思想政治觉悟和教育教学业务水平的重要途径。

1.教师培训的含义

教师培训是指专门教育机构为提高教师的素质、能力，对在职教师进行的一种继续教育。教师培训是相对于职前教育而言的，它也是师范教育的重要组成部分，具有补充、更新知识的功能。它包括两方面内容：一是帮助教师提高学历水平，二是了解教育科研的新成果，充实专业文化知识、提高教学技能。教师培训制度是提高教育教学质量的前提和条件。

随着科技的发展和教育改革的兴起，世界上许多国家十分重视教师在职培训，并以立法形式为在职教师培训提供法律保障。我国《教师法》列专章对教师的培养和培训做了规定，并将教师在职培训作为教师的一项基本权利和义务。教育部颁布了《中小学教师继续教育规定》《高等学校教师培训工作规程》等规章，从而使我国的教师在职培训工作步入法制化和制度化的轨道。

2.中小学教师培训

中小学教师培训就是针对取得教师资格的中小学在职教师，为提高其思想政治和业务素质进行的培训。我国《教育法》规定："要通过培养和培训提高教师素质，加强教师队伍建设。"《教师法》第十九条规定："各级人民政府教育行政部门、学校主管部门和学校应当制定教师培训规划，对教师进行多种形式的思想政治、业务培训。"据此，教育部制定了《中小学教师继续教育规定》，并于 1999 年 9 月 13 日正式发布。该规定对中小学教师培训的原则、内容、类别、管理、考核与奖惩、条件保障等方面做了全面规定。

(1)中小学教师培训的原则

中小学教师培训应坚持因地制宜、分类指导、按需施教、学用结合的原则，中小学教师培训应紧密结合不同地区的实际，在合理规划的前提下，因地制宜，统筹安排，要按照在职教师培训的规律，分类指导，多渠道、多形式、多层次地开展培训，在职培训要从教育教学实际需要出发，培训的内容、方式等要根据教师工作需要和所任学科的性质、内容而定。教师在职培训要紧密结合教师教学工作实践，重视科学文化知识、教育教学理论与技术的掌握与学习，提高教师的教育教学能力，做到学用结合。

（2）中小学教师培训的内容

培训的内容主要包括思想政治教育和师德修养；专业知识的更新与扩展；现代教育理论与实践；教育科学研究；教育教学技能训练和现代教育技术；现代科技与人文社会科学知识等。教师培训应以提高教师实施素质教育的能力和水平为重点。

（3）中小学教师培训的类别

培训的内容分为非学历教育和学历教育。其中非学历教育包括新任教师培训、教师岗位培训和骨干教师培训三种。新任教师培训是为新任教师在试用期内适应教育教学工作需要而设置的培训；教师岗位培训是为教师适应岗位要求而设置的培训；骨干教师培训是对有培养前途的中青年教师按教育教学骨干的要求和现有骨干教师按更高标准进行的培训。学历教育是对具备合格学历的教师进行的提高学历层次的培训。

（4）中小学教师培训的组织管理

各级人民政府教育行政部门管理中小学教师培训工作。国务院教育行政部门管理全国中小学教师培训工作；省级人民政府教育行政部门主管本地区中小学教师培训工作。国务院教育行政部门的主要职责是：制定有关的方针、政策；制定中小学教师培训教学的基本文件，组织审定统编教材；建立中小学教师培训评估体系；指导各省、自治区、直辖市中小学教师培训工作。省、自治区、直辖市人民政府教育行政部门的职责是：制定本地区中小学教师培训配套政策和规划，全面负责本地区中小学教师培训工作的实施、检查和评估工作。市、县人民政府教育行政部门在省级人民政府教育行政部门指导下，负责管理本地区中小学教师培训工作。各级教师进修院校和普通师范院校在主管教育行政部门领导下，具体实施中小学教师培训的教育教学工作。

（5）中小学教师培训的条件保障

中小学教师培训经费以政府财政拨款为主，多渠道筹措，在地方教育事业费中专项列支，由县级及以上教育行政部门统一管理。地方各级人民政府教育行政部门应当采取措施，依法保障中小学教师培训工作的实施。

（6）中小学教师培训的考核与奖惩

地方各级人民政府教育行政部门要建立中小学教师培训考核和成绩记录制度。各级人民政府教育行政部门对中小学教师培训工作成绩优异的单位和个人要予以表彰和奖励；对中小学教师培训质量达不到规定要求的，教育行政部门应责令其限期改正；对无正当理由拒不参加培训的中小学教师所在学校应督促其改正，并给予批评教育。

3. 高校教师培训

高校教师培训是为高校教师更好地履行岗位职责而进行的继续教育。《高等教育法》规定："高等学校应当为教师参加培训提供便利条件。"原国家教委，1996年4月8日颁布的《高等学校教师培训工作规程》对高校教师培训的原则与方针、培训的组织与职责、培训形式、培训的考核与管理等方面做了具体规定。

(1)高校教师培训的原则与方针

高校教师培训工作应贯彻思想政治素质和业务水平并重，理论与实践统一，按需培训、学用一致、注重实效的方针，坚持立足国内、在职为主、加强实践、多种形式并举的原则。

(2)高校教师培训的组织与职责

国务院教育行政部门负责全国高校教师培训工作的宏观管理和政策指导。各省、自治区、直辖市教育行政部门和国务院有关部委教育主管部门负责本地、本部门的高校教师培训的规划、管理和经费投入等工作。

在高校教师培训工作中，教育行政部门和教育主管部门、高等学校、受主管部门委托接受培训教师的重点高校及各级教育行政部门所属的高校师资培训机构应履行相应的职责。具体来说，教育行政部门和教育主管部门的主要职责是：制定教师培训的规划、保障经费投入，加强各部门的协调、配合，理顺关系；检查督促教师培训规划和学年计划的落实；完善培训途径、形式，总结推广经验；加强师资培训机构建设，完善其管理体制；表彰奖励培训工作中作出成绩的单位及个人。高等学校的主要职责是：做好教师培训规划，保证培训经费的落实，调动和提高教师培训积极性；关心外出培训教师的思想、学习和生活；积极配合接收单位做好工作；明确校、系、教研室的责任，并纳入对其工作实绩的考核。接受培训教师的重点高校的主要职责是：制定并完善教师培训管理办法，严格管理，保证培训质量；关心培训教师的思想、学习和生活；配合培训教师原学校做好工作；加强学校各部门的协调配合，为参加培训教师提供必要条件。各级教育行政部门所属的高校师资培训机构主要开展有关的师资培训、研究咨询、信息服务等工作，完成上级主管部门委托的其他任务。

(3)高校教师培训的形式

目前，我国高校教师培训的形式主要有岗前培训、助教进修班、骨干教师进修班、国内访问学者、国外进修等。

高校教师培训对象以青年教师为主，教师职务不同，其培训内容与方式也有所不同。助教培训以进行教学科研基本知识、基本技能的教育和实践为主，主要有岗前培训、教学实践、助教进修班、以毕业研究生同等学力申请硕士学位教师进修班、社会实践、计算机培训等形式。讲师培训以扩充专业基础理论知识为主，注重提高教学水平和科研能力，主要有骨干教师进修班、短期研讨班、单科培训、出国培训、国内访问学者、在职攻读硕士或博士学位、以毕业研究生同等学力申请硕士或博士学位等形式。副教授培训主要是通过教学科研工作实践及学术交流，熟悉和掌握本学科发展的前沿信息，进一步提高学术水平，主要有短期研讨班、讲习班、国内访问学者、高级研讨班、出国培训等形式。教授主要通过高水平的科研和教学工作来提高学术水平。

（4）高校教师培训的考核与管理

教师培训时间在3个月以上的，应进行考核及鉴定，并记入业务档案，作为职务任职资格、奖惩的依据。学校要依法保障教师参加培训的权利，教师应当服从学校安排的培训计划和培训形式。对于无正当理由拒绝接受培训的，培训成绩不合格的，培训期间违反校规校纪、影响恶劣的，无正当理由未认真履行职责的，由教师所在学校和接受培训教师的院校分别依据不同情况给予必要处理。

（5）高校教师培训的保障与有关待遇

教育行政部门和主管部门要设立教师培训专项经费。各高校的教育事业费中，要有一定比例用于教师培训。根据需要或计划接受培训的教师，学习及差旅费应由学校支付，其工资、津贴、福利、住房分配等待遇原则上应不受影响。培训期间已符合条件的教师，其职务任职资格评审不应受到影响。对于外出参加培训半年以上的教师，可根据各地不同物价水平和教师的实际困难由学校给予一定生活补贴。

四、教师的考核与待遇制度

（一）教师的考核

1. 教师考核的含义

教师的考核是指各级各类学校及其他教育机构依法对教师进行的考查和评价。教师考核制度是教师规范化管理制度的重要组成部分。

我国《教育法》第三十四条规定："通过考核奖励、培养和培训，提高教师素质，加强教师队伍建设。"《教师法》列专章对教师考核的机构、内容、原则、结果做了具体规定，为教师考核工作提供了法律依据。这不但有利于学校全面贯彻教育方针，提高教育质量和办学效益，而且有利于增强教师的事业心、责任感，调动教师的工作积极性和创造性，激励教师忠于职责，努力进取，不断提高政治思想和业务素质。

2. 教师考核的内容、原则和结果

教师考核由教师所在的学校及其他教育机构组织，学校及其他教育

机构的主管教育部门负责指导和监督。

（1）教师考核的内容

《教师法》第二十二条规定："学校或者其他教育机构应当对教师的政治思想、业务水平、工作态度和工作成绩进行考核。教育行政部门对教师的考核工作进行指导、监督。"由此可见，教师考核内容主要包括以下四个方面。

①政治思想

政治思想主要包括政治态度和职业道德。政治态度指教师坚持四项基本原则，遵纪守法，热爱祖国，拥护党的路线、方针和政策，认真学习马列主义、毛泽东思想、邓小平理论和江泽民"三个代表"重要思想。职业道德主要包括爱岗敬业、教书育人等。1997年，原国家教委和全国教育工会颁布的《中小学教师职业道德规范》对中小学教师职业道德规范提出了八点要求，其基本内容包括：依法执教、爱岗敬业、热爱学生、严谨治学、团结协作、尊重家长、廉洁从教、为人师表。

②业务水平

业务水平主要是指与教师所任职务相应的专业知识水平和业务能力。其中，专业知识水平包括学历水平、专业知识理论和教育教学理论水平、工作经验、外语水平等。业务能力包括教育教学能力、科研能力、表达能力、管理学生的能力、创新能力等。

③工作态度

工作态度是指教师在履行教育教学职责中的工作积极性、事业心和责任感，主要包括：教师是否履行其义务；治学态度如何，是否积极承担教育教学任务；是否关心学生；是否刻苦钻研业务、努力进取等。

④工作成绩

工作成绩是指教师在教育教学中的成绩和贡献。它是教师政治思想、业务水平、工作态度的综合反映。教师的工作成绩主要包括工作量，教育教学质量及研究成果、论著等。

（2）教师考核的原则

《教师法》第二十三条规定："考核应当客观、公正、准确，充分听取教师本人、其他教师以及学生的意见。"据此，教师考核应当遵循以下原则。

①客观性原则

客观性原则主要指对教师的考核要从客观实际出发，实事求是，全面地对教师作出合理的评价。坚持这项原则，要注意排除主观主义和非正常心理因素的干扰。

②公正性原则

公正性原则主要指对教师的考核要严格按照考核的标准、程序和办法进行，对教师一视同仁，不偏不倚。考核公正与否直接关系教师考核工作的成败。

③准确性原则

准确性原则是指在客观、公正的基础上，对教师作出与其实际表现相符的评价。这项原则要求严格依据考核内容和标准进行考核。对教师的优、缺点作出恰如其分的评价，并将教师本人的工作成果与其前期成果做纵向比较，与其同行做横向比较，将定性与定量有机结合起来，确保考核的准确度。

(3)教师考核的结果

《教师法》第二十四条规定："教师考核结果是受聘任教、晋升工资、实施奖惩的依据。"这是对教师考核结果效力的规定。一般来说，教师考核结果分为优秀、称职、不称职等层次。经考核优秀者，可优先升职，予以奖励；经考核称职者，可以续聘和正常晋升；经考核不称职者，可以低聘或者解聘。

(二)教师的待遇

1. 教师的工资待遇

教师的工资报酬是指教师的基础工资、职务工资、课时报酬、津贴、奖金等工资性收入。

《教师法》第二十五条规定："教师的平均工资水平应当不低于或者高于国家公务员的平均工资水平，并逐步提高。"教师的工资水平之所以与国家公务员相比是因为二者都具有为国家和社会负责的共同职责，而且从长远看，国家公务员的工资将会提高，保障机制好，这样有利于教师工资水平提高，建立正常的晋级增薪制度，也是提高教师工资水平的需要。

关于教师津贴，《教师法》第二十六条规定："中小学教师和职业学校教师享受教龄津贴和其他津贴，具体办法由国务院教育行政部门会同有关部门制定。"教龄津贴是根据教师从事教育工作的年限所给予的额外报酬，是鼓励教师长期安心从教的重要措施。根据国务院工资制度改革小组、劳动人事部发布的《关于教师教龄津贴的若干规定》，教龄津贴的一般标准为：教龄满5年不满10年的，每月3元；满10年不满15年的，每月5元；满15年不满20年的，每月7元；20年以上的，每月10元。教师的其他津贴包括班主任津贴、特殊教育津贴等，是对这些岗位教师多付出劳动的一种报酬补偿，也是按劳分配的体现。教育部、财政部、劳动部发布的《关于普通中学和小学班主任津贴试行办法》及教育部发布的《关于中等专业学校、盲聋哑学校班主任津贴试行办法》，对学校的班主任津贴的设置、标准等做了具体规定。

关于教师的补贴，《教师法》规定："地方各级人民政府对教师以及具有中专以上学历的毕业生到少数民族地区和边远贫困地区从事教育教学工作的应当予以补贴。"教师补贴是一种地区性补贴，其目的在于鼓励高学历人才到边远贫困地区从事教育工作，以促进当地教育事业的发展。

2. 教师的其他待遇

(1)教师的住房

教师住房是教师待遇的重要方面，对此，《教师法》规定："地方各级人民政府和国务院有关部门对城市教师住房的建设、租赁、出售实行优先、优惠。县、乡两级人民政府应当为农村中小学教师解决住房提供方便。"

就目前情况而言，教师住房由国家按技术职务和行政职务规定标准，按房改政策租给或售给。为了解决教师住房存在的问题，国家采取了诸如实施广厦工程、改造学校简子楼工程等措施，逐步改善教师住房状况。各级政府和主管部门在城市住房方面要制订切实可行的计划，增加对教师住房建设的投资。住房制度改革要对教师住房的建设、分配、销售或租赁实行优先、优惠政策。县、乡两级人民政府要为农村公办教师和家在农村的教师建房提供优惠政策。

(2)教师的医疗

《教师法》规定："教师的医疗同当地国家公务员享受同等的待遇；定期对教师进行身体健康检查，并因地制宜安排教师进行休养。""医疗机构应当对当地教师的医疗提供方便。"新中国成立以来，根据有关政策规定，教师在医疗待遇上享受实报实销的公费医疗待遇。但在实际执行中，要从教育经费中列支。由于教育经费困难，医疗费用短缺，教师看病报销难的现象较为严重。《教师法》规定，教师同公务员享受同等医疗待遇，将会使教师的医疗得到较好的保障。在当前的医疗制度改革中，应根据这一原则，对教师实行倾斜政策，建立适合我国国情的，费用由国家、单位、个人合理分担，社会化程度较高的多种形式的教师医疗保险制度，并建立相应的医疗救济制度和老年人医疗补助制度。为了保护教师的身体健康，要定期对教师进行身体健康检查。医院和其他医疗单位要对教师的医疗提供方便。

(3)教师的退休、退职

《教师法》规定："教师退休或者退职后，享受国家规定的退休或者退职待遇。""县级以上地方人民政府可以适当提高长期从事教育教学工作的中小学退休教师的退休金比例。"这些规定对稳定教师队伍，合理解决教师退休后的生活待遇问题提供了重要的法律保障。

按照国家有关规定，男教师满 60 周岁，女教师满 55 周岁，参加工作满 10 年的，视不同情况，其退休费可以发给其本人工资的 60%～90%。教师退职可按国家规定办理并享受相应待遇。近些年来，许多地方通过立法，规定 30 年以上教龄的教师，可享受提高退休金比例的待遇。有的地方规定 30 年以上教龄的教师的退休金按原工资的 100%发放，地方各级人民政府可从当地实际情况出发，对教师长期从教的年限和提高退休金的比例作出具体规定。

第四节 有关教师的法律责任

有关教师的法律责任指公民、法人或其他社会组织，违反《教师法》的有关规定，侵犯教师的合法权益以及教师本人违反《教师法》的有关规定，而应承担的惩罚性或补偿性的强制性后果。

一、侮辱、殴打教师的法律责任

侮辱教师是指公然贬低教师的人格，破坏教师的名誉。侮辱的方式可以归纳为行为侮辱、言辞侮辱、图文侮辱三种。殴打教师是指以暴力方法侮辱教师，或故意非法伤害教师人身健康。在一般情况下，侮辱教师的行为可能会单独实施，而殴打教师的行为往往同侮辱教师的行为同时存在。

对侮辱、殴打教师的，应根据不同情况，依法追究其相应的法律责任。

第一，国家机关工作人员或者企事业单位、社会团体等社会组织的人员，侮辱、殴打教师的，应由其所在单位给予相应的行政处分。

第二，对于违反《治安管理处罚条例》，殴打教师造成轻微伤害的以及公然侮辱教师、侵犯教师人身权利，尚不够刑事处罚的，依照该条例的规定，由公安机关处以 15 日以下拘留、200 元以上罚款或者警告。

第三，对于侮辱、殴打教师造成损害的，应当依照《民法通则》，由人民法院追究民事责任。其中造成人身伤害的，应当赔偿医疗费、因误工减少的收入等费用；造成教师的姓名权、肖像权、名誉权、荣誉权损害的，应当停止侵害、恢复名誉、消除影响、赔礼道歉，并应赔偿相应的精神损失。

第四，对于侮辱、殴打教师，情节严重，构成犯罪的，由人民法院依法追究刑事责任。

二、打击报复教师的法律责任

打击报复是指国家工作人员、学校和其他社会组织的负责人以及其他行使一定职权的人员，故意使用自己的职权对申诉人、控告人、检举人实施报复陷害，致使他人的合法权益蒙受损害的违法行为。《教师法》第三十六条规定："对依法提出申诉、控告、检举的教师进行打击报复的，由其所在单位或者上级机关责令改正；情节严重的，可以根据具体情况给予行政处分。国家工作人员对教师打击报复构成犯罪的，依照刑法第一百四十六条的规定追究刑事责任。

三、拖欠教师工资的法律责任

拖欠教师工资是指未按时、足额地支付教师的工资报酬。这主要有两种情况：一是地方人民政府违反《教师法》规定，拖欠教师工资；二是违反国家财政制度、财务制度，挪用国家财政用于教育的经费，拖欠教师工资。《教师法》有如下规定。

第一，对违反本法规定拖欠教师工资的，无论是政府及其有关部门，还是学校及其他教育机构，无论是公办学校还是民办学校，均由地方人民政府责令其限期改正，当地政府拖欠的，由上一级人民政府责令其限期改正。

第二，对于违反国家财政制度、财务制度，挪用国家财政用于教育的经费，拖欠教师工资的，由上级机关责令限期归还挪用的经费，并根据具体情况对直接责任人员给予行政处分。情节严重，构成犯罪的，由人民法院追究刑事责任。

四、教师违反《教师法》的法律责任

依据《教师法》第三十七条的规定，教师违反《教师法》应承担法律责任的情况主要有三种：第一，故意不完成教育教学任务给教育教学工作造成损失的；第二，体罚学生，经教育不改的；第三，品行不良，侮辱学生，影响恶劣的。

各级各类学校及其他教育机构的教师凡有上述三种违法行为之一的，按现行教师管理权限，由所在学校、其他教育机构或者教育部门分别给予行政处分或解聘；教师有上述三种违法行为中的后两项所列情形之一，情节严重，构成犯罪的，依法追究刑事责任；教师有上述违法行为之一，对学校、其他教育机构和学生造成损失或损害的，还应当依照《民法通则》的有关规定赔偿，消除影响，恢复名誉。

>>> **复习与思考**

1. 教师的权利与义务有哪些？

2. 教师资格的条件有哪些？

3. 简述教师资格认定程序。

4. 教师考核内容及原则是什么？

>>> 案例分析

高中生围殴教师

2014年5月30日上午，因不满教师制止他们的撕书行为，某中学6名高三学生围殴一名50岁教师，将三根拖把棍打断，造成教师头部受伤。

教师被打得头上、脸上全是血

这一切源于5月30日上午的一场"撕书狂欢"。

某中学主管政教工作的副校长谢某说，5月30日，是高三学生在学校最后一天上课，下午他们就将放假回家，准备迎接即将到来的高考。从上午10点多开始，一场疯狂的撕书活动在高三教学楼上演。漫天的碎纸片如雪花般飞落，瞬间落满了整个地面。高三学子们通过撕书宣泄压力，以表明"最后一考的决心"。因为担心学生会在撕书、扔书时夹杂暖水瓶等危险物品，当天学校特意安排了教师制止学生的疯狂行为。

谢某介绍，上午11时许，正在三楼撕书的一名高三学生被巡查的曹老师撞了个正着。被训斥后，该学生停止了撕书行为，曹老师则继续去四楼巡查。大约20分钟后，曹老师从楼上巡查下来，刚走到四楼楼梯拐弯处，突然从四楼和三楼冲出两伙学生用拖把棍将他打倒在地。当时，50岁的曹老师被一下子打蒙了，半天没反应过来，直到看见被自己刚刚训斥过的那名学生才明白过来。眼看着被一伙学生围殴，曹老师只得还手，将带头的学生的头部打伤。等到其他教师闻讯赶来制止时，曹老师的头上和脸上全是血，衣服也被染成了红色。而学生用来打人的三根拖把棍，也已被打断成好几截。

只因不满教师制止撕书

上午10时许，在某医院急诊科观察室，右眼明显发青的曹老师正坐在病床上打吊瓶。"我现在头晕，说不了什么。"见到记者，曹老师似乎不愿多说，马上躺倒在床上，拉上被子，转过身一言不发。

急诊科值班室医生说，曹老师的伤情诊断为"外伤性头疼"，类似于脑震荡。

上午11时30分，某中学高三学生刚刚结束练考。问起当天发生的事情，学生大都一副欲言又止的样子，只有个别学生称"听说教师被好几个学生打了"。

副校长谢某说，事后经过调查，一名高三学生因为不满曹老师制止其撕书行为，便找来同班4名学生和其他班1名学生，拿着没有拖布的拖把棍，在楼梯拐弯处将曹老师围住打了一顿。

谢某说，曹老师在制止那名学生撕书时，在其后背拍了一巴掌，可能还训斥了几句，但是绝对没有其他过激行为。

谢某介绍，被打的曹老师是学校教科研处副主任，打人的6名学生全都是高三学生，学习成绩一般，其中两名学生在学校有过打架行为。

教育局、学校协调暂不报警

谢某说，事发后，曹老师被送往医院治疗，受伤的那名学生因为伤得不重，已经回家。本来，曹老师家属坚决要报警，但是马上就要高考了，如果报警，势必会影响学生的备考，毕竟他们上了这么多年学，很不容易。

某县教育局督导室主任李某说，为了不影响这6名学生参加高考，经过教育局和学校协调，曹老师现在已答应暂时不报警，等高考结束再处理。

学生围殴教师，某县街头不少人都听说了此事。"这样的学生就算考上大学又能怎样。"一位居民不无担忧地说，现在的学生只注重学习，却已丧失了一些传统的东西。

问题与思考：

结合案例谈一谈如何保障教师的合法权益？

>>> **参考文献**

1.《教育政策法规》编写组.教育政策法规[M].西安：西北大学出版社，2011.

2.武模桥，刘合英.教师职业道德修养与教育法规[M].成都：电子科技大学出版社，2008.

第七章　教育法律责任

> ↘ **内容提要**

　　在实际教育工作中，如果法律关系主体不能依法履行责任，导致了违法行为的发生，这就需要对责任人依法处理，强制其承担相应的法律责任。依法追究违法主体的法律责任是教育法规实施的重要保证。培根曾经说过："违法犯罪不过是弄脏了水流，而执法不严却污染了水源。"本章从教育法律责任的含义入手，介绍了教育法律责任的种类、构成要件及承担责任的形式和主体，重点讲述了常见教育法律责任的认定及学生伤害事故处理的有关法律问题。

第一节　教育法律责任概述

　　随着我国一系列教育法律、法规不断被制定和颁布，教育法律、法规体系框架已基本形成，教育法制建设取得了可喜的成绩。但与此同时，违反教育法规的行为却时有发生，究其原因，就在于执法不严，违法者没有受到应有的惩罚。所以，只有充分使违法者承担起与其行为相应的法律责任，违法行为受到应有的惩罚，才能真正维护法律的尊严，保证教育法律、法规得到真正的落实。

一、教育法律责任的含义及特点

(一)教育法律责任的含义

　　法律责任有广义、狭义之分。广义的法律责任和法律义务是同义词，如一般的守法义务、赡养义务等，法学上称其为"第一性义务"。狭义的法律责任是指法律关系主体实施了违法行为而必须承担的否定性的法律后果。这种否定性的法律后果，法学上又称"第二性义务"，它具有强制性的责任。例如，殴打致人伤害，必须承担赔偿损失等相应的民事责任，情节严重的依法接受刑事处罚。违法的法律关系主体的直接强制性义务包括受制裁、强制和给予补救。目前人们通常在说到法律责任时，是在狭义上使用这个概念。

我们通常对教育法律责任定义为：教育法律责任是教育法律关系主体因实施了违反教育法的行为，依照有关法律、法规的规定应当承担的否定性的法律后果。由于行为人违反教育法律规范的程度不同，其所应该承担的教育法律责任也会有程度上、性质上的区别。

从法律意义上理解教育法律责任，应当注意以下几个问题。

首先，教育法的法律责任与违法行为紧密相连。存在违反教育法律、法规的行为，是教育法的法律责任的前提。也就是说，教育法的法律责任，是针对违反教育法律、法规的行为设立的，是只有在发生了违反教育法的行为之后才会出现的一种法律后果。这些违法行为既包括不履行教育法规的义务，也包括侵犯其他主体由教育法规定的权利。遵守教育法律、法规的行为就不会产生这种法律后果。

其次，法律后果的承担者，是遵守教育法律、法规义务的特定教育法律关系主体，不仅指公民个人和社会团体，还包括国家行政机关和学校，体现了教育法的一种特殊的强制力。

最后，教育法的法律责任与法律制裁紧密相连，表现为一种否定性的法律后果，是国家对违反教育法律、法规行为的不赞许态度。其实质是统治阶级运用法律制裁的方式对规避教育法定义务、超越教育法定权利界限或滥用权利的违法行为所做的法律上的否定性评价和谴责，是国家强制矫正违法者的违法行为，从而补救受到侵害者的合法权益，恢复被破坏的教育法律关系和教育法律秩序的手段，是社会主义法制"违法必究"原则的具体体现。

（二）教育法律责任的特点

教育法的法律责任与其他社会责任（政治责任、道德责任等）相比，具有以下特点。

1. 必须有法律明文的规定

也就是说，对教育活动中的哪些行为应当追究法律责任，由谁来追究，以及法律责任的种类，都必须在有关教育的法律、法规或其他法律、法规中有明文的规定。《教育法》第九章、《教师法》第八章、《义务教育法》第十五条、第十六条和《义务教育法实施细则》的第七章等，就有关于法律责任的明文规定。

2. 以国家强制力保证执行

也就是说，对于违反教育法律、法规行为的追究，是以国家强制力来保证实施的，并且对于所有的违法者和一切违法行为都普遍予以制裁，具有普遍约束力。对于其他社会责任的追究就不具有强制性。

3. 由违法的教育法律关系主体所承担

无论是自然人还是法人，均必须处在教育法律关系中，其行为侵犯了教育法规定的权利和违反教育法规定的义务，才能导致教育法律责任产生。如果不处在教育法律关系中，其行为不影响教育法规定的权利、义务，就不会导致教育法律责任产生。

4. 由国家专门机关或国家授权机关依法追究

对违反教育法的行为人，追究法律责任的主体，必须是教育法律、法规授权的特定的国家机关或组织，其他任何组织或个人都无权行使这种权力。

二、教育法律责任的种类

往往可以从不同的角度，或者按照不同的分类依据，将法律责任区分为各种不同的类型。教育法根据违法主体的法律地位和违法行为的性质，规定了承担法律责任的三种主要方式，即行政法律责任、民事法律责任和刑事法律责任。

(一)行政法律责任

行政法律责任是指行政法律关系主体由于违反行政法律规范，构成行政违法而应当依法承担的否定性法律后果。因为现行教育法的相当一部分规定是以政府及其教育行政部门为一方，调整教育活动中的行政关系，具有行政法的属性，违反教育法律、法规的行为本身就带有行政违法性，所以行政法律责任是违反教育法的最主要的一种法律责任。在实际工作中，对于违反教育法律、法规的行为追究法律责任，主要是追究行政法律责任。

根据《教育法》《义务教育法》《义务教育法实施细则》等法律、法规的规定，违反教育法的行政法律责任的承担方式主要有两类，即行政处罚和行政处分。

行政处罚是国家行政机关依法对违反行政法律规范的组织或个人进行惩戒、制裁的具体行政行为。行政处罚的种类很多，教育法涉及的行政处罚有警告、通报批评、消除不良影响、罚款、没收、责令停止营业、吊销营业执照和许可证、取消资格、责令限期清退或修复、责令赔偿、拘留等。

行政处分是根据法律或国家机关、企事业单位的规章制度，由国家机关或企事业单位给予有违法失职行为或违反内部纪律的所属人员的一种制裁。行政处分有时也称"纪律处分"，共有 8 种：警告、记过、记大过、降级、降职、撤职、开除留校察看、开除。

行政责任应由国家机关依照相关行政法律规定的条件和程序予以追究，人民法院或有关行政机关依法拥有此项权力。

(二)民事法律责任

民事法律责任是指行为人由于民事违法行为而应承担的法律后果。我国民法调整平等主体之间的财产关系和人身关系，民事违法行为的典型是侵权行为和不履行义务的行为，因此，民事责任的重要特点之一是它主要表现为一种财产上的责任。教育法的民事法律责任是教育法律关系主体违反教育法律、法规，破坏了平等主体之间正常的财产关系或人身关系，依照法律规定应承担的民事法律责任，是一种以财产为主要内容的责任。《教育法》第八十一条对违反教育法的民事责任作出了原则规定："违反本法规定，侵犯教师、受教育者、学校或者其他教育机构的合法权益，造成损失、损害的，应当依法承担民事责任。"在义务教育方面，根据《义务教育法》和《义务教育法实施细则》的规定，下列行为应当承担相应的民事法律责任：①侵占、破坏学校的场地、房屋和设备的；②侮辱、殴打教师、学生的；③体罚学生的；④将校舍、场地出租、出让或者移作他用，妨碍义务教育实施。

根据《民法通则》的规定，承担民事法律责任的主要方式有十五种：①停止侵害；②排除妨碍；③消除危害；④返还财产；⑤恢复原状；⑥修理、重作、更换；⑦赔偿损失；⑧支付违约金；⑨消除影响、恢复名誉；⑩赔礼道歉；⑪训诫；⑫责令具结悔过；⑬收缴进行非法活动的财物和非法所得；⑭罚款；⑮拘留。

一定条件下，民事责任可以由当事人协商解决。民事责任既有个人责任，也有连带责任或由相关人负替代责任。

(三)刑事法律责任

刑事法律责任是指行为人实施刑事法律禁止的行为所必须承担的法律后果。在现实生活中，违法行为的种类很多，违法的程度也有很大差别，国家只对达到犯罪程度的违法行为追究刑事责任，这是刑事法律责任与其他两种法律责任的重要区别之一。

刑事责任是一种惩罚最为严厉的法律责任。刑事责任的特点表现为：

第一，承担刑事责任的依据是严重违法，即由犯罪行为引起，社会危害性大。一般的违法行为，不触犯刑法的行为，不承担刑事责任。

第二，认定和追究刑事责任的是审判机关，即只有人民法院按照刑事诉讼程序才能决定行为人是否应承担刑事责任。其他机关没有这项权力。

教育法的刑事法律责任是指行为人实施的违反教育法的行为，同时触犯了刑法，达到犯罪的程度时，必须承担的法律后果。

《教育法》第七十一条、第七十二条、第七十三条、第七十七条对挪用、克扣教育经费，扰乱教育教学秩序，破坏校舍、场地及其他财产，招生中徇私舞弊的行为追究刑事责任做了规定。在义务教育方面，根据《义务教育法》第六十条和《义务教育法实施细则》第七章的规定，依法应当追究刑事责任的行为有以下六种：①侵占、克扣、挪用义务教育经费；②扰乱实施义务教育学校的教学秩序情节严重的；③侵占或者破坏校舍、场地和设备情节严重的；④侮辱、殴打教师、学生情节严重的；⑤体罚学生情节严重的；⑥玩忽职守致使校舍倒塌，造成师生伤亡事故情节严重的。

以上各种违法行为中，大部分是以情节严重作为追究刑事责任的必要条件。不同行为中的"情节严重"的含义是不同的。比如，体罚学生"情节严重"是指体罚学生的手段恶劣，或者致学生重伤等情况。又如，玩忽职守致使校舍倒塌，造成师生伤亡事故"情节严重"，是指明知是危险校舍而不向上级报告或拖延不予处理，致使校舍倒塌，造成死亡1人以上，或者重伤3人以上等情节。

追究刑事法律责任往往表现为给予行为人刑事制裁，即人民法院依法对犯罪人员运用的刑罚。我国刑法规定的刑罚分为主刑和附加刑两类。主刑包括管制、拘役、有期徒刑、无期徒刑和死刑五种；附加刑包括罚金、剥夺政治权利、没收财产三种。在人民法院审理案件时，对犯罪人员依违反教育法律、法规的不同行为和情节给予上述种类的刑事制裁。

在实践中，我们应当注意的是，对于违反教育法律、法规的行为，追究法律责任的方式不局限于一种，可以在追究行政法律责任的同时，追究刑事法律责任或民事法律责任，三种形式也可并处。比如，对于玩忽职守致使校舍倒塌，造成师生重大伤亡事故的行为人，就可以在追究其刑事法律责任的同时，追究行政法律责任，即判刑的同时给予行政处分。

除上述三种法律责任外，违反教育法有时还承担经济法律责任，主要是当事人违反经济合同的法律责任。

三、教育法律责任的构成要件

教育法律责任的构成要件是指行为人承担教育法律责任必须具备的

标准或必要条件。教育法律关系主体只有具备教育法律责任的归责要件，才被认定为教育法律责任主体，承担相应法律后果。

教育法律关系主体只有具备以下四个教育法律责任的构成要件，才被认定为教育法律责任主体，才应该承担相应的法律后果。

(一)有损害事实

有损害事实即有侵害教育管理、教学秩序及从事教育教学活动的公民、法人和其他组织的合法权益的客观事实存在。这是构成教育法律责任的基本前提条件。通常，教育法律责任损害的事实包括：①损害是已发生的、客观存在的，将来的损害如果必然发生，也视为已经发生的现实损害。例如，对未成年人造成的身心摧残，就其将来就业能力而言，就是确定的、现实的损害。②损害的权益是受教育法律保护的权益，是责任人侵犯了教育法律规定的权利和违反了教育法律规定的义务所承担的实际后果。

(二)损害的行为必须违反教育法

损害的行为必须违反教育法即责任人实施了违反教育法律规定的行为。如果责任人的行为违反了其他法律，而未触及教育法，他所应承担的就不是教育法的法律责任，而是其他法律责任，这是构成教育法律的前提条件。这里的违法行为包括直接违反宪法，教育法律、法规的作为和不作为。

(三)行为人主观上有过错

这里的过错是就行为人造成他人损害时的心理状态而言的。它是指侵害行为出于主观上的恶意，希望或促成损害的发生；如殴打教师和学生，或教师体罚学生，情节严重的。过失有广义、狭义之分：广义的过失包括故意；狭义的过失是指对于可能发生的损害应当预见而未预见，或已经预见而轻信自己能够避免。例如，学校应对全体教职员工和学生进行安全教育和制定应急防范措施而未做，对存在的安全隐患不加整改，造成严重后果的。例如，教师在教育方式不当，对学生进行人格侮辱后，学生因不堪忍受而自杀。

(四)违法行为与损害事实之间具有因果关系

可以这样说，违法行为是导致损害事实发生的原因，损害事实是违法行为造成的必然结果，二者之间存在着必然的因果关系。前者决定后者的发生，后者是前者的必然结果，因果关系是承担法律责任的重要条件之一。

四、教育法律责任的归责原则

法律责任的归责原则是指确认和承担法律责任时必须依照的标准和

准则。学校教育活动中产生的法律责任绝大多数情况下都是侵权导致的民事法律责任，根据我国《民法通则》，这种民事法律责任的追究，主要适用过错责任原则、过错推定原则、公平责任原则和无过错责任原则。

(一)过错责任原则

所谓过错责任，是指以过错作为归责的构成要件和归责的最终要件，同时，以过错作为确定行为人责任范围的重要依据。我国《民法通则》第一百〇六条规定："公民、法人由于过错侵害国家的、集体的财产，侵害他人财产、人身的，应当承担民事责任。"这一规定表明我国民事立法已将过错责任原则以法律形式固定下来，确认了它作为一般归责原则的法律地位。

(二)过错推定原则

推定，是指根据已知的事实所进行的推断和确定。过错推定，也称为过失推定，是指如果原告能证明其所受的损害是由被告所致，而被告不能证明自己没有过错，则应推定被告有过错并应承担民事责任。我国《民法通则》第一百二十六条规定："建筑物或者其他设施以及建筑物上的搁置物、悬挂物发生倒塌、脱落、坠落造成他人损害的，它的所有人或者管理人应当承担民事责任，但能够证明自己没有过错的除外。"这一规定以立法的形式确认了过错推定原则的合法地位。

(三)公平责任原则

公平责任是指当事人双方在造成损害时均没有过错的情况下，由人民法院根据公平的原则，来判定当事人对受害人的财产损失给予适当的补偿。《民法通则》第一百三十二条规定："当事人对造成损害都没有过错的，可以根据实际情况，由当事人分担民事责任。"这一规定是公平责任原则的重要法律依据。此外，《民法通则》在多个条文中都规定了公平责任，从而使公平责任上升为一项归责原则。

(四)无过错责任原则

无过错责任，也称为无过失责任，是指当损害发生后，当事人无过错也要承担责任的一种法定责任形式，其目的在于补偿受害人受到的损失。我国《民法通则》第一百〇六条规定："没有过错，但法律规定应当承担民事责任的，应当承担民事责任。"这一规定是无过错责任原则的法律依据。

阅读资料：

除了在民事法律责任中有无过错责任原则之外，在刑事法律责任中也有无罪过责任，它具体可区分为严格责任和替代责任。严格责任是指不考虑行为人的主观态度和心理状况，仅据其行为危害结果确定犯罪和刑事责任。替代责任是指本人无罪过，但仍要对他人如下属或成员的犯罪行为承担刑事责任。对民事法律责任和刑事法律责任中确定的这种无过失或无罪过责任的研究，也影响到行政法律责任的研究。有人提出，由于行政法律的主要作用在于预防、制止比犯罪更轻微的违法行为，所以，只要有违法的外部形式和社会危害性，就足以构成行政法律责任，而不论其行为人主观上是否过失或故意。

追究法律责任只有遵循上述原则，严格依据法律，根据违法行为的性质、种类和社会危害程度，实事求是地追究违法者的法律责任，使其得到相应的法律制裁，才能真正有效地教育公民，减少违法犯罪活动。

除此之外，在我国的法律实践中，确认和承担法律责任还需要遵循下列几项重要的原则：

①责任法定原则，即法律责任必须在法律上有明确具体的规定，任何人都不得向他人实施和追究法律明文规定以外的责任。

②责任自负原则，即只有实施了违法行为的人才独立承担相应的法律责任；在追究当事人法律责任时不允许株连他人。

③违法行为与法律责任相适应原则。

④责任平等原则。任何违法行为都必须受到追究，任何人都没有逃避法律责任的特权。

⑤惩罚与教育相结合原则。对违法的惩罚只是手段，目的是教育违法者和其他公民避免重蹈覆辙，增强守法的自觉性。

五、教育法律责任的形式

教育法律责任的形式是指法律对教育违法者追究法律责任的具体方式或措施。教育法律责任的形式有制裁、补救和强制。

（一）制裁

制裁即惩罚，是最严厉的责任形式。制裁的作用主要是预防和矫正。当教育法律关系受到破坏已无法挽回，教育秩序、教育教学活动遭到严重破坏时，执法只能通过制裁表明秩序的不可侵犯性，以儆效尤。制裁手段表现在教育法律责任上有以下四种形式。

1. 对人身的制裁（人身罚）

例如，《教育法》第七十二条规定："结伙斗殴、寻衅滋事，扰乱学校及其他教育机构教育教学秩序或者破坏校舍、场地及其他财产的，由公安机关给予治安管理处罚；构成犯罪的，依法追究刑事责任。"这就是对人身的制裁。

2. 限制行为能力（能力罚）

限制行为能力包括吊销许可证，取消考试、入学报名资格，取消颁发证书的资格，停考，撤销招生工作职务等。《教育法》第八十条规定："违反本法规定，颁发学位证书、学历证书其他学业证书的，由教育行政部门宣布证书无效，责令收回或者予以没收；有违法所得的，没收违法所得；情节严重的，取消其颁发证书的资格。"

3. 剥夺财产（财产罚）

剥夺财产包括罚款、没收财产、没收非法所得、没收违法工具等。《义务教育法》第五十六条规定："学校以向学生推销或者变相推销商品、服务等方式谋取利益的，由县级人民政府教育行政部门给予通报批评；有违法所得的，没收违法所得；对直接负责的主管人员和其他直接责任人员依法给予处分。国家机关工作人员和教科书审查人员参与或者变相参与教科书编写的，由县级以上人民政府或者其教育行政部门根据职责权限责令限期改正，依法给予行政处分；有违法所得的，没收违法所得。"

4. 申诫罚

申诫罚包括取消荣誉称号、谴责、通报、训诫、责令道歉、警告等。《高等教育自学考试暂行条例》规定："高等教育自学考试应考者在考试中有夹带、传递、抄袭、换卷、代考等舞弊行为以及其他违反考试规则的行为，省考委视情节轻重，分别给予警告等处罚。"

（二）补救

补救是责令教育法律关系主体停止继续违反教育法律规范的行为，并通过一定方式的作为来弥补造成的损害。补救的主要作用是制止对教育法律关系的侵害以及恢复有序的教育法律关系。补救的手段包括财产上的赔偿、补偿，精神上的慰藉以及对不法行为的否定。

1. 财产上的补救

财产上的补救主要包括返还财产、恢复原状、支付赔偿金、赔偿损失、对合法行为造成的损失给予补偿等。

2. 精神补救

精神补救是对违法侵害公民、法人或其他组织姓名权、名誉权、名称权、荣誉权等所给予的补救，主要指消除影响、恢复名誉、赔礼道歉等。

3. 对违法行为的否定

对违法行为的否定主要指停止侵害、纠正不当（例如，宣告不当行为无效，撤销、变更不当决定，裁决停止执行错误的决定）、排除妨碍、消除危险、返还权益等。《教育法》第七十九条规定："在国家教育考试中作弊的……非法举办国家教育考试的，由教育行政部门宣布考试无效。"

(三) 强制

强制是指迫使违法者履行原有的教育法定义务或新追加的作为惩戒的义务。它与制裁不同，从教育法的权利、义务角度说，制裁实际上是对违法者权利的剥夺，或者是使违法者承担一项新的义务，目的是使违法者引以为戒，今后不再犯。强制却不如此，一般来说，强制是强迫违法者履行教育法定义务，包括因制裁而引起的新义务，从这点上说，强制是使违法者承担责任的最后手段。

制裁与强制的区别主要体现在：

强制的实质在于强制违法者履行其依法应当履行的义务，而制裁的实质则是剥夺违法者的某种权利。例如，教育行政机关对违法者的财物采取的冻结、划拨等强制措施，都是限制违法者财产的使用权，以保证以后制裁决定的执行或达到违法者主动缴纳相同款项的状态。而作为制裁的罚款、没收等形式则剥夺了违法者财产的所有权。

强制一般是在案件查处过程中采取的措施，而不是对违法者的问题作出处理或结论。例如，《义务教育法》第五十八条规定："适龄儿童、少年的父母或者其他法定监护人无正当理由未依照本法规定送适龄儿童、少年入学接受义务教育的，由当地乡镇人民政府或者县级人民政府教育行政部门给予批评教育，责令限期改正。"这里就是指强制。而制裁则是在案件查清之后，对违法者作出的惩罚。例如，《义务教育法》第六十条规定："违反本法规定，构成犯罪的，依法追究刑事责任。"在这里，对构成犯罪的，依法追究刑事责任，就是制裁。

第二节　教育法律责任主体应承担的责任

教育法律责任主体，是指承担教育法律责任的对象。根据我国教育法律、法规的有关规定，教育法律责任主体的范围包括国家教育行政机关和其他国家机关及其工作人员，实施教育教学活动的学校、校长和教师、学生、义务教育阶段适龄儿童、少年的父母或其他监护人，其他负有遵守教育法义务的公民和法人。

从教育法律关系及法律责任内容的角度来看，各教育法律责任主体可能承担的具体责任包括以下几方面。

一、教育行政机关和其他行政机关的法律责任

行政机关承担法律责任主要是补救性的，其实际做法包括：承认错

误、赔礼道歉、恢复名誉、消除影响、履行职务、撤销违法决定、纠正不正当行为、返还权益、赔偿等。从国内外的教育法律实践看，赔偿是行政法律责任的最主要形式之一，也是一种非常重要的补救措施。

对教育行政机关及其他国家机关，法律、法规尚无制裁性法律责任形式。目前个别法律、法规的规定及实际做法有：通报、改组、撤销和经济制裁等。对于强制性法律责任形式，依照《行政诉讼法》的规定，行政机关拒绝履行判决、裁定的，第一审人民法院可以采取以下措施：①对应当归还的罚款或者应当给付的赔偿金，通知银行从该行政机关的账户内划拨；②在规定期限内不履行的，从期满之日起，对该行政机关按日处 50 元至 100 元的罚款；③向该行政机关的上一级行政机关或者监察、人事机关提出司法建议，接受司法建议的机关，根据有关规定进行处理，并将处理情况告知法院；④拒不履行判决、裁定，情节严重构成犯罪的，依法追究主管人员和直接责任人员的刑事责任。

二、教育行政机关和其他行政机关的工作人员的法律责任

对行政工作人员的制裁性法律责任主要有：警告、记过、记大过、降级、降职、撤职、开除公职等。补救性法律责任形式，依据《行政诉讼法》的规定，行政机关工作人员作出的具体行政行为侵犯公民、法人或者其他组织的合法权益造成损害的，由该行政机关工作人员所在的行政机关负责赔偿。行政机关赔偿损失后，应当责令有故意或者重大过失的行政机关工作人员承担部分或者全部赔偿费用。

三、实施教育教学活动的学校与校长的法律责任

学校承担的制裁性教育法律责任主要有：通报批评、整顿（含领导班子的整顿）、勒令停办停招、取缔，取消学校发放毕业证书和其他学业证书的资格，宣布考试无效或取消举办考试资格，没收违法所得等。对国家设立的普通全日制学校，一般不宜采取罚款或取缔的处罚形式，对这类学校的处罚不能影响其完成国家教育任务及义务教育制度的实施，不能使学校和几个人的过错而造成的处罚影响学生受教育的权利。可依违法的性质和程度给予相应的行政、民事乃至刑事处罚，其承担形式有：撤销行政职务、行政处分、罚款、刑事制裁等。例如，《教育法》第七十三条规定："明知校舍或者教育教学设施有危险，而不采取措施，造成人员伤亡或者重大财产损失的，对直接负责的主管人员和其他直接责任人员，依法追究刑事责任。"再如，《教育法》第七十七条规定："在招收学生工作中徇私舞弊的，由教育行政部门责令退回招收的人员；对直接负责的主管人员和其他直接责任人员，依法给予行政处分"。这是行政法律责任。《教育法》第八十一条规定，对侵犯教师、学生合法权益造成损失的，

应依法承担民事责任。

阅读资料：

学校处分教师不当，侵犯教师权益❶

某镇中心小学为了提高教学质量，规定各学科学生期末全镇统考成绩排在全镇同年级、同学科后三位的教师扣发当月奖金并全校通报批评。四(4)班数学教师李某所带的学生数学统考成绩平均为82分，但排在全镇倒数第二名。学校按规定扣发了李某当月奖金并通报批评。李某不服，向县教委提出了申诉。理由有三：

①李某所带学生的数学平均成绩为82分，达到了良好水平，应视为较好地完成了教学任务，不应受到惩罚；

②各教学班生源水平不一，李某在四年级接班时，该班三年级期末考试数学平均分比年级平均分低5分，而现在只比年级平均分低1分，缩小了差距；

③《教师法》规定，只有故意不完成教育教学任务，给教育教学工作造成损失的才由教育行政部门给予行政处分或者解聘。李某认为自己工作刻苦认真，所带学生数学成绩有进步，平均分达到良好水平，不应受到处分，要求学校补发奖金并为其恢复名誉。

县教委接受李某的申诉后，经过认真调查，李某申诉的情况属实，责令学校补发李某奖金并为其恢复名誉，并要求学校废除末位惩罚的不合理规定。

四、教师的法律责任

对教师追究其教育法律责任的形式主要有：撤销或取消教师资格、行政处分或者解聘。《教师资格条例》第十九条规定，对弄虚作假、骗取教师资格的，品行不良、侮辱学生、影响恶劣的，撤销其教师资格，并在5年内不得重新申请认定教师资格。《教师法》第三十七条规定，对故意不完成教育教学任务，给教育教学工作造成损失的，体罚学生经教育不改的，品行不良、侮辱学生、影响恶劣的，给予行政处分或者解聘，对后两项行为情节严重构成犯罪的，依法追究其刑事责任。

五、学生的法律责任

由于学生是特殊的教育法律责任主体，他们既不是工作人员，又没有固定的经济收入，对学生违反教育法律、法规的行为，既不能采取一

---

❶ 李晓燕.教育法学[M].北京：高等教育出版社，2006：257.

般的行政处分形式，也不宜采用罚款形式，一般采用纪律处分，如警告、记过、留校察看。需要指出的是，对学生的纪律处分，是否是追究学生违反教育法律法定义务的责任承担形式，尚有争议，但经过法定程序所授权的"学校纪律处分"，已不是一般意义上的纪律处分，即使尚未明确授权，但其实质仍然是对违反法定义务的一种处罚，而这种处罚恰恰是教育法律责任所特有的。

六、家长或其他监护人的法律责任

监护人本身并不负有接受义务教育的义务，但因其监护的对象是处在接受义务教育的法定年龄段的学龄儿童，因而就要对监护对象不到学校接受义务教育承担法律责任，这在多数国家的教育法中都有类似规定。例如，英国的《1944 年教育法》规定，在学校注册的学生有属于义务教育年龄的儿童不能按学校规定到校上学者，该儿童的家长即成为违反本条例规定的违法者。依据我国《义务教育法实施细则》的规定，适龄儿童、少年的父母或者其他监护人未按规定送子女或其他被监护人就学接受义务教育的，应对其进行批评教育，经教育不改的，可视具体情况处以罚款并采用其他措施使儿童、少年就学。

阅读资料：

学校起诉家长不送子女入学案❶

江西瑞金郊区的张氏夫妇在镇里开了个副食批发店，生意红火。由于缺少人手，夫妇俩常忙得团团转。张某于是把目光投到七年级的儿子和八年级的女儿身上，心想两个孩子学习成绩不怎么样，何况识几个字未必就能发家致富。于是在他的安排下，两个孩子辍学在家帮父母打理生意。

张家两个子女辍学经商后，学校多次派领导、教师去张家做思想工作，要求张氏夫妇让子女回校完成九年义务教育。张氏夫妇置若罔闻。学校只得把情况反映到镇政府。镇政府派人对张家做思想工作，要求张氏夫妇把子女送到学校接受义务教育。对此，张氏夫妇仍未加以理睬。

1997 年 2 月，在多方劝说无效的情况下，学校只得向法院起诉，要求张氏夫妇让子女完成规定的九年义务教育。

七、其他负有遵守教育法义务的公民和法人的法律责任

依据侵犯教育法的内容和性质来分，违反教育经费管理规定的，包

---

❶ 李晓燕. 教育法学[M]. 北京：高等教育出版社，2006：261～262.

括不按规定划拨教育经费，侵占、克扣、挪用教育经费，拖欠教职工工资、不按规定收费等，对其直接负责的主管人员和其他责任人员，给予行政处分，情节严重构成犯罪的，追究刑事责任；破坏学校正常教育教学秩序的，非法侵害学校权益的，侵犯教师、学生合法权益的等，将依法承担刑事法律责任、民事法律责任、行政法律责任。

第三节　常见的教育法律责任的认定

教育法律责任的认定，就是认定哪些是违反教育法的行为和由谁来追究这些违法行为的法律责任。本文仅就教师可能成为教育法律责任主体或直接关系到教师个人权益的有关教育法律做简要分析。

一、扰乱教育秩序，破坏、侵占学校财产的法律责任

(一)《教育法》第七十二条：结伙斗殴，寻衅滋事，扰乱学校及其他教育机构教育教学秩序的

1. 行为分析

上述行为，主要表现为在学校及其他教育机构内或周围结伙斗殴、寻衅滋事。所谓结伙斗殴，是指出于私仇宿怨或其他动机而成帮结伙地进行斗殴；所谓寻衅滋事，是指在学校及其他教育机构无事生非，肆意挑衅，起哄捣乱，进行破坏骚扰，如无理取闹，调戏女学生等。

学校及其他教育机构内部工作人员实施上述行为，一般是因与领导或同事之间闹矛盾、纠纷或者因对工资、待遇等方面不满。其他单位的人员实施上述行为，有的是因为私怨，有的是因单位与学校及其他教育机构之间闹纠纷，还有的纯属无理取闹，扰乱教育秩序，违反了《教育法》《治安管理处罚法》或《刑法》。

2. 法律责任主体

法律责任主体主要是实施上述违法行为的公民个人，包括社会人员和学校、其他教育机构的工作人员以及其他单位的直接责任人员。

3. 执法机关及处理

根据情节轻重及危害后果，分别给予以下处理：①情节较轻，危害后果和影响不大，可由主管部门批评教育直至行政处分；②情节较重，致使学校及其他教育机构的教育教学秩序、工作秩序遭到破坏，正常工作无法进行，或者造成其他危害后果的，由当地公安机关给予治安管理处罚；③情节严重构成犯罪的，由人民法院给予刑事制裁。

(二)《教育法》第七十二条：破坏校舍、场地及其他财产的

1. 行为分析

上述行为是指偷盗、抢夺或哄抢，毁损学校房屋、设备、教学器材

或其他物资，使校舍、场地及其他财产的价值或使用价值部分或全部地丧失。情节较轻的，是一般违反治安管理的行为；情节较重构成犯罪的，是故意毁坏财物罪。

2. 法律责任主体

法律责任主体主要是实施上述违法行为的公民个人，具体同上一行为的主体。

3. 执法机关及处理

根据情节轻重及危害后果，分别给予处理，具体执法机关及处理同上一行为所述。

二、使用危险教育设施造成人员伤亡或重大财产损失的法律责任

(一)行为分析

使用危险房屋进行教育教学活动，违反了《教育法》，同时违反了《未成年人保护法》。明知校舍或者教育教学设施有危险，而不采取措施，造成人员伤亡或重大财产损失的，属于犯罪行为，按玩忽职守罪论处。犯罪的主观方面，是明知有危险，却放任或者轻信能够避免危害后果发生。犯罪的客观方面，是责任主体的行为，一般表现为严重不负责任，不履行或不正确履行职责，即不采取任何措施，听之任之，漠不关心，或者认为可以侥幸避免危险，主要情形有：①负责房屋维修及教育教学设施的购买、保管、维护的单位和个人，不认真履行职责，发现隐患不及时报告或通知有关人员的；②设计、建造校舍及设计、生产教育教学设施的单位及个人，在设计、建造、生产过程中因设计失误、粗制滥造及偷工减料造成安全的隐患，已发现、察觉有危险而不及时采取补救措施或故意隐瞒真相，欺骗学校及有关人员的；③学校及其他教育机构的负责人、教师及其他员工，已经知道或发现校舍、教育教学设施不安全，可能发生危险事故，不及时报告或采取有效措施进行预防和修缮的；④教育及其他有关主管部门、当地人民政府的有关负责人员，在得知有关事故隐患或险情报告后，推脱搪塞，久议不决或玩忽职守及严重官僚主义的。以上犯罪行为侵犯了学校及其他教育机构的正常教育活动，侵犯了受教育者的人身权利，对公共财产、国家和人民的利益造成重大损失。司法实践中，造成人员伤亡或者重大财产损失，一般是指死亡一人以上或者重伤三人以上的，直接经济损失5万元以上的情形。

(二)法律责任主体

该种犯罪行为的主体包括教育主管部门、基层人民政府、学校及其他教育机构的负责人或其他责任人员。

（三）执法机关及处理

由人民法院对明知校舍或者教育教学设施有危险，而不采取措施，造成人员伤亡或者重大财产损失的直接负责的主管人员和其他直接责任人员，追究刑事责任。

三、违法办学，招生，颁发学业、学位证书及向学生收费的法律责任

（一）《教育法》第七十五条：违反国家有关规定，举办学校或者其他教育机构的

1. 行为分析

根据《教育法》规定，设立学校必须具备应有的基本条件，包括有组织机构和章程，有合格的教师，有符合规定标准的教学场所及设施、设备，有必备的办学资金和稳定的经费来源。管理上实行批准设立制度和登记注册制度。举办教育机构，必须经主管机关批准或者经主管机关登记注册才能取得合法地位，并受法律保护。违背《教育法》及其他有关法律、法规、规章关于教育机构设置管理的规定举办的学校或其他教育机构是非法的。非法举办学校及其他教育机构的行为主要有：①不经批准或登记注册擅自举办教育机构，并且经教育主管部门责令限期改正而逾期不予改正的；②不符合国家规定的设置标准，弄虚作假，骗取主管机关批准或登记注册的；③实施了以营利为目的的办学行为。

2. 法律责任主体

法律责任主体主要包括实施上述行为的企事业单位、社会团体、其他社会组织、公民个人以及一些国家机关。

3. 执法机关及处理

对非法举办的学校，由教育行政部门予以撤销；对有违法所得的，由教育行政部门或政府授权的其他行政机关没收违法所得；由主管部门追究直接负责的主管人员和其他直接责任人员的行政责任，依法给予行政处分。

（二）《教育法》第七十六条：违反国家有关规定招收学员的

1. 行为分析

违反国家规定招收学员的行为，是指未经有关部门批准而招收学员，以及未按批准的范围、层次、人数等招收学员，违反了《教育法》，主要情形有：①未经批准，不具备办学资格和相应办学权限的主体乱办学、乱办班、违法招生；②擅自更改招生计划，超额、超计划招生；③违反有关规定，招收旁听生、试读生，办"超前班"或利用函授、夜大的生源计划办脱产班；④应纳入统一招生范围的，不通过统一入学考试自行招

生；⑤办专业证书班，不按规定履行审批手续，擅自降低入学条件；⑥弄虚作假，混淆学历教育与非学历教育的界限，进行欺骗招生；⑦其他违反规定乱招学员，给招生管理带来损害和在社会上造成不良影响的。

2. 法律责任主体

法律责任主体主要包括实施上述行为的学校及其他教育机构或其他社会组织和个人。

3. 执法机关及处理

由教育行政部门责令退回招收的学员，退还所收取的费用；由主管部门对直接负责的主管人员和其他直接责任人员，依法给予行政处分。

(三)《教育法》第八十条：违反本法规定，颁发学位证书、学历证书或者其他学业证书的

1. 行为分析

学业证书制度和学位制度是我国的基本教育制度。根据《教育法》规定，颁发学业证书有三个法律要件：一是必须"经国家批准设立或认可"；二是必须是"学校及其他教育机构"，而不能是其他机关、部门或单位；三是按照国家有关规定颁发，不得随便颁发。三个要件缺一不可，必须同时具备才行。违法颁发学位证书、学历证书或其他学业证书的主要情形有：①不具有颁发学业证书和学位证书资格而发放学业证书、学位证书；②伪造、编造、买卖学业证书、学位证书；③在颁发学业证书、学位证书中弄虚作假、徇私舞弊；④对不符合规定条件的受教育者和其他人员颁发学业证书、学位证书；⑤滥发学业证书、学位证书，从中牟利。

2. 法律责任主体

法律责任主体主要是学校、其他教育机构及其工作人员。

3. 执法机关及处理

执法机关根据具体情节予以如下处理：①由教育行政部门宣布证书无效，责令收回或者予以没收。教育行政部门对违反规定颁发的学业证书，可采取下达通知、公告等方式不予承认；责令违法颁发证书的机构收回已颁发的证书或者由教育行政部门直接予以没收。②对学校及其他教育机构、有学位授予权的科研机构，在违法颁发证书过程中有违法所得的，由教育行政部门或授权的其他国家机关没收违法所得。③对情节严重的，由教育行政部门取消其颁发学业证书的资格。

(四)《教育法》第七十八条：学校违法向学生收费的

1. 行为分析

学校及其他教育机构违反国家有关规定向受教育者收取费用，主要指违反国家有关收费范围、收费项目、收费标准以及有关收费事宜的审批、核准、备案以及收费的减免等方面的规定，自立收费项目或超过收费标准，非法或不合理地向受教育者收取费用。这种行为不仅给受教育者的财产权益带来损害，有时也给其受教育权益带来损害，是《教育法》明令禁止的行为。

2. 法律责任主体

法律责任主体包括国家、社会力量和个人举办的各级各类学校及其他教育机构。

3. 执法机关及处理

由主管的教育行政部门责令违法学校退还所收费用，并对直接负责的主管人员和其他直接责任人员，依法追究行政法律责任，给予行政处分。

四、招生考试中舞弊、作弊的法律责任

(一)《教育法》第七十七条：招生工作中徇私舞弊的

1. 行为分析

在招生工作中的徇私舞弊，主要指主管、直接从事和参与学校及其他教育机构统一招生工作的人员，违反招生管理的有关规定和要求，利用职权或工作之便，为了达到使考生或其他人员被学校及其他教育机构招收录取等个人目的，故意采取隐瞒、虚构、篡改、泄露、提示、协助考生作弊等手段，在招生考试、考核、体检、保送生推荐等各个环节实施歪曲事实、掩盖真相、以假乱真等违法渎职行为，使不应该被招收录取的考生及其他人员被招收录取，或使符合招收录取条件的考生及其他人员未被招收录取。

2. 法律责任主体

法律责任主体包括学校及其他教育机构的工作人员、教育行政机关及招生部门的工作人员等。

3. 执法机关及处理

对在招收学生工作中徇私舞弊的违法行为人，根据其情节后果的轻重，决定适用行政制裁或刑事制裁，分别给予以下处理：①由教育行政部门责令退回招收的人员；②由教育行政部门或主管部门对直接负责的主管人员和其他直接责任人员，依法给予行政处分；③对构成犯罪的，由人民法院依法追究刑事责任。

(二)《教育法》第七十九条：在国家教育考试中作弊的

1. 行为分析

在国家考试中作弊，一是指考生在考试活动中的违反考场纪律的行为，如夹带试卷、抄袭他人答案、交换答卷等行为；二是与国家教育考试活动相关的国家机关及其工作人员、学校及其他教育机构在考试活动

中的欺骗、蒙混行为，还有指使、纵容、授意放松考试纪律，致使考试纪律混乱的行为，以及伙同他人舞弊的行为。

2. 法律责任主体

法律责任主体包括考生、与国家考试相关的国家机关、学校及其工作人员。

3. 执法机关及处理

由教育行政部门宣布考试无效；由教育行政部门或主管部门对直接负责的主管人员和其他直接责任人员，依法给予行政处分。

五、使用未经依法审定的教科书造成不良影响的法律责任

（一）行为分析

教科书是教与学的最基本的范本，在很大程度上决定教育的质量。《义务教育法》规定，义务教育教科书要经国务院教育主管部门审定或授权省级教育主管部门审定。使用未经依法审定的教科书造成不良影响，是指替代或妨碍审定教科书的使用，降低了教育质量，损害青少年身心健康等。

（二）法律责任主体

法律责任主体包括学校、教师及指定或授意学校使用未经依法审定的教科书的教育行政部门、教研机构的有关责任人员。

164

（三）执法机关及处理

由地方人民政府、教育行政部门对有关责任人员给予行政处分。例如，使用教材为非法出版物，由教育行政部门会同出版行政部门给予行政处分或行政处罚。

六、教师违反《教师法》的法律责任

（一）行为分析

教师违反《教师法》应承担法律责任的情况主要有三种。①第三十七条第一项，"故意不完成教育教学任务给教育教学工作造成损失的"，是指教师明知自己的行为会给教育教学工作造成损失的后果，而追求这种后果的发生。这里所说的教育教学任务，是依照聘任合同的约定或岗位职责所明确的教师应当完成的教育教学任务。②第三十七条第二项，"体罚学生，经教育不改的"。体罚学生，是指教师以暴力的方法或以暴力相威胁，或以其他强制性的手段，侵害学生的身体健康的侵权行为。教师偶尔轻微体罚学生，没有后果，且经教育改正的，不视为构成此项违法行为。③第三十七条第三项，"品行不良、侮辱学生，影响恶劣的"，指

教师的人品或行为严重有悖于社会公德和教师的职业道德，严重有损为人师表的形象和身份，在社会上和学生中产生恶劣影响的行为。

（二）法律责任主体

法律责任主体是实施违法行为的教师本人。

（三）执法机关及处理

①各级各类学校及其他教育机构的教师凡有上述三种违法行为之一的，按现行教师管理权限，由所在学校、其他教育机构或教育部门分别给予行政处分或解聘。解聘包括解除岗位职务聘任合同、由学校或其他教育机构另行安排其他工作；也包括解除教师聘任合同，被解聘后另谋职业。②教师有上述三种违法行为中的后两种行为，情节严重构成犯罪的，由人民法院追究刑事责任。③教师有上述违法行为，对学校、其他教育机构和学生造成损失或损害的，还应当依照《民法通则》的有关规定赔偿损失，消除影响，恢复名誉，可由学校或教育行政部门处理，也可由人民法院强制执行。

阅读资料：

女教师因作业强令学生轮流扇男孩耳光❶

2012年12月11日，在某镇九年制学校上学的小明因最近的作业都没有按时完成，惹恼了罗老师。罗老师掌掴小明后，还让全班50名同学依次打小明耳光……在被打耳光的那天，小明写道："今天中午被打过脸，最后不知道同学为什么笑我，说我的脸肿了。我不信，回家照镜子一看，吓了我一大跳。脸青了……"事发后第三天，小明脸上被打的痕迹仍然明显。

学校一名杨姓代班校领导说："老师打学生的事属实。"12月17日，学校已让涉事教师在全校教职工大会上做了检讨，并对其作出了停课的处理。事发后，某市教育局立即召开专题会议，传达省、市领导的批示精神，听取某区教育局情况汇报及处理意见。某市教育局指出，该事件性质严重，影响恶劣，要求某区教育局按照《教师法》等相关法规，对当事人及学校负责人严肃处理，并将处理意见及时上报。会后，某市教育局、某区教育局主要领导到医院看望慰问受伤学生，向该学生及家长道歉。

❶ 华商报，2012-12-19.

七、侮辱、殴打教师的法律责任

(一)行为分析

侮辱教师,是指公然贬低教师的人格,破坏教师的名誉。所谓"公然",就是在众多的人面前,或者是在可能使众多的人知道的情况下进行的。公然侮辱并不一定要求被害人在场,关键是侮辱被害人的内容已被众多的人知道,从而使被害人的人格、名誉受到损害。侮辱的方式可以归纳为三种:①行为侮辱,即对被害人施以一定的行为而使其人格、名誉受到损害,如强制被害人作出某些损害其自身人格或名誉的举动。②言辞侮辱,即以对被害人进行嘲笑、辱骂而使其人格、名誉受到损害。③图文侮辱,即以漫画、大小字报等图文形式对被害人进行侮辱。殴打教师,是以暴力方法侮辱教师,或故意非法伤害教师人身健康。侮辱、殴打教师是侵犯人身权利的违法行为。

(二)法律责任主体

法律责任主体指实施上述行为的公民个人。

(三)执法机关及处理

对侮辱、殴打教师的,应根据不同情况,依法追究其相应的法律责任:①对于国家机关工作人员或者企事业单位、社会团体等社会组织的人员侮辱、殴打教师的,应由其所在单位给予相应的行政处分。②对于违反《治安管理处罚法》殴打教师,造成轻微伤害的;公然侮辱教师,侵犯教师人身权利,尚不够刑事处罚的,依照该法第四十三条,"殴打他人的,或者故意伤害他人身体的,处五日以上十日以下拘留,并处二百元以上五百元以下罚款;情节较轻的,处五日以下拘留或者五百元以下罚款",由公安机关依法处理。③对于侮辱、殴打教师造成损害的,应当依照《民法通则》的规定,由人民法院追究民事责任。其中造成人身伤害的,应当赔偿医疗费、因误工减少的收入等费用;造成教师的姓名权、肖像权、名誉权、荣誉权受到损害的,应当停止侵害,恢复名誉,消除影响,赔礼道歉,并应赔偿相应的精神损失。④对于侮辱、殴打教师情节严重构成犯罪的,由人民法院依法追究刑事责任。

八、报复教师的法律责任

(一)行为分析

申诉、控告、检举是教师的一项公民权利。对依法提出申诉、控告、检举的教师打击报复,是指国家工作人员、学校和其他社会组织的负责人以及其他行使一定职权的人员,故意滥用自己的职权对申诉人、控告人、检举人实施报复陷害,致使他人的合法权益蒙受损害的违法行为。

(二)法律责任主体

法律责任主体主要包括学校负责人、教育行政部门工作人员及其他国家工作人员。

(三)执法机关及处理

对打击报复教师的，由所在单位或上级机关责令其改正；情节严重的，由所在单位或上级机关根据具体情况给予行政处分。对国家工作人员打击报复教师构成犯罪的，依照刑法规定，以报复陷害罪，处二年以下有期徒刑或者拘役；情节严重的，处二年以上七年以下有期徒刑。

九、拖欠教师工资的法律责任

(一)行为分析

拖欠教师工资，是指未按时、足额地支付教师工资报酬，包括基础工资、岗位职务工资、奖金、津贴和其他各种政府补贴等。拖欠教师工资主要有两种情况：一是地方人民政府违反法律规定，拖欠教师工资；二是违反国家财政制度、财务制度，挪用国家财政用于教育的经费，拖欠教师工资。拖欠教师工资，是侵害教师合法权益的违法行为。不仅侵害了教师获取劳动报酬的基本权利，危及教师及其家庭的生计，还严重影响教师队伍的稳定和教育教学工作的正常进行，损害了党和政府的威信。

(二)法律责任主体

法律责任主体主要是地方人民政府或挪用教育经费的有关责任人员。

(三)执法机关及处理

①对违反法律规定，拖欠教师工资的，无论是政府及其有关部门，还是学校及其他教育机构，无论是公办学校还是民办学校，均由地方人民政府责令其限期改正；当地政府拖欠的，由上一级人民政府责令其限期改正。②对于违反国家财政制度、财务制度，挪用国家财政用于教育的经费，拖欠教师工资的，由上级机关责令限期归还挪用的经费，并根据具体情况对直接责任人员给予行政处分。情节严重，构成犯罪的，由人民法院追究刑事责任。

第四节　学生伤害事故处理的法律问题

一、学生伤害事故的类型

学生伤害事故是指学生在校期间所发生的人身伤害事故。在国外，随着近年来学校事故的增加，学生伤害事故的处理已成为学校法律活动的一个重要方面。

学生伤害事故发生的范围、种类是极其复杂的。有与学校的设施、设备有关的学校事故,这是由于学校设施、设备不全,建筑物倒塌、火灾等原因造成的学生人身伤害事故;有与教职员有关的学校事故,这是教职员在教育教学活动中故意或过失所造成的学生人身伤害的事故;有与学生本身有关的学校事故,如休息时间,学生之间的游戏、斗殴造成的学生人身伤害事故等。

下面就几种最常见的学生伤害事故发生的情况做些分析。

(一)运动伤害事故

上体育课,进行课外体育活动,由于多种原因,较易引起伤害。轻则擦伤、碰伤,重则残疾、死亡。在各种体育活动中,最容易引起伤害的,当属跳箱、体操、铁饼、标枪、球类、游泳等项目,因保护不力或活动器材简陋,常引起伤害事故。

(二)课余伤害事故

课余时间,学生在操场、走廊和楼梯旁嬉戏玩耍,或是自己不小心,或是他人推搡打闹,造成伤害。上海某小学学生下课时玩跷跷板,一学生不幸被另一学生从一米多高的跷跷板上推下来,脑部受损。家长告到法院,法院判决认为,肇事学生的家长要承担主要责任。

(三)校外活动伤害事故

与其他学校事故相比,学校组织的校外活动发生的事故上升得最快。校外活动事故有一个特点,即常常是重大伤亡事故,因而给社会带来不良影响。

二、学生伤害事故的原因分析

(一)制度不严,管理不善

制度不严,管理不善,是导致学校事故发生的重要原因之一。例如,学校本应该有严格的门卫制度,禁止无关的汽车进入,可是某县城中学课间休息时,门卫情面难却,私自将熟人儿子驾驶的汽车放入学校调头,结果将一学生腿骨撞断,休学半年。除了门卫制度外,学校还应建立教师值勤制度、食堂卫生制度(以防食物中毒事件发生)、宿舍管理制度等。

(二)设备陈旧老化,未及时修复或拆除

学校设备陈旧老化,又未能及时修复或拆除,这就为学校带来事故隐患。例如,某校操场上有一陈旧生锈的单杠,离旧单杠不远又竖起了新单杠,尽管教师几次教育学生不要去玩旧单杠,但一学生仍不听从劝阻,下课时爬上旧单杠,结果单杠断裂,摔成重伤。像这样的事,学生本人自然有责任,但学校也要负一定责任。

(三)校长、教师玩忽职守,工作责任心不强

从法律上讲,玩忽职守与工作责任心不强属于不同性质的行为,前

者为渎职行为，通常要承担法律责任，后者属于认识问题，主要给予批评教育。

(四)体罚或变相体罚

学校相当一部分事故是教师体罚或变相体罚行为所致。例如，陕西某农村小学学生胡某上课迟到，被教导主任王某用树枝、竹条抽打脸部，左眼被打瞎。除了类似的直接体罚外，学校还有大量的变相体罚，如罚站、罚抄作业等。

体罚一般属于故意行为，必须由教师本人承担责任。情节轻微的，予以批评教育，后果严重的，应依法追究行政责任或刑事责任。当然，很多时候不一定是体罚或变相体罚行为，而是教师教育方法不当，结果引发了事故。例如，教师教育学生时态度粗暴，使用侮辱性字眼，学生不堪忍受，自杀身亡。再如，教师常常占用课余时间令学生完成作业，放学晚又未采取相应的保护措施，使学生在路上不幸受到伤害等。

(五)安全保护措施不力

体育课、课间活动以及学校组织的校外活动，常常因为保护措施不力而引发事故。目前很多学校盖起高楼，学校也应加强安全教育，并采取相应的保护措施。

(六)学生体质特殊或有疾病

有些事故由学生体质特殊或疾病引起，对此，学校一般不承担责任。例如，某中学组织学生到县城参加集会，一女生表示不愿参加，却又说不出任何理由，因此学校未予批准。时值初夏，天气炎热，途中该生突然昏迷倒地，急送医院，抢救无效死亡。经检查，该生周身无汗腺，属特殊体质，热天体热无法散发，中暑而亡。事后家长告到法院，追究学校责任。法院裁决，该生及其家长从未将特殊体质一事告知学校，学校在不知情的情况下组织活动，属于正常教育行为，故对该生之死不承担法律责任。为防止这类事故的发生，学校应建立卫生保健制度。新生一入校，首先为学生建立卫生档案卡，特别注明其体质特征，如有无先天性心脏病、对青霉素针剂有无过敏史等。

(七)学生自尊心过强，心理承受能力过差

有些学生自尊心过强，或是心理承受能力过差，在家备受宠爱，到校后违反有关纪律，受到教师批评，一时想不开，走上绝路。某中学举行期中考试，一学生在试卷内夹带纸条，被监考教师发现，当场撕掉试卷，送至有关部门处理，后学校给予该生通报批评处理。该生当晚服农药自杀，学校和教师按规定办事，没有过失，对该生之死不负责任。不过，如果学校的工作做得更细致周到些，在一定程度上能减少这类事故

的发生。

三、处理学生伤害事故涉及的有关法律问题

（一）监护职责与教育保护职责是两种法律制度

学校作为进行教育的公共事业组织，其职责依法而定。法律是否规定学校有监护职责？所谓监护，是对未成年人和精神病人的人身、财产及其他合法权益进行监督和保护的民事法律制度。我国《民法通则》是根据亲权和亲属关系来设立监护制度的。所谓亲权是指父母对未成年子女的人身和财产的管教和保护的权利。首先，从监护主体看，我国民法规定了三类主体：第一，父母是未成年人的当然监护人；第二，亲属为未成年人的监护人，其条件是父母死亡，亲属包括直系亲属如祖父母、外祖父母，成年兄、姐或其他亲属；第三，作为例外，未成年人所在居委会、村委会或民政部门也可以作为监护人，条件是未成年人父母死亡后没有直系亲属或其他亲属。所以在一般情况下，我国的监护主体与亲属的人身关系密不可分，监护权是亲权和亲属权的延伸和补充。学校既与学生无人身关系，也非社会监护机构，故不能成为学生的监护人。其次，从监护人产生的方式看，我国民法规定了两种方式：一是法定，父母及其亲属为未成年人的法定监护人；二是指定，由父母所在单位、居委会或村委会在未成年人的亲属中指定监护人，如果亲属有争议则由法院通过裁定在亲属中指定监护人。所以，作为监护人产生的方式只有两种，即法定和指定。我国现行的《民法通则》没有规定学校是未成年学生的法定或指定监护人。《未成年人保护法》第十二条规定："父母或者其他监护人应当学习家庭教育知识，正确履行监护职责，抚养教育未成年人。"第十六条规定："父母因外出务工或者其他原因不能履行对未成年人监护职责的，应当委托有监护能力的其他成年人代为监护。"按照《民法通则》第十六条的规定，这种情况也应另行确定监护人。所以，学校依法不是未成年学生法定的或指定的监护人，故学校的法定职责中没有对未成年学生的监护权。

学校虽然没有监护职责，但是学校有法定的教育保护职责。教育保护，是《教育法》规定的国家和学校对学生人身安全给予保护的制度，包括国家教育保护和学校教育保护。学校的教育保护，是指学校作为承担公共教育职能的社会机构，由《教育法》等法律赋予的对在校学生的人身健康给予与学生的年龄相当的关注和照顾。我国的《教育法》《未成年人保护法》等法律均规定，学校对学生在教育、管理的同时，负有保护的职责。《未成年人保护法》还专设学校保护一章，对学校给予未成年人的保护加以特别规定。这是学校履行教育保护职责的依据。

因此，教育保护职责与监护职责是两个不同的法律范畴，学校没有法定的监护职责，而有法定的教育保护职责。

（二）监护职责与教育保护职责的区别

监护与教育保护虽然都是对未成年人的人身健康、安全给予照顾，使其免受非法侵害，但由于二者属于不同的法律制度，因而不能混用。

1. 监护和教育保护的主体和对象不同

监护的主体为自然人、与监护人有劳动关系或者有居住管辖（救助）关系的社会组织，被监护的对象则为未满18周岁的未成年人和精神病人。教育保护的主体则为国家和学校，其保护对象为在校学习的未成年和成年学生。

2. 监护和教育保护产生的根据不同

在我国，监护制度主要以亲权和亲属关系为基础，以血缘和身份关系为纽带，以民法为根据。教育保护则主要以学校与学生的教育关系为基础，以教育法为根据。

3. 监护和教育保护的法律关系的性质不同

监护为私法范畴，监护人和监护职责可以依法转移。教育保护为公法范畴，国家、教育行政机关和学校都不能放弃、转让教育保护职责。

4. 监护人和教育保护职责的产生方式不同

监护人产生有法定、指定两种方式。教育保护职责只有法定这一种方式。

5. 监护和教育保护的内容不同

监护包括对被监护人的人身和财产的监看和保护，包括保护被监护人的身体健康，照顾被监护人的生活，代管被监护人的财产，代理被监护人进行民事活动，对被监护人进行管理和教育，代理被监护人进行诉讼。学校的职责是教书育人，教育保护为随附义务，一般限于对学生的人身健康的关照，并无代管学生财产、代理学生民事活动的法定内容。例如，《教育法》没有规定学校有对未成年学生随身携带的物品加以保管的职责，也没有学校是学生法定代理人的规定。除非学校主动承诺保管学生物品，否则在校学生因自己保管不善丢失物品，均由其自行负责，学校不负赔偿责任。未成年学生受到伤害，也是由其法定监护人而不是由学校作为其法定代理人代其行使民事赔偿请求权。

6. 监护和教育保护的手段不同

父母对未成年人的监管享有实际上的惩戒权。学校对学生的教育管理只能依法采取劝导、批评和行政处分的手段，禁止体罚。

7. 监护和教育保护的存在时间不同

监护有期限,只有未成年人才需要监护。教育保护无期限,不论学生是否成年,只要在学校的教育教学期间,学校都负有教育保护的职责。

8. 监护和教育保护的责任不同

监护责任为无限责任,实行无过错原则,只要被监护人致人损害,监护人不论是否有过错都要承担责任。教育保护为有限责任,只有当学校教育管理有过错才承担相应责任。例如,某镇中学七年级学生小锋和同学们正在上课,同班的小涛搞小动作被任课教师发现,任课教师摘取了小涛佩戴的学生卡转身离去时,小涛就拿书本拍打桌面泄愤,夹在书中的圆珠笔飞出,刚好刺中前面回头观望的小锋的左眼,后经医生鉴定为七级伤残。小锋的父母认为,小涛伤害小锋的行为是在校学习期间,学校没有尽到监护责任,故要求小涛和学校赔偿医疗费、残疾补助费等近46万元。法院经过调查后认为,小涛伤害小锋的行为发生在任课教师和小涛的争执之后,教师进行教育管理没有过错,故学校不承担赔偿责任。法院判决肇事学生小涛的监护人赔偿受害人医疗费、残疾生活补助费等10万余元(包括精神赔偿费2万元)。本案的判决体现了未成年学生致人损害时,由其监护人承担相应赔偿责任的法律规定。

可见,监护与教育保护是两种性质不同的法律制度。学校如果未履行《教育法》规定的职责,依法才产生教育侵权。教育侵权造成的学生人身损害,学校才依法承担赔偿责任。

(三)学校接受监护委托时,要承担监护职责

学校在履行正常的教育职责之外,可以用民事主体的身份与监护人约定承担部分监护职责。比如,小学放学后,学校与家长约定代家长照管低年级学生。委托监护是由监护人将监护职责协议委托给他人,接受委托的人不是监护人,仅承担监护职责,被监护人造成他人损害仍应由监护人承担责任。

根据我国民法的规定,委托监护职责应当由家长和学校达成书面或口头的协议,且不以学校是否收取照管费为要件。所以,学校是否在非教育教学时间承担监护职责,取决于学校与家长是否达成委托协议,而不是监护职责自动转移给学校。"自动转移"只能由法律规定,而我国现行法律并无此种规定,故学校不能自动承担委托监护职责。学校与学生家长之间形成的委托监护职责的协议是民事协议,所以此时学校不是在履行《教育法》赋予的教育保护职责,而是以民事主体的身份承担民事义务。此时判断学校是否有过错,不能适用《教育法》,而要根据委托协议的内容和民法的规定来确定。按照《民法通则》的规定,被监护的未成年

学生致人损害需要承担民事责任时，如果学校作为受托人没有过错，那么责任仍由监护人承担；如果学校有过错，则与监护人一起负连带责任，这与法定监护人承担的监护职责的法律后果完全不同。

阅读资料：

教育部制定的《学生伤害事故处理办法》的基本内容

①关于学校责任范围的界定。所谓学校责任范围，就是在什么情况下发生的伤害事故要界定为学生伤害事故。《学生伤害事故处理办法》（以下简称《办法》）对学生事故做了如下界定，学生伤害事故是在学校实施的教育教学活动或者学校组织的校外活动中，在学校负有管理责任的校舍、场地及其他教育教学设施、生活设施内发生的，造成了在校学生人身损害后果的事故。这一概念首先从空间和时间两个方面，明确了学校管理职责的范畴，而与管理职责无关的学生伤害事故，不属于学生伤害事故。同时，这一概念也将伤害事故的概念限定在造成人身损害后果。其他校园事故或者教师个人的侵权行为，排除在学生伤害事故的范畴之外。有关问题将通过制定其他的相关法规或规章，予以规范和解决。

②《办法》适用的范围。各类学校，即大、中、小学都适用。针对幼儿园对幼儿的看护义务，《幼儿园管理条例》规定了较为严格的责任。

③关于学校责任的性质。学校与学生之间的关系本质上是教育关系，不是基于民法和血缘关系形成的父母与子女之间的监护关系。根据有关规定，学校的责任是对学生进行教育、管理和保护。同时，依照《民法通则》及有关规定，学校按照过错责任原则承担事故的责任，如果学校未履行规定的义务与职责，有过错的，造成了学生的伤害，则需要承担相应责任；如果学校已尽到相应义务，无过错的，则无责任。

④关于伤害事故的责任类型。一是学校责任事故，即由于学校过错而造成的事故。二是学生责任事故，即由于学生本人或未成年学生的监护人的过错造成的事故。三是其他相关人员的责任事故，与学校或学生个人活动有关的其他个人或组织的过错造成的事故。四是混合型责任事故，多方当事人的共同过错而造成的事故。处理中，责任者根据自身过错程度的比例，承担与过错相应的责任。实践中也会有学生伤害事故，这是不可抗力或意外因素造成的，或者在学校的管理职

责范围之外发生的伤害事故，办法也做了相应的规定。

⑤关于学生伤害事故的处理程序。《办法》规定学生伤害事故主要由学校进行处理，教育部门予以指导、协助和调解。《办法》在具体规范教育部门的调解程序时明确规定，调解需由学校及学生家长双方共同提出申请。教育部门起居中调解的作用，根据有关规定提出意见供双方协商。如果双方协商一致，可以签订调解协议，双方不一致，可以终止调解，进入诉讼程序。

⑥关于学生伤害事故的赔偿原则与经费的来源。学校应根据其在事故中所负的责任，承担相应的赔偿。为了解决赔偿经费来源及筹措的问题，《办法》设计了三条途径：一是学校筹措，学校无力筹措的，由主管的教育行政部门或者举办者协助筹措。二是县级以上有条件的教育行政部门可以通过设立学生伤害赔偿准备金等多种形式筹措。三是鼓励学校、学生参加相应的保险，包括学校责任保险等。

学校承担学生伤害事故的责任范围、标准和赔偿依据

责任范围：在学校负有教育管理职责的时间和空间范围内发生的伤害事故；在校学生发生的伤害事故，必须是人身伤害事故；学校有过错。

责任标准：《学生伤害事故处理办法》《教育法》《民法通则》等相关条款。

赔偿依据：《学生伤害事故处理办法》《教育法》《民法通则》等相关条款、有关行政法规和现行的法律、法院规定。赔偿包括：常规赔偿、残疾赔偿、死亡赔偿、精神损害抚恤金赔偿。

学校无责任的，如果有条件，可根据实际情况，本着自愿和可能的原则对受伤害学生给予适当的帮助。

教师在履行职务中的故意或者重大过失造成学生伤害的，学校予以赔偿后，可以向有关责任人员追偿。教师在其他场合的故意或者重大过失造成学生伤害的，由教师自己负担赔偿责任。

>>> **复习与思考**

1. 简述教育法律责任的含义和特点。
2. 教育法律责任的种类有哪些？
3. 简述教育法律责任的构成要件。
4. 教育法律责任的归责原则有哪些？

5. 简述学生伤害事故的类型及其原因。

6. 监护职责与教育保护职责的区别表现在哪些方面？

>>> **案例分析**

1. 某校初中班主任吴老师在批改作业时，发现学生高某的作业本中夹了一封信件，吴老师顺便拆封阅读了此信。这是高某写给一位女同学的求爱信，吴老师看了十分生气，后在班会上宣读了此信，同时对高某提出了批评。次日，高某在家留了一张字条后离家出走。高某家长找到吴老师理论，并要求将高某找回。吴老师解释说："我作为教师，对学生进行教育和管理是我的职责，我批评高某是为了教育和爱护他。他是从家中出走的，与我的工作没有关系。"

问题与思考：

(1)吴老师的哪些做法不正确？试述你的判断所依据的法规及条款。

(2)吴老师的解释是否正确？为什么？

2. 几年前，北京丰台区人民法院开庭审理了一桩民事案件。一位学生的母亲在起诉书中称，儿子就读于丰台某小学，2004 年 7 月因考试分数低，未能升入中学，而后在该校留级。为了能让孩子继续升学，母亲应学校要求到医院给孩子开了一张"中等智力低下的证明"，并向学校申请儿子年龄已大，不适宜留级，希望让他升入初中。然而，她没有想到，这张证明给孩子带来了长达两年的精神伤害。学校很快把这个秘密公之于众。课上，个别教师当着众多学生的面多次侮辱他是"弱智、白痴、大傻子"；课间，个别同学还轮流打他，让他喊自己是"大傻子"。2008 年 2 月 6 日，她的儿子被医生诊断患了精神分裂症。她认为，是学校的部分教师和学生长时间持续地对孩子打骂侮辱，才导致了这种可悲的结果。为此，她提出了巨额的赔偿要求。

问题与思考：

请依法分析上述案例的侵权性质，对此我们应做哪些思考？

>>> **参考文献**

1.《教育政策法规》编写组.教育政策法规[M].西安：西北大学出版社，2011.

2.陈鹏，祁占勇.教育法学的理论与实践[M].北京：中国社会科学出版社，2006.

3. 李晓燕. 教育法学[M]. 北京：高等教育出版社，2006.

4. 张乐天. 教育政策法规的理论与实践[M]. 上海：华东师范大学出版社，2012.

5. 袁振国. 教育政策学[M]. 南京：江苏教育出版社，1996.

第八章　教育法律救济

内容提要

　　教育法律救济作为一项重要的法律制度，对于保护教育法律关系主体的合法权益，促进依法行政，推动我国社会主义教育法制建设等方面具有重要的意义。我国的不少地方也以地方立法的形式进一步规范和保障教育行政法律救济渠道的畅通。这些立法状况表明，教育行政法律救济制度正在我国逐步建立。本章从教育法律救济的含义入手，介绍了行政复议制度和行政诉讼制度，重点讲述了常见的民事救济制度以及教育申诉制度的有关法律问题。

第一节　法律救济概述

　　"救济"一词在社会生活中运用得较为广泛。一般意义上的救济指的是一种物质帮助。而法律意义上的救济不同于一般意义上救济的含义。教育行政法律救济，是指教育管理活动的相对人（被管理者），因教育行政机关或其他管理部门的违法或不当行为，致使其行政法上的合法权益受到侵害时，请求国家有关机关予以补救的法律制度。教育行政法律救济是针对行政主体行使行政权力所产生的消极后果进行的一种法律补救。近年来，越来越多的教育法律、法规明确地规定了教师和受教育者享有申诉、复议、诉讼等权利，初步建立了我国教育行政救济的基本框架。此外，我国的不少地方也以地方立法的形式进一步规范和保障教育行政法律救济渠道的畅通。根据我国现行的有关法律、法规的规定，我国的教育行政法律救济的途径主要包括教育申诉、教育行政复议、教育行政诉讼以及教育行政赔偿。这些立法状况表明，教育行政法律救济制度正在我国逐步建立。

一、法律救济的含义

法律救济是指特定机关通过一定的程序和途径，使受到损害的相关法律关系主体获得法律上的补救。法律救济是以损害事实的发生为前提的，没有损害事实就没有法律救济，只有当相对人的合法权益受到侵害时才能进行法律救济。法律救济的根本目的是实现合法权益，保证法定义务的履行。法律救济是权利人的一种法定权利，任何人都无权剥夺，体现了法律救济的法定性。现从以下几个方面进一步理解法律救济的含义。

第一，法律救济是以保障合法权益的实现为基础的。法律的根本目的在于规范人们的社会行为，保障人们的合法权益。在社会活动中，存在着许多权利纠纷或权利冲突，并伴随着权益受到侵害的现象。当公民的这些合法权益受到侵害时，只有通过一定方式来恢复受损害的权利或给予补救，这些权利才能真正得到保障。

第二，法律救济是在合法权益受到侵犯并造成损害时得以启动的。在法律救济中，无论采用何种救济手段和程序，必须有教育侵权行为的存在。相对人只有在合法权益受到侵害的基础上才可以提出救济请求。

第三，法律救济是对受侵害合法权益的恢复和补救。对合法权益受到损害的法律关系主体进行补救可以采取多种方式，不仅包括司法救济方式、行政救济方式，还包括其他通过组织内部或民间渠道进行救济的方式。

二、教育法律救济的途径

法律救济的途径和形式是多样的，在我国主要有行政救济和民事救济两种。

行政救济，是指法律关系主体，尤其是公民、法人或其他组织认为具体行政行为直接侵害其合法权益，请求国家机关依法对行政违法或行政不当行为实行纠正，并追究其行政责任，以保护行政相对人的合法权益的法律救济途径。行政救济主要包括行政复议制度和行政诉讼制度。

民事救济，是指法律关系主体，尤其是公民、法人或其他组织认为权利受到侵害或者有被侵害之虞时，权利人行使诉权，通过仲裁、诉讼等手段维护自己的合法权益的法律救济途径。民事救济主要指民事诉讼制度。

三、法律救济在教育中的作用

从上面可以看出，法律救济在教育中的作用是多方面的，其中最主要的是在教育活动中起着权利救济、制约预防以及推进法治的作用。

(一)保护教育关系主体特别是教师、学生及学校在教育活动中合法权益的权利救济作用

教育活动中大量存在着行政法律关系。在这种行政法律关系中，行政机关以管理者的身份处于较优越的地位，行政机关的全部执法和公务活动都涉及相对人的人身权或财产权，行政机关在执法过程中违法或不当的行为必将给相对人的合法权益带来一定损失。特别是教师和学生，他们虽同样享有特定的权利，但不像行政机关或其他国家机关那样存在对相对人的强制性的支配力，他们权利的运用也不能直接制止某种侵害行为的发生，更无权采取任何强制他人的措施。而通过法律救济就平衡了教育法实施中行政机关与相对人一方因明显法律地位不对等带来的反差。当教师、学生及学校的权利受到某种侵害时，通过一定的途径和手段，请求国家有关机关(如法院)以强制性的救济方式来实现其权利，这时他们的权利才是真实的，才能被尊重。因此，法律救济的根本作用在于保护教师、学生和学校的合法权益。

(二)促进国家机关及其工作人员依法行政，预防和控制其职务违法侵权行为的作用

制约预防功能是法律救济的一个重要功能。它是指法律救济具有预防和控制国家机关及其工作人员的职务违法侵权行为，促进国家机关加强内部监督和国家工作人员加强自律的作用。由于法律救济制度的确立加重了国家机关及其工作人员的责任，因此实行法律救济制度将有力促进国家机关内部管理的完善与行政监督的加强，也将大大提高国家工作人员的责任感，促使其加强自律，审慎行事，依法行政，确保公务活动的准确度与合法性。当然，法律救济仅仅是预防控制的一种手段。

(三)标示教育法治，推进教育法制建设的作用

在现代法治国家，任何人都要为自己的行为负责；国家机关也不能例外，即使是执法行为，也要承担法律责任。法律救济具有体现民主和标示法治的功能。一个国家是否民主，是否实行法治的重要标尺之一就是国家和政府是否和人民一样有守法的义务，是否在违法后要承担相应的法律责任，法律救济便是国家对人民承担侵权责任的方式和标志。随着教育法律体系的完善，我国已进入全面依法治教的阶段。在教育法制建设中，通过建立法律救济制度，加强各级权力机关对教育法律实施的监督；明确教育行政执法主体的法律责任，纠正教育行政机关的违法或不当的行为，保障教育秩序的正常进行。同时，建立、健全有关教育的调解、申诉等制度，以及运用行政复议、行政诉讼等多种法律救济手段，及时妥善地处理日益增多的教育纠纷，是促进教育法制建设的重要内容和有效手段之一。

第二节　行政救济制度

行政救济主要包括行政复议制度和行政诉讼制度。

一、教育行政复议制度

教育行政复议，是指教育行政机关或个人在行使教育行政职权时，与作为被管理对象的相对人就已生效的具体行政行为发生争议，根据相对人的申请，由该教育行政机关的上一级教育行政机关对引起争议的具体教育行政行为进行复查并作出决定的一种法律制度。

（一）教育行政复议制度的特征

1. 教育行政复议是一种特殊的行政行为

教育行政复议是一种特殊的行政行为，主要体现在：

第一，教育行政复议以行政机关为处理机关。有上一级教育行政业务主管机关作为复议机关的，也有本级人民政府作为复议机关的，还有设立派出机构的机关作为复议机关的。但无论哪一类复议机关，都必须是行政机关。因此，教育行政复议活动也属于行政行为。

第二，教育行政复议的对象是行政机关。教育行政复议是由行政相对人提出申请，处理机关才进行复议。教育行政复议的对象也只限于作出了令行政相对人不服或侵害了相对人权益行为的行政机关；教育行政复议是行政执法行为。

教育行政复议虽是行政机关的行为，但从其法律关系、行为程序和方式来看，又具有执法活动的特征。在复议过程中，申请人和被申请人双方地位平等，都依法享有一定的权利和承担相应的义务。教育行政复议就行为程序而言，较一般的行政活动更为严格。

2. 教育行政复议以具体行政行为为审查对象

从教育行政复议机关与原具体行政行为的关系上看，教育行政复议实际上是一种行政审查制度。教育行政复议只以具体教育行政行为为审查对象，抽象的教育行政行为不属于教育行政复议的审查对象。对抽象教育行政行为不服，不能申请行政复议，而只能向制定该规范文件的行政机关的同级权力机关或该行政机关的上一级行政机关提出。只有行政机关作出具体行政行为时，才能申请教育行政复议。

3. 教育行政复议不是终局决定

除法律有规定的外，教育行政复议决定不是终局决定。一般情况下，教育行政复议实行一级复议制，相对人对复议决定不服，不得再申请复议，但可以依法向人民法院提起行政诉讼。只有法律规定由行政机关最终裁决的具体行政行为，教育行政复议的决定才是终局的决定。

4. 教育行政复议案件的审理不适用调解

复议机关在审理复议案件的过程中不得进行调解，也不得以调解作为结案方式。这是因为调解的基础是双方地位平等，可以自由处分自己的权利。在教育行政复议中，相对人和行政机关之间的地位并不平等，而且行政机关行使的是国家行政权力，无权自由处分，所以，调解在教育行政复议中没有基础。因此，教育行政复议不适用调解。

5. 教育行政复议以书面审理为主要方式

教育行政复议实行的是书面复议制度。《行政复议法》第二十二条规定："行政复议原则上采取书面审查的办法，但是申请人提出要求或者行政复议机关负责法制工作的机构认为有必要时，可以向有关组织和人员调查情况，听取申请人、被申请人和第三人的意见。"

(二)教育行政复议的受案范围

教育行政复议的受案范围，是指哪些具体的教育行政行为引起行政纠纷或争议可以通过行政复议的方式解决。根据《行政复议法》和有关的教育法律的规定，具有下列情形的，公民、法人或其他组织可以依法申请行政复议。

1. 对教育行政处罚行为不服的

对拘留、罚款、吊销办学许可证和执照、责令停学、没收学校财产等行政处罚不服的，可以申请行政复议。行政处罚是行政机关对违反行政法律、规范的行为所给予的处罚。行政处罚只能由法定的行政机关行使，对行政机关的处罚决定不服的，可以申请复议。

2. 对教育行政强制措施行为不服的

对限制人身自由或者对财产的查封、扣押、冻结等行政强制措施不服的，可以申请行政复议。

3. 不作为违法的

符合法定条件办学，向行政机关申请颁发许可证和执照，行政机关拒绝颁发或者不予答复的；申请行政机关履行保护人身权、财产权的法定职责，行政机关拒绝或不予答复的；行政机关没有依法足额拨付教育经费的等，相对人可以向行政机关提起复议。

4. 对教育行政的侵权行为

侵权行为主要包括对教育行政相对人自主经营权的侵犯、违法设定义务以及侵犯人身权和财产权。

同时，教育行政复议的受案范围需要符合两个条件：一是符合一般行政复议的规定。二是行政机关具体行政行为所侵犯的应是教育法保护的法律关系。

（三）教育行政复议机关

教育行政复议机关，是指依照法律的规定，有权受理教育行政复议申请，依法对具体教育行政行为进行审查并作出裁决的行政机关。这种组织的特征有：一是行政机关；二是有权行使行政复议权的行政机关；三是能以自己的名义行使行政复议权，并对行为后果独立承担法律责任的行政机关。教育行政复议机关包括以下几类：①作出具体行政行为的教育行政机关。《行政复议法》第十四条规定，对国务院各部门的具体行政行为不服申请的复议，由作出具体行政行为的部门管辖。②作出具体行政行为的教育行政机关的同级人民政府或者上一级教育行政机关。③特定的复议机构，主要针对法律授权组织的行政行为所引发的复议申请，在这种情况下，应由直接主管该组织的教育行政机关充当复议机构。

此外，当行政机关因复议管辖发生争议时，可协商解决或由它们的共同上一级行政机关解决。申请人向两个或两个以上有管辖权的行政机关申请复议时，由最先收到复议申请书的行政机关管辖。行政管理相对人在法定复议期限内向信访部门申诉的，信访部门应及时告诉申诉人向有管辖权的行政机关申请复议。

（四）教育行政复议的程序

教育行政复议同一般行政复议一样，分为申请、受理、审理、决定和执行等几个步骤。

1. 教育行政复议申请的提出

教育行政复议申请是公民、法人或其他组织认为行政机关的具体行政行为侵犯其教育法所保护的合法权益，依照法律规定的条件向有关机关提出复议要求。行政复议的申请要符合申请人是认为具体行政行为直接侵犯其合法权益的公民、法人或其他组织，有明确的申请人等条件。行政相对人可以在作出具体行政行为之日起 60 日内提出行政复议申请，法律规定可以超出 60 日的除外，但是延期不得超过 30 日。申请人向行政机关申请复议，可以是书面申请，也可以是口头申请。

2. 教育行政复议申请的受理

受理，是指复议机关审查申请人的复议申请，认为符合法定条件而依法立案处理。复议机关决定受理的标志是立案。一旦立案，复议机关必须依法对案件进行审理。必须具备四个条件，教育行政复议机关才能接受申请立案处理：第一，符合法定的申请期限；第二，符合法定的申请条件；第三，申请复议的案件未曾向法院起诉；第四，提请复议的手续必须完备，主要是指复议申请书应载明法定内容。

3. 教育行政复议的审理

审理，是指教育行政复议机关依法对受理的教育行政案件进行全面审理的复议活动。它是教育行政复议的中心阶段，主要内容包括调查收集证据，审查证据，查清事实，判明具体行政行为是否合法、适当。

4. 教育行政复议的决定

教育行政复议决定，是指对案件进行审理后，在判明具体教育行政行为的合法性、正当性的基础上，由行政复议机关作出相应的裁决。

5. 教育行政复议决定的执行

在作出教育行政复议的决定后，复议机关应将复议决定书送达申请人和被申请人。复议决定书一经送达，即发生法定的效力。除法律规定终结的复议外，申请人对复议决定不服的，可以在收到复议决定书之日起15日内，或者法律、法规规定的其他期限内向人民法院起诉。对于申请人预期不起诉又不履行复议决定的，区别情况由最初作出行政执法决定的教育行政机关或复议机关依法强制执行，或申请人民法院强制执行。

阅读资料：

　　刘某于1998年4月起报考了某省高等教育法律专业本科阶段的自学考试，至2000年5月，先后通过了12门课程，大学英语通过四级，符合免考外语的条件，即总计通过13门考试课程。根据该省有关规定，凡取得8门必考课和5门选考课课程合格成绩，就发给本科毕业证书，英语成绩合格的毕业生授予学士学位。在执行该规定期间，国家教育部于1998年8月印发了《关于印发高等教育自学考试法律专业(本科)考试计划的通知》，其中规定，高等教育自学考试法律专业部分课程将从1998年下半年起实行修订计划后的全国统一考试，已开考该专业的地区应按本计划在2000年年底前完成过渡工作。据此，该省教育厅发文通知，规定从1999年下半年起，该省逐步实施调整计划后的全国统一考试，凡在2000年前毕业的原法律专业(本科)第一轮考生仍可按原考试计划规定的课程门数毕业。2000年以后毕业的法律专业本科阶段考生，将按新的考试计划执行。刘某据此向自考管理机构申请颁发毕业证及学位证，但遭到自考管理机构的拒绝。其理由是，该省自 1997 年 4 月起正式开设法律专业本科阶段的高等教育自学考试，1998 年，教育部决定对全国范围内现行开考的高等教育自考法律专业进行调整和改革，省招考办因此制订了新的考试计划，将原计划规定的 13 门考试课程增为 15 门，以文件的形式发了通知。申请人已通过的 13 门课程有效，但因其不属于 1997 年开考时报考的考生，故应按新计划的规定考足 15 门课程并成绩合格方能办理毕业手续。刘某不服，遂以主管自考管理机构的省教育厅为被申请人向省政府申请行政复议。

分析：根据《行政复议法》第六条第八项的规定，"认为符合法定条件，申请行政机关颁发许可证、执照、资质证、资格证等证书，或者申请行政机关审批、登记有关事项，行政机关没有依法办理的"，可以申请行政复议。复议机关经过审查，认为申请人在 2000 年以前就通过了 13 门课程，根据上述文件规定，符合颁发毕业证及学位证的条件。而被申请人以申请人不是在 1997 年报考的第一轮考生为理由不予颁发文凭是没有依据的，且对"第一轮"也没有任何明确解释。复议机关在作出行政复议决定前向被申请人指出了其错误所在，被申请人在认识到其错误后，主动向申请人颁发了毕业证及学位证，后刘某撤回了复议申请，该行政复议终止，案件圆满解决。❶

二、行政诉讼制度

行政诉讼是指公民、法人或者其他组织认为行政机关和行政机关工作人员的具体行政行为侵犯其合法权益，依法向人民法院提起诉讼，由人民法院依法进行审理和判决的诉讼制度。

(一)行政诉讼的特征

1. 行政诉讼所要审理的是行政案件

这是行政诉讼在受理、裁判的案件上与其他诉讼的区别。刑事诉讼解决的是被追诉者刑事责任的问题；民事诉讼解决的是民事权益纠纷的问题，而行政诉讼解决的是行政争议，即行政机关或法律、法规授权的组织与公民、法人或者其他组织在行政管理过程中发生的争议。

2. 行政诉讼是人民法院通过裁判方式进行的一种司法活动

这是行政诉讼与其他解决行政争议的途径的区别。在中国，行政争

---

❶ 王平. 行政复议法例释[M]. 武汉：武汉大学出版社，2003：198.

议的解决途径不止行政诉讼一种，还有行政复议机关的行政复议等。而行政诉讼是由人民法院运用诉讼程序解决行政争议的活动。

3. 行政诉讼是通过对被诉行政行为合法性进行审查来解决行政争议的活动

其中，进行审查的行政行为为具体行政行为，审查的根本目的是保障公民、法人或者其他组织的合法权益不受违法行政行为的侵害。这就决定了行政诉讼与刑事诉讼和民事诉讼在审理形式和裁判形式上有所不同。例如，行政诉讼案件不得以调解方式结案；证明具体行政行为合法性的举证责任由被告承担；行政诉讼的裁判以撤销、维持判决为主要形式等。

4. 行政诉讼是解决特定范围内行政争议的活动

行政诉讼并不解决所有类型的行政争议，有的行政争议不属于人民法院行政诉讼的受案范围，而刑事诉讼和民事诉讼均无类似行政诉讼的受案范围的限制。不属于行政诉讼解决的行政争议只能通过其他的救济途径解决。

5. 行政诉讼中的当事人具有恒定性

行政诉讼的原告只能是行政管理中的相对方，即公民、法人或者其他组织；行政诉讼的被告只能是行政管理中的管理方，即作为行政主体的行政机关和法律、法规授权的组织。行政诉讼的当事人双方的诉讼地位是恒定的，不允许行政主体作为原告起诉行政管理相对方。这个特点与民事诉讼和刑事诉讼不同。民事诉讼中诉讼双方当事人均为平等的民事主体，原、被告不具有恒定性，允许被告反诉；而刑事诉讼，也存在着自诉案件中允许被告人作为被害人所诉自诉人。

(二)行政诉讼的受案范围

根据《行政诉讼法》第十一条的规定，人民法院受理公民、法人和其他组织对下列具体行政行为不服提起的诉讼：

①对拘留、罚款、吊销许可证和执照、责令停产停业、没收财物等行政处罚不服的；

②对限制人身自由或者对财产的查封、扣押、冻结等行政强制措施不服的；

③认为行政机关侵犯法律规定的经营自主权的；

④认为符合法定条件申请行政机关颁发许可证和执照，行政机关拒绝颁发或者不予答复的；

⑤申请行政机关履行保护人身权、财产权的法定职权，行政机关拒绝履行或者不予答复的；

⑥认为行政机关没有依法发给抚恤金的;

⑦认为行政机关违法要求履行义务的;

⑧认为行政机关侵犯其他人身权、财产权的。

除上述规定外,人民法院受理法律、法规规定可以提起诉讼的其他行政案件。同时,《行政诉讼法》第十二条对人民法院不受理公民、法人或者其他组织提起行政诉讼的事项做了明确规定:

①国防、外交等国家行为;

②行政法规、规章或者行政机关制定、发布的具有普遍约束力的决定、命令;

③行政机关对行政机关工作人员的奖惩、任免等决定;

④法律规定由行政机关最终裁决的具体行政行为。

(三)提起行政诉讼的期限

《行政诉讼法》第三十八条第二款规定:"申请人不服复议决定的,可以在收到复议决定书之日起十五日内向人民法院提起诉讼。复议机关逾期不作决定的,申请人可以在复议期满之日起十五日内向人民法院提起诉讼。法律另有规定的除外。"

《行政诉讼法》第三十九条规定:"公民、法人或者其他组织直接向人民法院提起诉讼的,应当在知道作出具体行政行为之日起三个月内提出。法律另有规定的除外。"

(四)行政诉讼程序

1. 一审

(1)起诉

行政诉讼实行"不告不理"原则,即当事人不起诉,人民法院不能主动受理。

(2)受理

人民法院经审查认为符合起诉条件的,应当在 7 日内立案受理。经审查不符合起诉条件的,在法定期限内裁定不予受理。

(3)审理

人民法院主要是对具体行政行为的合法性进行审查。人民法院审理行政案件,不适用调解。

(4)裁判(裁定和判决的合称)

裁定是法院在案件审理判决执行中,就程序问题或部分实体问题所做的决定。判决是法院就解决案件的实体问题所做的决定。

2. 二审

二审指上级人民法院根据当事人的上诉,对下一级人民法院未发生法律效力的判决、裁定进行审理。我国行政案件的审理采取两审终审制度。

　　3. 执行

　　行政案件裁定、判决的执行，是指人民法院作出的裁定、判决发生法律效力以后，一方当事人拒不履行人民法院的裁判，人民法院根据另一方当事人的申请，实施强制执行，或者由行政机关依照职权采取强制措施，以执行人民法院裁判的法律制度。

阅读资料：

　　吴某 1974 年毕业于永定县第五中学，学历为高中。1982 年至 1988年 11 月，在龙岩市新罗区大池学区任教。1988 年 11 月原告调到龙岩矿务局从事计划生育工作和龙岩矿务局幼儿园工作，现在在龙岩矿务局退管办工作。吴某在龙岩矿务局工作期间，虽不是在职任教的教师，但龙岩矿务局仍将其作为教师确认其专业技术职务。1996 年 6 月，吴某在实施首批教师资格过渡工作中以在职的教师参加评定，并取得教师资格证书。1998 年 6 月，龙岩市新罗区分离国有企业办学校工作领导小组在审查人员接收时认为吴某不是在职教师，不符合接收条件，决定不予接收。1998 年 12 月 28 日，新罗区教育局以吴某的小学教师资格证书属欺骗取得，为此作出龙新教字(1998)第 265 号行政处罚决定，吊销吴某的小学教师资格证书。新罗区教育局在作出吊销吴某小学教师资格证书决定之前，未告知吴某有陈述、申辩等权利。吴某对行政处罚决定不服，向龙岩市新罗区人民法院提起诉讼。

　　分析：根据《行政诉讼法》第十一条的规定，公民对吊销许可证和执照的具体行政行为不服可以提起行政诉讼。在本案中，新罗区教育局在作出吊销原告小学教师资格证书决定之前，应当告知原告作出吊销小学教师资格证书的行政处罚决定的事实、理由及依据，并告知原告有权进行陈述和申辩，有权要求举行听证，但是被告在作出行政处罚前没有履行这一法定职责，因此被告违反了法定程序，其作出的吊销原告小学教师资格证书的决定依法应予以撤销。❶

第三节　民事救济制度

　　民事诉讼是指处于平等地位的法律关系主体之间因财产关系或人身关系产生纠纷，依法向人民法院起诉，请求给予法律救济；人民法院在双方

---

❶　徐兴旺，曾文革.教育法案例评析[M].北京：对外经济贸易大学出版社，2010.

187

第八章　教育法律救济

当事人和其他诉讼参加人的参加下，依法审理和解决民事纠纷，保护当事人合法权益的法律救济活动。根据法律规定，教育法律关系主体在参与民事活动时，依法享有民事权利，承担民事责任。因此，了解民事诉讼制度，有利于保障法律关系主体的合法权益。

一、民事诉讼的范围

《民事诉讼法》第三条规定："人民法院受理公民之间、法人之间、其他组织之间以及他们相互之间因财产关系和人身关系提起的民事诉讼，适用本法的规定。"这一规定明确了人民法院主管民事案件的范围，具体可以将人民法院主管的范围做如下划分：

第一，由民法调整的财产关系和人身关系发生的案件，如借贷纠纷、侵权纠纷、著作权纠纷、肖像权纠纷等。

第二，由婚姻法调整的婚姻家庭关系发生的案件，如赡养费、扶养费、抚育费纠纷，离婚纠纷，收养纠纷等。

第三，由经济法调整的部分经济关系发生的案件，如各类经济合同的纠纷、农村承包合同纠纷等。

第四，由劳动法调整的部分劳动关系发生的案件，如履行劳动合同的纠纷，开除、辞退职工发生的纠纷等。

第五，其他法律调整的法律关系发生的纠纷和最高人民法院规范性文件规定的案件，如环境污染引起的损害赔偿纠纷，专利纠纷，海事、海商纠纷等。

第六，由民事诉讼法规定的适用特别程序审理的案件，如选民资格案件、宣告公民失踪和宣布公民死亡案件、申请支付令案件、企业法人破产还债案件等。

二、民事诉讼的程序

民事诉讼的程序涉及第一审程序、第二审程序(上诉审程序)、审判监督程序(再审程序)等。这里我们只介绍第一审普通程序，它大体经过以下几个步骤。

(一)起诉

起诉是指当事人因自己的或依法受其管理、支配的民事权益受到侵犯或者与他人发生争议，以自己的名义请求法院予以审判保护的诉讼活动。起诉必须具备法定的要件才能发生起诉的效力。根据我国《民事诉讼法》第一〇八条、第一〇九条和第一百一十条的规定，起诉的要件可分为实质要件和形式要件。

1. 实质要件

实质要件包括：原告是与本案有直接利害关系的公民、法人和其他组织。明确的被告，即原告、控告的相对方应是明白、确切、具体的公民、法人或其他组织。有具体的诉讼请求和事实、理由。属于人民法院受理民事诉讼的范围和由受诉人民法院管辖。

以上四个要件是原告起诉时必须同时具备的条件，缺一不可。

2. 形式要件

形式要件，主要是指提交起诉状。根据《民事诉讼法》第一百〇九条规定："起诉应当向人民法院递交起诉状，并按照被告人数提出副本。书写起诉状有困难的，可以口头起诉，由人民法院记入笔录，并告知对方当事人。"起诉状应依法记明以下事项：当事人的基本情况；诉讼请求和所根据的事实与理由；证据和证据来源，证人姓名和住所。

(二)受理

受理包括两个重要环节，一是审查起诉，二是决定立案。

1. 审查起诉

审查起诉是人民法院立案前的法定程序，只有经过对起诉的审查，才能查明原告的起诉是否符合立案的条件，作出是否受理的正确判断。审查起诉应从两个方面进行，一是审查起诉是否符合起诉的实质要件，即《民事诉讼法》第一百〇八条的规定；二是审查该起诉是否符合起诉的形式要件的规定，即《民事诉讼法》第一百〇九条、第一百一十条的规定。经审查，形式要件欠缺的，可令原告限期补正，逾期不补正的，依法作出处理。

2. 决定立案

人民法院对起诉经审查，应视情况作出是否受理的决定。根据《民事诉讼法》第一百一十二条的规定，对不符合条件的起诉，应自接到起诉状的次日起7日内裁定不予受理，对此裁定，当事人不服可以上诉；对符合条件的起诉，人民法院应当自接到起诉状的次日起7日内立案，并通知当事人。

(三)审理前的准备

根据《民事诉讼法》第一百一十三条至第一百一十九条的规定，审理前的准备主要有下列几项工作：

第一，在法定期间及时送达诉讼文书。在审理前的准备阶段，常见的诉讼文书有起诉状、答辩状和各种通知书。

第二，告知当事人诉讼权利和合议庭组成人员。

第三，审核诉讼材料，收集、调查必要的证据。

第四，通知必要的共同诉讼人参加诉讼。

(四)开庭审理

开庭审理应当采取公开审理的形式，除涉及国家秘密、个人隐私或者法律另有规定的除外，开庭审理的程序有：开庭准备、宣布开庭、法庭调查、法庭辩论、合议庭评议、宣告判决。

（五）判决

人民法院受理民事案件、经济纠纷案件，经过法院审理，根据查明和认定的案件事实，正确适用法律，以国家审判机关名义，对案件中的民事实体权利、义务争议，作出权威性的判定，称为判决。依民事判决的性质，可分为给付判决、确认判决和变更判决。

人民法院适用普通程序审理民事案件，应当在立案之日起 6 个月内审结。有特殊情况需要延长审限的，报法院院长批准，可延长 6 个月；还需要再延长审限的，报请上级人民法院批准，具体时间法律无明文规定。

（六）执行

执行是民事诉讼的最后阶段，但不是必经阶段。只有当义务人拒不履行生效法律文书所确定的具有给付内容的义务时，经权利人向人民法院申请强制执法或依法强制执行。我国《民事诉讼法》针对执行标的，分别规定了对财产的执行措施和对行为的执行措施。对财产的执行措施包括查询、冻结、划拨被执行人的存款；扣留、提取被执行人的收入；查封、扣押、冻结、拍卖、变卖被执行人的财产；搜查被执行人的财产等。对行为的执行措施包括强制被执行人交付法律文书指定的财物或者票证；强制被执行人迁出房屋或退出土地；强制被执行人完成法律文书指定的行为等。

阅读资料：

小雷原系某中学八年级乙班学生。2005 年 11 月 1 日下午，语文课期间，因小雷喊叫其他同学绰号，扰乱了课堂纪律，教师张某对其进行了体罚，造成小雷右颞顶部及右下颌软组织轻度挫伤。次日，小雷的家长到学校交涉，张某当面向小雷及其家长赔礼道歉，学校在支付小雷的医疗费 264.3 元后，并按照小雷家长的要求于 11 月 3 日将小雷由八年级乙班转至张某任班主任的八年级丙班。同年 11 月 15 日，学校对张某进行了通报批评，并作出"该同志本学期绩效工资不能评为一等，由此产生的其他后果由本人承担"的决定。11 月 16 日，小雷因在期中考试时作弊，被学校通报批评。后经其家长与学校交涉，小雷转至徐州市某中学就读。2006 年 4 月 12 日，小雷诉至徐州市泉山区法院，以其受到学校体罚为由，要求判令学校及张某赔偿精神损害抚慰金600元。

分析：在本案中，无论小雷犯有何种过错，被告以体罚的形式来教育学生确属不当，应当承担相应的责任。最高人民法院《关于确定民事侵权精神损害赔偿责任若干问题的解释》规定："因侵权致人精神损害，但未造成严重后果，受害人请求精神损害赔偿的，一般不予支持。"小雷要求被告赔偿精神损害抚慰金的诉讼请求能否得到支持，关键在于被告的行为是否对小雷造成了严重后果。本案中，小雷要求被告赔偿精神损害抚慰金的要求不符合司法解释的规定。另外，体罚事件发生后，学校已经责令张某对小雷及其家长赔礼道歉，学校亦对张某进行了通报批评，其影响已消除。故小雷的诉讼请求没有事实和法律依据，依法应不予支持。❶

第四节　教育申诉制度

申诉制度是指当公民的合法权益受到损害时，向国家机关申述理由，请求处理或重新处理的制度。它是保障我国宪法赋予公民的申诉权利在教育法律关系中的具体体现。根据《宪法》第四十一条的规定，中华人民共和国公民对于任何国家机关和国家工作人员的违法失职行为，有向有关国家机关提出申诉、控告或者检举的权利。对于公民的申诉、控告或者检举，有关国家机关必须查清事实，负责处理，任何人不得压制和打击报复。我国的教育申诉制度主要有教师申诉制度和学生申诉制度。

一、教师申诉制度

(一)教师申诉制度的概念

教师申诉制度是指教师对学校或其他教育机构及有关政府部门作出的处理不服，或其合法权益受到侵害时，可以向有关教育行政部门或有关的其他政府部门提出要求，要求重新处理。教师申诉制度是针对教师这一特殊专业人员而建立的一种救济制度。教育申诉制度以行政部门为申诉受理机关，不借助司法机关，也不是对司法机关的判决或裁定的申诉，不具有诉讼的性质，只属于行政救济的范畴。《教师法》第三十九条规定："教师对学校或者其他教育机构侵犯其合法权益的，或者对学校或者其他教育机构作出的处理不服的，可以向教育行政部门提出申诉，教育行政部门应当在接到申诉的三十日内，作出处理。"

---

❶ http://www.docin.com/p-395819072.html.

（二）教师申诉制度的内容

申诉人、被申诉人、申诉的范围、提出申诉的形式、受理申诉的机关是整个教师申诉制度的内容。在教师申诉制度中，申诉人就是教师，享有提出申诉的权利。一般情况下，申诉权由合法权益受到侵害的教师本人直接行使，但是在特殊情况下可由他人代为行使。被申诉人是指侵害教师权益的机构，如学校、教育行政部门或其他行政部门。需要特别说明的是，申诉的对象是学校或其他教育机构，而不是学校或其他教育机构的负责人。因为学校或者其他教育机构的负责人侵犯教师权益时只有以学校或者其他教育机构的名义作出，才适用《教师法》规定的教师申诉程序，成为被申诉人。教师对学校或其他教育机构中的负责人的申诉，按一般的信访制度实施。同样，教师在对当地人民政府申诉时，申诉书上所写的是该单位的法定代表人，而不是被申诉人，被申诉人只能是学校或者其他教育机构。

（三）教师申诉的范围

教师申诉的范围主要包括三个方面：教师对学校或其他教育机构侵犯其合法权益的可以提出申诉；教师对学校或者其他教育机构的处理不服的可以提出申诉；教师认为当地人民政府侵犯其合法权益的可以提出申诉。

（四）教师申诉的受理机关

被申诉人的不同教师申诉的受理机关也不尽相同。如果是对学校或其他教育机构提出申诉的，受理的机关是教育行政部门；对当地人民政府的有关行政部门提出申诉，应由同一级人民政府或上一级人民政府受理；如果当地人民政府是申诉对象，受理机关应是上级人民政府。需要明确的是，教师提出申诉时向行政机关提出，而不是向行政部门的个人提出。

（五）教师申诉的管辖

教师申诉的管辖是指行政机关对教师申诉案件的分工和权限。管辖分为隶属管辖、地域管辖、选择管辖、移送管辖等。隶属管辖是指教师提出申诉时，应当向所申诉学校或其他教育机构所隶属的教育行政部门进行申诉。地域管辖是指按照教育行政部门的管理权限和区域，教师申诉由当地教育行政机关受理。无论学校或者教育机构和教育行政部门有无隶属关系，在同一区域就应接受当地教育行政部门的管理和监督。选择管辖是指在两个或两个以上的行政机关都有管辖权的情况下可以任意选择一个，选择时本着及时、便于查处的原则，对于业务性较强的可以向上一级对口行政机关申诉。移送管辖是指行政机关对不属于自己管辖范围的申诉案件，应移送有管辖权的机关受理并告知申诉人。

(六)教师申诉的程序

教师申诉的程序主要包括提出、受理、处理三个环节。

1. 申诉的提出

教师应当以书面的形式向受理申诉机关送交申诉书进行申诉。在申诉书中应当写明：①申诉人的基本情况，如姓名、性别、年龄、教师类别、职称、住址等；②被申诉人情况，包括名称、单位、性质、地址，法定代表人的姓名、性别、职务等；③申诉请求，申诉人的具体申诉请求；④申诉理由，写明合法权益受到侵害的事实依据，或不服被申诉人处理决定的事实依据，同时也要注明纠正被申诉人的错误决定或侵权补救的办法的法律依据；⑤提供所需要的相关物证的原件或复印件等。

2. 申诉的受理

受理申诉的行政机关在接到申诉书后，应当及时对申诉人的资格和申诉条件进行审查，根据不同的情况作出处理。对符合条件的予以受理；对不符合条件的不予受理，并以书面形式通知申诉人；对申诉书没有写清楚的事项或缺少的材料，要求申诉人重新提交申诉书或提交所缺的有关材料。

3. 申诉的处理

行政机关应当对受理的申诉案件进行全面调查核实，根据不同情况作出处理决定：对被申诉人的行为或决定符合法定权限和程序，如果没有不当，可以维持原处理决定；对被申诉人没有按照法律、法规行事，其行为构成了对申诉人的侵权或其决定不当的，需要变更原处理决定，可责令限期改正；被申诉人的行为违反法律、法规的，需要撤销其原处理结果。

教师提出对学校或其他教育机构的申诉后，主管教育行政部门应在收到申诉书后的次日起 30 天内进行处理。对当地人民政府有关行政部门提出的申诉，受理申诉的行政机关也应及时作出处理，不能推诿拖延。申诉人对行政机关逾期未作出处理的，或者久拖未决的，其申诉内容涉及人身权、财产权以及其他属于行政复议、行政诉讼范围的，申诉人有权依法提起行政复议或者行政诉讼。

行政机关作出处理决定后，应当把申诉处理决定书发送给申诉当事人。申诉决定自送达之日起生效。如果申诉当事人对申诉处理决定不服，可向原处理机关隶属的人民政府申请复核。申诉内容涉及人身权、财产权及其他属于行政复议、行政诉讼范围的，可以依法提起行政复议或者行政诉讼。

阅读资料：

丰某，2001年，在师范学院毕业后被分配到某中学，任七年级(2)班的班主任、语文教师。在教学中，他不鼓励学生死记硬背，也不采取题海战术，而是重视学生的独立思考能力和综合素质，因而深受学生的喜爱。2003年，他所带的班参加中考的成绩不突出，升学率也不高，于是学校据此作出决定，扣发丰某全年奖金。丰某感到很是不解，为什么国家一再提倡素质教育，要坚决改变以升学率高低为主要指标评估教育政绩优劣、教学水平高低和教师工作好坏的做法，而学校却以升学率较低为由扣发其全年奖金。丰某对学校的处理决定不服，应该怎么办？

分析： 在本案中，丰某应当向学校所在地的教育行政部门提出申诉。《教师法》第三十九条明确规定："教师对学校或者其他教育机构侵犯其合法权益的，或者对学校或者其他教育机构作出的处理不服的，可以向教育行政部门提出申诉，教育行政部门应当在接到申诉的三十日内，作出处理。"因此，丰某如对学校扣发其全年奖金的处理决定不服，可向学校所在地的教育行政部门提出申请。如果教育行政部门在30日内未作出决定，丰某可以其不作为为由依法向人民法院提起行政诉讼。❶

二、学生申诉制度

(一)学生申诉制度的概念

学生申诉制度是指学校或教育行政机关侵害学生的合法权益时，学生可以依法向主管机关或有关部门申诉理由并请求给予处理的制度。《教育法》第四十二条规定，学生有权对学校给予的处分不服向有关部门提出申诉。这就在法律上确定了学生的申诉制度，为学生的合法权益受到侵害时寻求法律救济提供了法律保障。学生诉讼制度具有其自身的特殊性，包括以下几个方面。

1. 学生申诉制度是一种法定制度

学生申诉制度首先是基于公民的申诉权的，学生作为公民有权对学校或教师的违法失职行为向有关国家机关提出申诉，但是，这种申诉不能是诬告陷害。其次，学生申诉制度受到《宪法》《教育法》和其他相关教

---

❶ 陈鹏，祁占勇.教育法学的理论与实践[M].北京：中国社会科学出版社，2006.

育法律的保护。

2. 学生申诉制度是一种非诉讼性质的申诉制度

学生的申诉主要发生在教育领域内，是因为学校或者相关单位作出的处分或决定侵害了学生的合法权益，不是诉讼方面的诉讼，在申诉内容、程序、条件等方面表现为非诉讼性。

3. 学生申诉制度是一种特殊的权利救济制度

在教育活动中，学生享有的受教育权、公正评价权、隐私权等基本权利会因学校或教师的不当处理受到侵害，如开除、体罚等，而且由于处于相对人地位和未成年人的特殊身份，学生对这些不当侵害既不能采取拒不履行的方式补救其合法权益，又不能采取强制手段制止或纠正校方或教师的侵权行为，所以，学生只能用法定的申诉制度来维护自己的合法权益。

(二)学生申诉的条件

学生申诉需要具备以下四个条件。

①本人或家长认为学校、教师或教育行政机关以及其他相关部门的具体行为或处分侵害了学生本人的合法权益。这是申诉的主要条件，要符合事实依据，不能歪曲、捏造事实。

②合法权益所受的侵害在教育法律、法规规定的范围内。

③弄清被申诉人，即弄清权益侵害行为的实施方。

④遵循一定的法定程序。

(三)学生申诉的范围

学生申诉的范围十分广泛，一般涉及学生的受教育权、人身权、财产权等各项合法权益，根据各教育相关法律、法规的规定，申诉的范围主要有以下几种。

1. 学生对学校给予的处分不服

学生如果认定学校的处理不公正或侵害了其权益，可以提出申诉。

2. 学校或教师违反规定乱收费

《教育法》第七十八条规定："学校及其他教育机构违反国家有关规定向受教育者收取费用的，由教育行政部门责令退还所收费用；对直接负责的主管人员和其他直接责任人员，依法给予行政处分。"

3. 学校或教师侵犯学生人身权

《未成年人保护法》第二十一条规定："学校、幼儿园、托儿所的教职员工应当尊重未成年人的人格尊严，不得对未成年人实施体罚、变相体罚或者其他侮辱人格尊严的行为。"

4. 学校或教师对学生的评价不公正

如果学生认为学校或教师通过评语、考试等方式对学生进行的评价违背了客观、公正的原则，可以认为是侵权行为并提出申诉。

5. 学生的其他合法权益受到侵害

学生或学校侵犯学生的隐私、非法剥夺学生荣誉或侵犯学生知识产权的侵权行为，学生可以提出申诉。

(四)学生申诉的程序

学生申诉要遵循提出、受理和处理的程序，如果对申诉处理不服，还可以向法院提起诉讼。

1. 学生申诉的提出

学生提出申诉可以采用口头形式或书面形式。以口头形式申诉需要讲明申诉人和被申诉人的自然状况，申诉的理由和事件发生的基本事实经过，最后提出申诉要求。书面形式要写明以下几点：①申诉人的姓名、年龄等基本信息和与被申诉人的关系；②写明被申诉人的名称、地址，法定代表人的姓名、性别以及职务等；③写明申诉要求，指申诉人对被申诉人因侵犯其合法权益不服，要求撤销决定的具体要求；④写明申诉理由和事实经过，申诉人要写明被申诉人侵害其合法权益的处理或行为决定的事实经过和法律政策依据，并陈述相关理由。

2. 学生申诉的受理

主管机关在接到学生的口头或书面申诉后，要依据情况审查后作出不同的处理：对于属于自己主管的，予以受理；对于不属于自己主管的，告知申诉学生，驳回申诉或转移至其他部门；对于未说明申诉理由和要求的，可要求其再次说明或重新提交申诉书。主管机关对口头申诉应当在当时或规定时间内作出是否受理的答复；各主管部门或学校都应对申诉的受理时间限制作出明确的规定，一般为5～30天。

3. 学生申诉的处理

主管机关如果决定对申诉进行处理，应该对事件进行调查核实，并依据事实情况的不同进行不同处理：如果学校、教师或其他教育机构的行为或决定符合法定权限或程序，适用法律规定正确，事实清楚，可以维持原来的处分决定和结果；对于违反相关法律、法规规定并侵害了申诉人合法权益的处分或决定，可以撤销原处理决定或处分，责令被申诉人限期改正；违法处分或决定部分适用于法律、法规决定的，予以适用部分撤销；处分或决定依据的规章制度或校纪校规与法律、法规及其他规范性文件抵触的，撤销原处理决定；如果是对侵犯人身权、财产权等进行的申诉，学生对申诉处理结果不服，可依法向法院起诉。

阅读资料：

　　某县第一中学受片面追求升学率的影响，去年下半学期开学后，中学领导借口初中教室不足，对一些成绩不好、考试不及格的学生采取停课或开除的办法，宣布要求他们"立即离校回家"。然而，这些同学刚被赶回家，该中学就又接收了一部分初中毕业生，编入九年级复读。该校因成绩不好而被责令退学、转学的学生有14名，被开除学生的家长对该中学的做法极为不满，想向上级行政部门提出申诉，这种做法是否合适？

　　分析：该校的做法违反了我国相关法律、法规的有关规定。《教育法》第九条规定："中华人民共和国公民有受教育的权利和义务。公民不分民族、种族、性别、职业、财产状况、宗教信仰等，依法享有平等的受教育机会。"我国《未成年人保护法》第十八条规定："学校应当尊重未成年学生受教育的权利……不得违反法律和国家规定开除未成年学生。"因此学生家长有权向上级教育行政部门提出申诉，由主管部门对违反有关规定的人员进行批评教育，对坚持不改、造成恶劣影响和后果的，要按法律规定给予处分。❶

>>> 复习与思考

1. 简述教育法律救济的含义和特点。
2. 简述教育行政复议制度。
3. 简述教师申诉制度及教师申诉程序。
4. 简述学生申诉制度的概念及申诉的程序。

>>> 案例分析

　　1. 杨某，30岁，1999年由师专毕业后在某乡中学任初中物理教师。工作以来，杨某教学能力突出，很快成为学科的骨干教师。2002年，为了提高自己的学历层次，经杨某申请，当地教委和学校批准其到某师范大学进修。杨某十分珍惜这次来之不易的进修机会，在一年的进修期间，她不仅成绩优秀，还发表了数篇论文。然而，进修结束后，她才发现学校将她进修期间的工资扣了一半，并告知：进修期间，没有在学校正常

---

❶　李晓燕．教育法学[M]．北京：高等教育出版社，2006．

工作的，一律扣发一半工资。

问题与思考：

(1)学校可以扣发参加进修的教师的工资吗？

(2)杨某应该怎么办？

2.某中学，因翻修校舍，急需一部分资金，1990年，学校扣留了全体教师从7月份到9月份的全部工资，款额共计4.32万元。全体教师对学校的行为极为不满，联名向教育行政部门提出申诉。其申诉依据是：《教育法》第三十三条规定："国家保护教师的合法权益……教师的工资报酬、福利待遇，依照法律、法规的规定办理。"《教师法》第七条规定，教师享有"按时获取工资报酬，享受国家规定的福利待遇以及寒暑假期的带薪休假"的权利。教师要求学校马上归还扣留教师的全部工资。

问题与思考：

(1)学校侵犯了教师的什么权利？

(2)教师的申诉能得到县教育局的支持吗？为什么？县教育局应如何处理？

>>> 参考文献

1.《教育政策法规》编写组.教育政策法规[M].西安：西北大学出版社，2011.

2.陈鹏，祁占勇.教育法学的理论与实践[M].北京：中国社会科学出版社，2006.

3.李晓燕.教育法学[M].北京：高等教育出版社，2006.

4.张乐天.教育政策法规的理论与实践[M].上海：华东师范大学出版社，2012.

5.袁振国.教育政策学[M].南京：江苏教育出版社，1996.

基础教育课程改革纲要(试行)

　　改革开放以来，我国基础教育取得了辉煌成就，基础教育课程建设也取得了显著成绩。但是，我国基础教育总体水平还不高，原有的基础教育课程已不能完全适应时代发展的需要。为贯彻《中共中央国务院关于深化教育改革全面推进素质教育的决定》(中发〔1999〕9 号)和《国务院关于基础教育改革与发展的决定》(国发〔2001〕21 号)，教育部决定大力推进基础教育课程改革，调整和改革基础教育的课程体系、结构、内容，构建符合素质教育要求的新的基础教育课程体系。

　　新的课程体系涵盖幼儿教育、义务教育和普通高中教育。

一、课程改革的目标

　　1. 基础教育课程改革要以邓小平同志关于"教育要面向现代化，面向世界，面向未来"和江泽民同志"三个代表"的重要思想为指导，全面贯彻党的教育方针，全面推进素质教育。

　　新课程的培养目标应体现时代要求。要使学生具有爱国主义、集体主义精神，热爱社会主义，继承和发扬中华民族的优秀传统和革命传统；具有社会主义民主法制意识，遵守国家法律和社会公德；逐步形成正确的世界观、人生观、价值观；具有社会责任感，努力为人民服务；具有初步的创新精神、实践能力、科学和人文素养以及环境意识；具有适应终身学习的基础知识、基本技能和方法；具有健壮的体魄和良好的心理素质，养成健康的审美情趣和生活方式，成为有理想、有道德、有文化、有纪律的一代新人。

2. 基础教育课程改革的具体目标:

改变课程过于注重知识传授的倾向,强调形成积极主动的学习态度,使获得基础知识与基本技能的过程同时成为学会学习和形成正确价值观的过程。

改变课程结构过于强调学科本位、科目过多和缺乏整合的现状,整体设置九年一贯的课程门类和课时比例,设置综合课程,以适应不同地区和学生发展的需求,体现课程结构的均衡性、综合性和选择性。

改变课程内容"繁、难、偏、旧"和过于注重书本知识的现状,加强课程内容与学生生活以及现代社会科技发展的联系,关注学生的学习兴趣和经验,精选终身学习必备的基础知识和技能。

改变课程实施过于强调接受学习、死记硬背、机械训练的现状,倡导学生主动参与、乐于探究、勤于动手,培养学生搜集和处理信息的能力、获取新知识的能力、分析和解决问题的能力,以及交流与合作的能力。

改变课程评价过分强调甄别与选拔的功能,发挥评价促进学生发展,教师提高和改进教学实践的功能。

改变课程管理过于集中的状况,实行国家、地方、学校三级课程管理,增强课程对地方、学校及学生的适应性。

二、课程结构

3. 整体设置九年一贯的义务教育课程。

小学阶段以综合课程为主。小学低年级设品德与生活、语文、数学、体育、艺术(或音乐、美术);小学中高年级设品德与社会、语文、数学、科学、外语、综合实践活动、体育、艺术(或音乐、美术)。

初中阶段设置分科与综合相结合的课程,主要包括思想品德、语文、数学、外语、科学(或物理、化学、生物)、历史与社会(或历史、地理)、体育与健康、艺术(或音乐、美术)以及综合实践活动。积极倡导各地选择综合课程。学校应努力创造条件开设选修课程。在义务教育阶段的语文、艺术、美术课中要加强写字教学。

4. 高中以分科课程为主。为使学生在普遍达到基本要求的前提下实现有个性的发展,课程标准应有不同水平的要求,在开设必修课的同时,设置丰富多样的选修课程,开设技术类课程。积极试行学分制管理。

5. 从小学至高中设置综合实践活动并作为必修课程,其内容主要包括:信息技术教育、研究性学习、社区服务与社会实践以及劳动与技术教育。强调学生通过实践,增强探究和创新意识,学习科学研究的方法,发展综合运用知识的能力。增进学校与社会的密切联系,培养学生的社会责任感。在课程的实施过程中，加强信息技术教育，培养学生利用信息技术的意识和能力。了解必要的通用技术和职业分工，形成初步技术能力。

6. 农村中学课程要为当地社会经济发展服务，在达到国家课程基本要求的同时，可根据现代农业发展和农村产业结构的调整因地制宜地设置符合当地需要的课程，深化"农科教结合"和"三教统筹"等项改革，试行通过"绿色证书"教育及其它技术培训获得"双证"的做法。城市普通中学也要逐步开设职业技术课程。

三、课程标准

7. 国家课程标准是教材编写、教学、评估和考试命题的依据，是国家管理和评价课程的基础。应体现国家对不同阶段的学生在知识与技能、过程与方法、情感态度与价值观等方面的基本要求，规定各门课程的性质、目标、内容框架，提出教学和评价建议。

8. 制定国家课程标准要依据各门课程的特点，结合具体内容，加强德育的针对性、实效性和主动性，对学生进行爱国主义、集体主义和社会主义教育，加强中华民族优良传统、革命传统教育和国防教育，加强思想品质和道德教育，引导学生确立正确的世界观、人生观和价值观；要倡导科学精神、科学态度和科学方法，引导学生创新与实践。

9. 幼儿园教育要依据幼儿身心发展的特点和教育规律，坚持保教结合和以游戏为基本活动的原则，与家庭和社区密切配合，培养幼儿良好的行为习惯，保护和启发幼儿的好奇心和求知欲，促进幼儿身心全面和谐发展。

义务教育课程标准应适应普及义务教育的要求，让绝大多数学生经过努力都能够达到，体现国家对公民素质的基本要求，着眼于培养学生终身学习的愿望和能力。

普通高中课程标准应在坚持使学生普遍达到基本要求的前提下，有一定的层次性和选择性，并开设选修课程，以利于学生获得更多的选择和发展的机会，为培养学生的生存能力、实践能力和创造能力打下良好的基础。

四、教学过程

10. 教师在教学过程应与学生积极互动、共同发展，要处理好传授知识与培养能力的关系，注重培养学生的独立性和自主性，引导学生质疑、调查、探究，在实践中学习，促进学生在教师指导下主动地、富有个性地学习。教师应尊重学生的人格，关注个体差异，满足不同学生的学习需要，创设能引导学生主动参与的教育环境，激发学生的学习积极性，培养学生掌握和运用知识的态度和能力，使每个学生都能得到充分的发展。

11. 大力推进信息技术在教学过程中的普遍应用，促进信息技术与学科课程的整合，逐步实现教学内容的呈现方式、学生的学习方式，教师的教学方式和师生互动方式的变革，充分发挥信息技术的优势，为学生的学习和发展提供丰富多彩的教育环境和有力的学习工具。

五、教材开发与管理

12. 教材改革应有利于引导学生利用已有的知识与经验，主动探索知识的发生与发展，同时也应有利于教师创造性地进行教学。教材内容的选择应符合课程标准的要求，体现学生身心发展特点，反映社会、政治、经济、科技的发展需求；教材内容的组织应多样、生动，有利于学生探究，并提出观察、实验、操作、调查、讨论的建议。

积极开发并合理利用校内外各种课程资源。学校应充分发挥图书馆、实验室、专用教室及各类教学设施和实践基地的作用；广泛利用校外的图书馆、博物馆、展览馆、科技馆、工厂、农村、部队和科研院所等各种社会资源以及丰富的自然资源；积极利用并开发信息化课程资源。

13. 完善基础教育教材管理制度，实现教材的高质量与多样化。

实行国家基本要求指导下的教材多样化政策，鼓励有关机构、出版部门等依据国家课程标准组织编写中小学教材。建立教材编写的核准制度，教材编写者应根据教育部《关于中小学教材编写审定管理暂行办法》，向教育部申报，经资格核准通过后，方可编写。完善教材审查制度，除经教育部授权省级教材审查委员会外，按照国家课程标准编写的教材及跨省使用的地方课程的教材须经全国中小学教材审查委员会审查；地方教材须经省级教材审查委员会审查。教材审查实行编审分离。

改革中小学教材指定出版的方式和单一渠道发行的体制，严格遵循中小学教材版式的国家标准。教材的出版和发行试行公开竞标，国家免费提供的经济适用型教材实行政府采购，保证教材质量，降低价格。

加强对教材使用的管理。教育主管部门定期向学校和社会公布经审查通过的中小学教材目录，并逐步建立教材评价制度和在教育主管部门及专家指导下的教材选用制度。改革用行政手段指定使用教材的做法，严禁以不正当竞争手段推销教材。

六、课程评价

14. 建立促进学生全面发展的评价体系。评价不仅要关注学生的学业成绩，而且要发现和发展学生多方面的潜能，了解学生发展中的需求，帮助学生认识自我，建立自信。发挥评价的教育功能，促进学生在原有水平上的发展。

建立促进教师不断提高的评价体系。强调教师对自己教学行为的分析与反思，建立以教师自评为主，校长、教师、学生、家长共同参与的评价制度，使教师从多种渠道获得信息，不断提高教学水平。

建立促进课程不断发展的评价体系。周期性地对学校课程执行的情况、课程实施中的问题进行分析评估，调整课程内容、改进教学管理，形成课程不断革新的机制。

15. 继续改革和完善考试制度。

在普及九年义务教育的地区，实行小学毕业生免试就近升学的办法。鼓励各地中小学自行组织毕业考试。完善初中升高中的考试管理制度，考试内容应加强与社会实际和学生生活经验的联系，重视考查学生分析问题、解决问题的能力，部分学科可实行开卷考试。高中毕业会考改革方案由省级教育行政部门制定，继续实行会考的地方应突出水平考试的性质，减轻学生考试的负担。

高等院校招生考试制度改革，应与基础教育课程改革相衔接。要按照有助于高等学校选拔人才、有助于中学实施素质教育、有助于扩大高等学校办学自主权的原则，加强对学生能力和素质的考查，改革高等学校招生考试内容，探索多次机会、双向选择、综合评价的考试、选拔方式。

考试命题要依据课程标准，杜绝设置偏题、怪题的现象。教师应对每位学生的考试情况做出具体的分析指导，不得公布学生考试成绩并按考试成绩排列名次。

七、课程管理

16. 为保障和促进课程对不同地区、学校、学生的适应性，实行国家、地方和学校三级课程管理。

教育部总体规划基础教育课程，制订基础教育课程管理政策，确定国家课程门类和课时。制订国家课程标准，积极试行新的课程评价制度。

省级教育行政部门依据国家课程管理政策和本地区实际，制订本省（自治区、直辖市）实施国家课程的计划，规划地方课程，报教育部备案并组织实施。经教育部批准，省级教育行政部门可单独制订本省（自治区、直辖市）范围内使用的课程计划和课程标准。

学校在执行国家课程和地方课程的同时，应视当地社会、经济发展的具体情况，结合本校的传统和优势、学生的兴趣和需要，开发或选用适合本校的课程。各级教育行政部门要对课程的实施和开发进行指导和监督，学校有权利和责任反映在实施国家课程和地方课程中所遇到的问题。

八、教师的培养和培训

17. 师范院校和其他承担基础教育师资培养和培训任务的高等学校和培训机构应根据基础教育课程改革的目标与内容，调整培养目标、专业设置、课程结构，改革教学方法。中小学教师继续教育应以基础教育课程改革为核心内容。

地方教育行政部门应制定有效、持续的师资培训计划，教师进修培训机构要以实施新课程所必需的培训为主要任务，确保培训工作与新一轮课程改革的推进同步进行。

九、课程改革的组织与实施

18. 教育部领导并统筹全国基础教育课程改革工作；省级教育行政部门领导并规划本省（自治区、直辖市）的基础教育课程改革工作。

19. 基础教育课程改革是一项系统工程。应始终贯彻"先立后破，先实验后推广"的工作方针。各省（自治区、直辖市）都应建立课程改革实验区，实验区应分层推进，发挥示范、培训和指导的作用，加快实验区的滚动发展，为过渡到新课程做好准备。

基础教育课程改革必须坚持民主参与和科学决策的原则，积极鼓励高等院校、科研院所的专家、学者和优秀的中小学教师投身中小学课程教材改革；支持部分师范大学成立"基础教育课程研究中心"，开展中小学课程改革的研究工作，并积极参与基础教育课程改革实践；在教育行政部门的领导下，各级中小学教研机构要把基础教育课程改革作为中心工作，充分发挥教学研究、指导和服务等作用，并与基础教育课程研究中心建立联系，发挥各自的优势，共同推进基础教育课程改革；建立教育部门、家长以及社会各界有效参与课程建设和学校管理的制度；积极发挥新闻媒体的作用，引导社会各界深入讨论、关心并支持课程改革。

20. 建立课程教材持续发展的保障机制。各级教育行政部门应设立基础教育课程改革的专项经费。

为使新课程体系在实验区顺利推进，教育部在高考、中考、课程设置等方面对实验区给予政策支持。对参加基础教育课程改革的单位、集体、个人所取得的优秀成果，予以奖励。

国务院办公厅关于开展国家教育体制改革试点的通知

国办发〔2010〕48 号

各省、自治区、直辖市人民政府，国务院各部委、各直属机构：

为进一步深化教育体制改革，根据《国家中长期教育改革和发展规划纲要(2010—2020年)》(以下简称《教育规划纲要》)的部署，决定在部分地区和学校开展国家教育体制改革试点。经国务院同意，现将有关事项通知如下：

一、总体要求

指导思想。高举中国特色社会主义伟大旗帜，以邓小平理论和"三个代表"重要思想为指导，深入贯彻落实科学发展观，全面贯彻党的教育方针，坚持社会主义办学方向，立足基本国情，遵循教育规律，以促进公平为重点，以提高质量为核心，解放思想，勇于实践，大胆突破，激发活力，努力形成有利于教育事业科学发展的体制机制。

基本原则。坚持以人为本，着力解决重大现实问题。从人民群众关心的热点难点问题入手，着力破除体制机制障碍，努力解决深层次矛盾，把办好人民满意的教育作为推进教育改革的出发点，把能否促进人的全面发展、适应经济社会需要作为检验教育改革的根本标准。坚持统筹谋划，确保改革协调有序推进。搞好总体设计，正确处理改革、发展和稳定的关系，把立足当前与兼顾长远相结合，综合改革与专项改革相结合，着眼于事关全局的关键领域和薄弱环节，有计划、有步骤地扎实推进，确保改革的科学性、系统性。坚持因地制宜，鼓励各地各校大胆试验。充分考虑城乡差别大、区域发展不平衡的现实，把整体部署和尊重基层结合起来，充分发挥地方、学校和师生的主动性、积极性、创造性，鼓励各地各校紧密结合实际，积极探索，勇于创新，增强教育事业改革发展的内在动力，努力形成全社会共同推进教育事业改革发展的良好局面。

二、重点任务及试点地区、学校

(一)专项改革试点。

1. 建立健全体制机制，加快学前教育发展。

明确政府职责，完善学前教育体制机制，构建学前教育公共服务体系(辽宁省大连市，上海市闵行区，江苏省部分市县，浙江省部分市，安徽省合肥市，甘肃省部分自治州，宁夏回族自治区部分市县)。探索政府举办和鼓励社会力量办园的措施和制度，多种形式扩大学前教育资源(河北省，内蒙古自治区，浙江省，云南省)。改革农村学前教育投入和管理体制，探索贫困地区发展学前教育途径，改进民族地区学前双语教育模式(黑龙江省，广西壮族自治区部分县，贵州省毕节地区，西藏自治区山南地区，新疆维吾尔自治区)。加强幼儿教师培养培训(江苏省，浙江省)。

2. 推进义务教育均衡发展，多种途径解决择校问题。

推进义务教育学校标准化建设，探索城乡教育一体化发展的有效途径(北京市部分区县，天津市，山西省，黑龙江省部分县市区，江西省，安徽省，湖南省，四川省成都市，新疆维吾尔自治区)。创新体制机制，实施县域内义务教育学校教师校际交流制度，实行优质高中招生名额分配到区域内初中学校的办法，多种途径推进义务教育均衡发展(北京市，天津市，河北省，山西省晋中市，辽宁省部分市，吉林省通榆县，上海市，江苏省，浙江省嘉善县，安徽省，福建省部分市县，山东省，河南省，湖北省，广东省部分市区，海南省，四川省部分县，云南省，甘肃省部分市，青海省部分自治州，宁夏回族自治区，新疆维吾尔自治区部分县，新疆生产建设兵团农八师石河子市)。完善农民工子女接受义务教育体制机制，探索非本地户籍常住人口随迁子女非义务教育阶段教育保障制度(北京市，上海市，安徽省，广东省，云南省，新疆维吾尔自治区)。完善寄宿制学校管理体制与机制，探索民族地区、经济欠发达地区义务教育均衡发展模式(广西壮族自治区部分市县，贵州省毕节地区，甘肃省酒泉市，青海省海南州)。建立健全义务教育均衡发展督导、考核和评估制度(北京市，上海市，安徽省，云南省)。

3. 推进素质教育，切实减轻中小学生课业负担。

规范中小学办学行为，改进教育教学方法，改进考试评价制度，探索减轻中小学生过重课业负担的途径和方法(辽宁省盘锦市，江苏省南通市，安徽省，山东省，陕西省西安市，甘肃省部分市县)。深化基础教育课程、教材和教学方法改革(北京市，广东省深圳市)。整体规划大中小学德育课程，推进中小学德育内容、方法和机制创新，建设民族团结教育课程体系，探索建立"阳光体育运动"的长效机制(北京市，内蒙古自治区，上海市，广西壮族自治区，甘肃省部分市，新疆维吾尔自治区)。开展普通高中多样化、特色化发展试验，建立创新人才培养基地，探索西部欠发达地区普及高中阶段教育的措施和办法(北京市，天津市，黑龙江省，上海市，江苏省，陕西省，四川省，新疆维吾尔自治区，宁夏回族自治区部分市县)。研究制定义务教育质量督导评价标准，改革义务教育教学质量综合评价办法，建立中小学教育质量监测评估机制，探索地方政府履行教育职责的评价办法(北京市，天津市，上海市，安徽省，湖北省，海南省，重庆市，云南省部分市州，甘肃省，宁夏回族自治区部分市县)。

4. 改革职业教育办学模式，构建现代职业教育体系。

建立健全政府主导、行业指导、企业参与的办学体制机制，创新政府、行业及社会各方分担职业教育基础能力建设机制，推进校企合作制度化(天津市，辽宁省，吉林省长春市，上海市嘉定区，江苏省，江西省，河南省，湖北省，广东省佛山市顺德区、中山火炬高技术产业开发区，重庆市，四川省德阳市，云南省部分市州）。开展中等职业学校专业规范化建设，加强职业学校"双师型"教师队伍建设，探索职业教育集团化办学模式（北京市，天津市，河北省，辽宁省，黑龙江省部分市，安徽省部分市县，福建省，河南省，湖南省，广西壮族自治区，海南省，陕西省，甘肃省，宁夏回族自治区，新疆维吾尔自治区）。开展民族地区中等职业教育"9+3"免费试点，改革边疆民族地区职业教育办学模式和人才培养体制，加快民族地区、经济欠发达地区中等职业教育发展（广西壮族自治区，四川省，贵州省毕节地区，云南省部分市州，青海省）。建立中等职业教育工作督导体系（内蒙古自治区）。开展地方政府促进高等职业教育发展综合改革试点（北京市部分区，吉林省长春市，上海市，江苏省部分市，浙江省部分市，山东省部分市，河南省商丘市，湖南省部分市，广东省广州市，广西壮族自治区部分市）。探索建立职业教育人才成长"立交桥"，构建现代职业教育体系（北京市，天津市，上海市，广东省，甘肃省部分市）。

5. 改革人才培养模式，提高高等教育人才培养质量。

完善教学质量标准，探索通识教育新模式，建立开放式、立体化的实践教学体系，加强创新创业教育（安徽省，广东省，新疆维吾尔自治区克拉玛依市，北京大学等33所部属高校，沈阳音乐学院南校区，赣南医学院，海南大学，西藏藏医学院，青海大学藏医学院）。设立试点学院，开展创新人才培养试验（北京大学等部分高校）。实施基础学科拔尖学生培养试验计划（北京大学等17所部属高校）。改革研究生培养模式，深化专业学位教育改革，探索和完善科研院所与高等学校联合培养研究生的体制机制（北京市，在沪部分高校及附属医院，清华大学，上海交通大学，宁夏医科大学）。探索开放大学建设模式，建立学习成果认证和"学分银行"制度，完善高等教育自学考试、成人高等教育招生考试制度，探索构建人才成长"立交桥"（北京市，上海市，江苏省，广东省，云南省，中央广播电视大学）。推进学习型城市建设（北京市，上海市，山东省济南市，广东省广州市）。

6. 改革高等教育管理方式，建设现代大学制度。

探索高等学校分类指导、分类管理的办法，落实高等学校办学自主权（北京市，黑龙江省，上海市，江苏省，浙江省，安徽省，湖北省，广东省，云南省）。推动建立健全大学章程，完善高等学校内部治理结构（北京大学等26所部属高校）。建立健全岗位分类管理制度，推进高校人事制度改革，改革高校基层学术组织形式及其运行机制（清华大学等8所部属高校）。建立高校总会计师制度，完善高校内部财务和审计制度（黑龙江省，浙江省，厦门大学等 3 所部属高校，长春理工大学）。改革学科建设绩效评估方式，完善以质量和创新为导向的学术评价机制（湖南大学等 3 所部属高校）。构建高等学校学术不端行为监督查处机制，健全高等学校廉政风险防范机制（黑龙江省）。

7. 适应经济社会发展需求，改革高等学校办学模式。

推进高校与地方、行业、企业合作共建，探索中央高校与地方高校合作发展机制，建设高等教育优质资源共享平台，构建高校产学研联盟长效机制（北京市，天津市，山西省，辽宁省，黑龙江省，江苏省，江西省，湖北省，重庆市，甘肃省部分高校，北京师范大学等 14 所部属高校）。发挥行业优势，完善体制机制，促进行业高等学校特色发展，培养高水平专门人才（北京科技大学等 15 所部属高校）。完善来华留学生培养体制机制，扩大留学生招生规模（北京市，上海市，江苏省，广东省，北京外国语大学等 5 所部属高校）。探索高水平中外合作办学模式，培养国家紧缺的国际化创新人才，建立具有区域特色的国际教育合作与交流平台，完善中外合作办学质量保障机制，提高中外合作办学水平（北京市，上海市，浙江省，广东省，广西壮族自治区，云南省，北京师范大学等 12 所部属高校）。加强内地高校与港澳知名高校合作办学，探索闽台高校教育合作交流新模式（福建省，广东省）。

8. 改善民办教育发展环境，深化办学体制改革。

探索营利性和非营利性民办学校分类管理办法（上海市，浙江省，广东省深圳市，吉林华桥外国语学院）。清理并纠正对民办教育的各类歧视政策，保障民办学校办学自主权（上海市，浙江省，广东省深圳市，云南省）。完善支持民办教育发展的政策措施，探索公共财政资助民办教育具体政策，支持民办学校创新体制机制和育人模式，办好一批高水平民办学校（上海市，浙江省，福建省，江西省，广东省深圳市，云南省，宁夏回族自治区，武汉科技大学中南分校）。改革民办高校内部管理体制，完善法人治理结构，建立健全民办学校财务、会计和资产管理制度（上海市，江苏省，浙江省，云南省，西安欧亚学院）。

9. 健全教师管理制度，加强教师队伍建设。

制定优秀教师到农村地区从教的具体办法，探索建立农村教师专业发展支持服务体系，创新农村义务教育阶段教师全员培训模式，推进农村教师周转房建设，多种措施加强农村中小学教师队伍建设（北京市，黑龙江省，江西省部分县市，湖北省，湖南省，广西壮族自治区，重庆市，云南省，陕西省部分市，新疆维吾尔自治区）。完善师范生免费教育政策，扩大实施范围（北京市，江苏省，湖南省，新疆维吾尔自治区，上海师范大学，云南师范大学，西北师范大学）。创新教师教育体系和培养模式，探索中小学教师和校长培训新模式，构建区域协作的教师继续教育新体制，建设支撑教师专业化发展的教学资源平台（河北省，吉林省，浙江省，山东省，湖南省，新疆维吾尔自治区，教育部所属6所师范大学，西北师范大学）。完善民族地区双语教师培养培训模式（青海省部分自治州，新疆维吾尔自治区）。开展教师资格考试改革和教师资格定期注册试点，建立中小学新任教师公开招聘制度和办法，探索建立教师退出机制（河北省，上海市，浙江省，福建省，湖北省，湖南省，广西壮族自治区，海南省）。探索中小学校长职级制，深化中小学教师职称制度改革（吉林省松原市，上海市，山东省潍坊市，广东省中山市，陕西省宝鸡市）。

10. 完善教育投入机制，提高教育保障水平。

探索政府收入统筹用于优先发展教育的办法，完善保障教育优先发展的投入体制（北京市，内蒙古自治区，上海市，江苏省，安徽省，广东省，重庆市，云南省，新疆维吾尔自治区）。探索高校多渠道筹集办学经费的机制（中国科学技术大学）。根据办学条件基本标准和教育教学基本需要，研究制定各级学校生均经费基本标准（北京市，天津市，辽宁省，上海市，江苏省，浙江省，安徽省，河南省，湖南省，广东省，广西壮族自治区，重庆市，云南省，甘肃省）。

(二)重点领域综合改革试点。

11. 基础教育综合改革试点。

明确政府责任，多种形式扩大学前教育资源，加强学前教育规范管理，切实解决"入园难、入园贵"问题。建立健全义务教育均衡发展保障机制，多种途径解决择校问题。探索流动人口子女在流入地平等接受义务教育和参加升学考试的办法，探索建立健全农村留守儿童关爱服务体系。推动普通高中多样化发展，鼓励普通高中办出特色。系统改革教学内容、教育方法和评价制度，探索减轻中小学生过重课业负担的有效途径，全面推进素质教育。（山东省，湖南省，重庆市）

12. 职业教育综合改革试点。

强化省、市级政府统筹发展职业教育的责任，促使职业教育与经济社会发展需求相适应，促进中等职业教育与高等职业教育协调发展。健全多渠道投入机制，加大职业教育投入，加快基础能力建设。改革职业教育办学模式和人才培养模式，探索部门、行业、企业参与办学的机制，推进城乡、区域、校企合作。积极推进学历证书与职业资格证书"双证书"制度，完善就业准入制度，提高技能型人才的社会地位和待遇，增强

职业教育吸引力。（天津市，辽宁省，河南省，四川省）

13. 高等教育综合改革试点。

适应国家和地区经济社会发展需要，优化高等教育学科专业、类型、层次结构。建立高校分类体系，实行分类管理。落实和扩大高等学校办学自主权。完善中国特色现代大学制度。改革培养模式，提高人才培养质量。引进国际优质教育资源，提高中外合作办学水平。加大对学术不端行为的监督、查处力度，完善高等学校惩治和预防腐败体系。（黑龙江省，江苏省，湖北省）

14. 民办教育综合改革试点。

清理并纠正对民办学校的各类歧视政策。完善促进民办教育发展的优惠政策，健全公共财政对民办教育的扶持政策，促进社会力量多种形式兴办教育。积极探索营利性和非营利性民办学校分类管理。保障民办学校办学自主权。完善民办学校法人治理结构，加强财务、会计和资产管理。支持民办学校创新体制机制和育人模式，提高质量，办出特色。（浙江省）

(三)省级政府教育统筹综合改革试点。

15. 省级政府教育统筹综合改革试点。

深化教育管理体制改革，探索政校分开、管办分离实现形式。统筹推进各级各类教育协调发展。统筹城乡、区域教育协调发展。统筹编制符合国家要求和本地实际的办学条件、教师编制、招生规模等基本标准。统筹建立健全以政府投入为主、多渠道筹集教育经费、保障教育投入稳定增长的体制机制。建立健全地方政府履行教育职责的评价制度。探索建立督导机构独立履行职责的体制机制。（北京市，上海市，安徽省，广东省，云南省，新疆维吾尔自治区，深圳市）

三、高度重视，精心组织，切实抓紧抓好试点工作

(一)加强组织领导。

为加强对教育体制改革工作的领导，国务院成立国家教育体制改革领导小组，审议教育改革的重大方针和政策措施，研究部署、指导实施教育体制改革工作，统筹协调教育改革发展中的重大问题。试点工作由国家教育体制改革领导小组组织领导，省级人民政府和国家有关部门组织实施。各地各部门要紧密结合自身实际，建立相应的工作机制，切实加强对改革试点工作的领导，统筹制定试点方案，统筹推进试点实施，统筹进行督促检查，统筹开展宣传推广，确保组织到位、责任到位、保障到位。开展改革试点的地区和学校，主要负责人要亲自抓，把推进改

革试点作为重要工作职责，纳入重要议事日程，落实改革措施，掌握改革动态，及时研究新情况、新问题，及时总结经验、完善制度，妥善处理改革、发展与稳定的关系，确保试点工作顺利推进。

(二)科学制订实施方案。

省级人民政府和国家有关部门，要组织试点地区、试点单位，深入调研，充分协商，科学论证，在申报方案的基础上，进一步细化、实化、具体化，形成试点项目实施方案。实施方案要突出针对性、操作性、实效性，立足解决重大现实问题，着力创新体制机制，明确改革目标、改革措施、进度安排、配套政策、保障条件、责任主体、风险分析及应对措施、预期成果及推广价值等核心内容。制订实施方案要充分听取试点单位广大师生员工和教育工作者的意见，充分听取家长、专家、相关部门和社会各界的意见。

地方改革试点实施方案，由省级人民政府报国家教育体制改革领导小组备案后启动实施；中央部门所属高等学校试点实施方案，由主管部门报国家教育体制改革领导小组备案后启动实施。

(三)加强检查指导。

改革试点启动后，省级人民政府和国家有关部门要建立督促检查机制，按照试点实施的计划进度，开展跟踪调研，及时了解情况，定期进行评估，在实践中不断完善试点方案。对于实施中需要突破的政策和规定，要根据《教育规划纲要》确定的原则和精神，充分论证，积极探索，稳妥操作。对于实施中可能存在的风险因素，要深入分析和系统评估，做好预案，积极化解，确保改革平稳推进。对于实施过程中发现的问题，要认真研究，及时妥善处理，避免出现大的偏差。对于实践中的好经验、好做法、好成果，要及时总结，组织交流，加以推广，发挥示范带动作用，扎扎实实把改革引向深入。试点实施过程中涉及的重大政策调整、出现的重大问题，要及时报告国家教育体制改革领导小组。

国家教育体制改革领导小组将根据试点进展情况对试点项目进行动态调整和补充。对措施不具体、保障不到位、成效不明显、群众不满意的试点项目，对以改革试点名义进行不正当办学行为的试点单位，将予以调整。为加强对教育体制改革试点的指导，国家教育咨询委员会将对试点实施情况进行评估，及时向国家教育体制改革领导小组提出报告。

(四)加强宣传引导。

教育体制改革政治性、政策性强，社会各界高度关注。推进教育体制改革，是全社会的共同责任，要充分发扬民主，广泛听取意见，动员各方面力量支持改革。要充分调动广大师生员工和教育工作者的积极性，鼓励他们参与改革、投身改革。对在改革实践中涌现的新思路、新办法、新举措，只要有利于教育事业科学发展，都应给予保护和支持。要坚持正确舆论导向，合理引导社会预期，多做政策宣传、解疑释惑的工作，多做增进共识、统一思想的工作，多做典型报道、示范引导的工作，营造全社会关心、重视、支持教育改革的良好氛围。

国务院办公厅

二〇一〇年十月二十四日

国家中长期教育改革和发展规划纲要
（2010－2020 年）（摘选）

第一部分　总体战略

第一章　指导思想和工作方针

（一）指导思想。高举中国特色社会主义伟大旗帜，以邓小平理论和"三个代表"重要思想为指导，深入贯彻落实科学发展观，实施科教兴国战略和人才强国战略，优先发展教育，办好人民满意的教育，建设人力资源强国。

全面贯彻党的教育方针，坚持教育为社会主义现代化建设服务，为人民服务，与生产劳动和社会实践相结合，培养德智体美全面发展的社会主义建设者和接班人。

立足社会主义初级阶段基本国情，把握教育发展的阶段性特征，坚持依法治教，尊重教育规律，夯实基础，优化结构，调整布局，提升内涵，促进教育全面协调可持续发展。

（二）工作方针。优先发展，育人为本，改革创新，促进公平，提高质量。

第二章　战略目标和战略主题

（三）战略目标。到 2020 年，基本实现教育现代化，基本形成学习型社会，进入人力资源强国行列。

（四）战略主题。

坚持德育为先。把社会主义核心价值体系融入国民教育全过程。

坚持能力为重。优化知识结构，丰富社会实践，强化能力培养。

坚持全面发展。全面加强和改进德育、智育、体育、美育。坚持文化知识学习和思想品德修养的统一、理论学习与社会实践的统一、全面发展与个性发展的统一。

专栏 1：教育事业发展主目标

指标	单位	2009 年	2015 年	2020 年
学前教育				
幼儿在园人数	万人	2658	3400	4000
学前一年毛入园率	%	74.0	85.0	95.0
学前两年毛入园率	%	65.0	70.0	80.0
学前三年毛入园率	%	50.9	60.0	70.0
九年义务教育				
在校生	万人	15772	16100	16500
巩固率	%	90.8	93.0	95.0
高中阶段教育 *				
在校生	万人	4624	4500	4700
毛入学率	%	79.2	87.0	90.0
职业教育				
中等职业教育在校生	万人	2179	2250	2350
高等职业教育在校生	万人	1280	1390	1480
高等教育 **				
在学总规模	万人	2979	3350	3550
在校生	万人	2826	3080	3300
其中：研究生	万人	140	170	200
毛入学率	%	24.2	36.0	40.0
继续教育				
从业人员继续教育	万人次	16600	29000	35000

注：＊含中等职业教育学生数；＊＊含高等职业教育学生数。

专栏 2：人力资源开发主要目标

指标	单位	2009 年	2015 年	2020 年
具有高等教育文化程度的人数	万人	9830	14500	19500
主要劳动年龄人口平均受教育年限	年	9.5	10.5	11.2
其中：受过高等教育的比例	%	9.9	15.0	20.0
新增劳动力平均受教育年限	年	12.4	13.3	13.5
其中：受过高中阶段及以上教育的比例	%	67.0	87.0	90.0

第二部分 发展任务

第三章 学前教育

（五）基本普及学前教育。

（六）明确政府职责。

（七）重点发展农村学前教育。

第四章 义务教育

（八）巩固提高九年义务教育水平。

（九）推进义务教育均衡发展。

（十）减轻中小学生课业负担。

第五章 高中阶段教育

（十一）加快普及高中阶段教育。

（十二）全面提高普通高中学生综合素质。

（十三）推动普通高中多样化发展。

第六章 职业教育

（十四）大力发展职业教育。

（十五）调动行业企业的积极性。

（十六）加快发展面向农村的职业教育。

（十七）增强职业教育吸引力。

第七章 高等教育

（十八）全面提高高等教育质量。

（十九）提高人才培养质量。

（二十）提升科学研究水平。

（二十一）增强社会服务能力。

（二十二）优化结构办出特色。

第八章 继续教育

（二十三）加快发展继续教育。

（二十四）建立健全继续教育体制机制。

（二十五）构建灵活开放的终身教育体系。

第九章 民族教育

（二十六）重视和支持民族教育事业。

（二十七）全面提高少数民族和民族地区教育发展水平。

第十章 特殊教育

（二十八）关心和支持特殊教育。

（二十九）完善特殊教育体系。

（三十）健全特殊教育保障机制。

第十八章　保障经费投入

（五十六）加大教育投入。

（五十七）完善投入机制。

义务教育全面纳入财政保障范围，实行国务院和地方各级人民政府根据职责共同负担，省、自治区、直辖市人民政府负责统筹落实的投入体制。

非义务教育实行以政府投入为主、受教育者合理分担培养成本的投入机制。

进一步加大农村、边远贫困地区、民族地区教育投入。

健全国家资助政策体系。

（五十八）加强经费管理。

第十九章　加快教育信息化进程

（五十九）加快教育信息基础设施建设。

（六十）加强优质教育资源开发与应用。

（六十一）构建国家教育管理信息系统。

第二十章　推进依法治教

（六十二）完善教育法律体系。

（六十三）全面推进依法行政。

（六十四）大力推进依法治校。

（六十五）完善督导制度和监督问责机制。

第二十一章　重大项目和改革试点

（六十六）组织实施重大项目。

义务教育学校标准化建设工程。

义务教育教师队伍建设工程。

农村学前教育推进工程。

职业教育基础能力建设工程。

高等教育质量提升工程。

民族教育发展工程。

特殊教育发展工程。

家庭经济困难学生资助工程。

国家教育信息化工程。

教育国际交流合作工程。

（六十七）组织开展改革试点。

推进素质教育改革试点。

义务教育均衡发展改革试点。

职业教育办学模式改革试点。

终身教育体制机制建设试点。

拔尖创新人才培养改革试点。

考试招生制度改革试点。

现代大学制度改革试点。

深化办学体制改革试点。

地方教育投入保障机制改革试点。

省级政府教育统筹综合改革试点。

第二十二章　加强组织领导

(六十八)加强党和政府对教育工作的领导。

(六十九)加强和改进教育系统党的建设。

(七十)切实维护教育系统和谐稳定。

实施

本规划纲要是 21 世纪我国第一个中长期教育规划纲要，涉及面广、时间跨度大、任务重、要求高，必须周密部署，精心组织，认真实施，确保各项任务落到实处。

明确目标任务，落实责任分工。贯彻实施规划纲要，是各级党委、政府的重要职责。各有关部门要在国务院统一领导下，按照规划纲要的部署和要求，对目标任务进行分解，明确责任分工。国务院教育行政部门负责本规划纲要的组织协调与实施，各有关部门积极配合，密切协作，共同抓好贯彻落实。

提出实施方案，制定配套政策。各地要围绕规划纲要确定的战略目标、主要任务、体制改革、重大措施和项目等，提出本地区实施的具体方案和措施，分阶段、分步骤组织实施。各有关部门要抓紧研究、制定切实可行、操作性强的配套政策，尽快出台实施。

鼓励探索创新，加强督促检查。充分尊重人民群众的首创精神，鼓励各地积极探索，勇于创新，创造性地实施规划纲要，重视做好改革试点工作。对各地在实施规划纲要中好的做法和有效经验，要及时总结，积极推广。对规划纲要实施情况进行监测评估和跟踪检查。

广泛宣传动员，营造良好环境。广泛宣传党和国家关于教育工作的方针、政策，广泛宣传优先发展教育、建设人力资源强国的重要性、紧迫性，广泛宣传规划纲要的重大意义和主要内容，动员全党全社会进一步关心、支持教育事业的改革和发展，为规划纲要的实施创造良好社会环境和舆论氛围。

中华人民共和国教育法

(1995 年 3 月 18 日第八届全国人民代表大会第三次会议通过
1995 年 3 月 18 日中华人民共和国主席令第 45 号公布
自 1995 年 9 月 1 日起施行)

第一章 总 则

第一条 为了发展教育事业，提高全民族的素质，促进社会主义物质文明和精神文明建设，根据宪法，制定本法。

第二条 在中华人民共和国境内的各级各类教育，适用本法。

第三条 国家坚持以马克思列宁主义、毛泽东思想和建设有中国特色社会主义理论为指导，遵循宪法确定的基本原则，发展社会主义的教育事业。

第四条 教育是社会主义现代化建设的基础，国家保障教育事业优先发展。全社会应当关心和支持教育事业的发展。全社会应当尊重教师。

第五条 教育必须为社会主义现代化建设服务，必须与生产劳动相结合，培养德、智、体等方面全面发展的社会主义事业的建设者和接班人。

第六条 国家在受教育者中进行爱国主义、集体主义、社会主义的教育，进行理想、道德、纪律、法制、国防和民族团结的教育。

第七条 教育应当继承和弘扬中华民族优秀的历史文化传统，吸收人类文明发展的一切优秀成果。

第八条 教育活动必须符合国家和社会公共利益。国家实行教育与宗教相分离。任何组织和个人不得利用宗教进行妨碍国家教育制度的活动。

第九条 中华人民共和国公民有受教育的权利和义务。公民不分民族、种族、性别、职业、财产状况、宗教信仰等，依法享有平等的受教育机会。

第十条 国家根据各少数民族的特点和需要，帮助各少数民族地区发展教育事业。国家扶持边远贫困地区发展教育事业。国家扶持和发展残疾人教育事业。

第十一条 国家适应社会主义市场经济发展和社会进步的需要，推进教育改革，促进各级各类教育协调发展，建立和完善终身教育体系。

国家支持、鼓励和组织教育科学研究，推广教育科学研究成果，促进教育质量提高。

第十二条　汉语言文字为学校及其他教育机构的基本教学语言文字。少数民族学生为主的学校及其他教育机构，可以使用本民族或者当地民族通用的语言文字进行教学。学校及其他教育机构进行教学，应当推广使用全国通用的普通话和规范字。

第十三条　国家对发展教育事业做出突出贡献的组织和个人，给予奖励。

第十四条　国务院和地方各级人民政府根据分级管理、分工负责的原则，领导和管理教育工作。中等及中等以下教育在国务院领导下，由地方人民政府管理。高等教育由国务院和省、自治区、直辖市人民政府管理。

第十五条　国务院教育行政部门主管全国教育工作，统筹规划、协调管理全国的教育事业。县级以上地方各级人民政府教育行政部门主管本行政区域内的教育工作。县级以上各级人民政府其他有关部门在各自的职责范围内，负责有关的教育工作。

第十六条　国务院和县级以上地方各级人民政府应当向本级人民代表大会或者其常务委员会报告教育工作和教育经费预算、决算情况，接受监督。

第二章　教育基本制度

第十七条　国家实行学前教育、初等教育、中等教育、高等教育的学校教育制度。国家建立科学的学制系统。学制系统内的学校和其他教育机构的设置、教育形式、修业年限、招生对象、培养目标等，由国务院或者由国务院授权教育行政部门规定。

第十八条　国家实行九年制义务教育制度。各级人民政府采取各种措施保障适龄儿童、少年就学。适龄儿童、少年的父母或者其他监护人以及有关社会组织和个人有义务使适龄儿童、少年接受并完成规定年限的义务教育。

第十九条　国家实行职业教育制度和成人教育制度。各级人民政府、有关行政部门以及企业事业组织应当采取措施，发展并保障公民接受职业学校教育或者各种形式的职业培训。国家鼓励发展多种形式的成人教育，使公民接受适当形式的政治、经济、文化、科学、技术、业务教育和终身教育。

第二十条　国家实行国家教育考试制度。国家教育考试由国务院教育行政部门确定种类，并由国家批准的实施教育考试的机构承办。

第二十一条　国家实行学业证书制度。经国家批准设立或者认可的学校及其他教育机构按照国家有关规定，颁发学历证书或者其他学业证书。

第二十二条 国家实行学位制度。学位授予单位依法对达到一定学术水平或者专业技术水平的人员授予相应的学位，颁发学位证书。

第二十三条 各级人民政府、基层群众性自治组织和企业事业组织应当采取各种措施，开展扫除文盲的教育工作。按照国家规定具有接受扫除文盲教育能力的公民，应当接受扫除文盲的教育。

第二十四条 国家实行教育督导制度和学校及其他教育机构教育评估制度。

第三章 学校及其他教育机构

第二十五条 国家制定教育发展规划，并举办学校及其他教育机构。国家鼓励企业事业组织、社会团体、其他社会组织及公民个人依法举办学校及其他教育机构。任何组织和个人不得以营利为目的举办学校及其他教育机构。

第二十六条 设立学校及其他教育机构，必须具备下列基本条件：

（一）有组织机构和章程；

（二）有合格的教师；

（三）有符合规定标准的教学场所及设施、设备等；

（四）有必备的办学资金和稳定的经费来源。

第二十七条 学校及其他教育机构的设立、变更和终止，应当按照国家有关规定办理审核、批准、注册或者备案手续。

第二十八条 学校及其他教育机构行使下列权利：

（一）按照章程自主管理；

（二）组织实施教育教学活动；

（三）招收学生或者其他受教育者；

（四）对受教育者进行学籍管理，实施奖励或者处分；

（五）对受教育者颁发相应的学业证书；

（六）聘任教师及其他职工，实施奖励或者处分；

（七）管理、使用本单位的设施和经费；

（八）拒绝任何组织和个人对教育教学活动的非法干涉；

（九）法律、法规规定的其他权利。

国家保护学校及其他教育机构的合法权益不受侵犯。

第二十九条 学校及其他教育机构应当履行下列义务：

（一）遵守法律、法规；

（二）贯彻国家的教育方针，执行国家教育教学标准，保证教育教学质量；

（三）维护受教育者、教师及其他职工的合法权益；

（四）以适当方式为受教育者及其监护人了解受教育者的学业成绩及其他有关情况提供便利；

（五）遵照国家有关规定收取费用并公开收费项目；

（六）依法接受监督。

第三十条　学校及其他教育机构的举办者按照国家有关规定，确定其所举办的学校或者其他教育机构的管理体制。学校及其他教育机构的校长或者主要行政负责人必须由具有中华人民共和国国籍、在中国境内定居、并具备国家规定任职条件的公民担任，其任免按照国家有关规定办理。学校的教学及其他行政管理，由校长负责。学校及其他教育机构应当按照国家有关规定，通过以教师为主体的教职工代表大会等组织形式，保障教职工参与民主管理和监督。

第三十一条　学校及其他教育机构具备法人条件的，自批准设立或者登记注册之日起取得法人资格。学校及其他教育机构在民事活动中依法享有民事权利，承担民事责任学校及其他教育机构中的国有资产属于国家所有。学校及其他教育机构兴办的校办产业独立承担民事责任。

第四章　教师和其他教育工作者

第三十二条　教师享有法律规定的权利，履行法律规定的义务，忠诚于人民的教育事业。

第三十三条　国家保护教师的合法权益，改善教师的工作条件和生活条件，提高教师的社会地位。教师的工资报酬、福利待遇，依照法律、法规的规定办理。

第三十四条　国家实行教师资格、职务、聘任制度，通过考核、奖励、培养和培训，提高教师素质，加强教师队伍建设。

第三十五条　学校及其他教育机构中的管理人员，实行教育职员制度。学校及其他教育机构中的教学辅助人员和其他专业技术人员，实行专业技术职务聘任制度。

第五章　受教育者

第三十六条　受教育者在入学、升学、就业等方面依法享有平等权利。学校和有关行政部门应当按照国家有关规定，保障女子在入学、升学、就业、授予学位、派出留学等方面享有同男子平等的权利。

第三十七条　国家、社会对符合入学条件、家庭经济困难的儿童、少年、青年，提供各种形式的资助。

第三十八条　国家、社会、学校及其他教育机构应当根据残疾人身心特性和需要实施教育，并为其提供帮助和便利。

第三十九条　国家、社会、家庭、学校及其他教育机构应当为有违法犯罪行为的未成年人接受教育创造条件。

第四十条　从业人员有依法接受职业培训和继续教育的权利和义务。国家机关、企业事业组织和其他社会组织，应当为本单位职工的学习和培训提供条件和便利。

第四十一条　国家鼓励学校及其他教育机构、社会组织采取措施，为公民接受终身教育创造条件。

第四十二条　受教育者享有下列权利：

（一）参加教育教学计划安排的各种活动，使用教育教学设施、设备、图书资料；

（二）按照国家有关规定获得奖学金、贷学金、助学金；

（三）在学业成绩和品行上获得公正评价，完成规定的学业后获得相应的学业证书、学位证书；

（四）对学校给予的处分不服向有关部门提出申诉，对学校、教师侵犯其人身权、财产权等合法权益，提出申诉或者依法提起诉讼；

（五）法律、法规规定的其他权利。

第四十三条　受教育者应当履行下列义务：

（一）遵守法律、法规；

（二）遵守学生行为规范，尊敬师长，养成良好的思想品德和行为习惯；

（三）努力学习，完成规定的学习任务；

（四）遵守所在学校或者其他教育机构的管理制度。

第四十四条　教育、体育、卫生行政部门和学校及其他教育机构应当完善体育、卫生保健设施，保护学生的身心健康。

第六章　教育与社会

第四十五条　国家机关、军队、企业事业组织、社会团体及其他社会组织和个人，应当依法为儿童、少年、青年学生的身心健康成长创造良好的社会环境。

第四十六条　国家鼓励企业事业组织、社会团体及其他社会组织同高等学校、中等职业学校在教学、科研、技术开发和推广等方面进行多种形式的合作。企业事业组织、社会团体及其他社会组织和个人，可以通过适当形式，支持学校的建设，参与学校管理。

第四十七条　国家机关、军队、企业事业组织及其他社会组织应当为学校组织的学生实习、社会实践活动提供帮助和便利。

第四十八条　学校及其他教育机构在不影响正常教育教学活动的前

提下，应当积极参加当地的社会公益活动。

第四十九条 未成年人的父母或者其他监护人应当为其未成年子女或者其他被监护人受教育提供必要条件。未成年人的父母或者其他监护人应当配合学校及其他教育机构，对其未成年子女或者其他被监护人进行教育。学校、教师可以对学生家长提供家庭教育指导。

第五十条 图书馆、博物馆、科技馆、文化馆、美术馆、体育馆（场）等社会公共文化体育设施，以及历史文化古迹和革命纪念馆（地），应当对教师、学生实行优待，为受教育者接受教育提供便利。广播、电视台（站）应当开设教育节目，促进受教育者思想品德、文化和科学技术素质的提高。

第五十一条 国家、社会建立和发展对未成年人进行校外教育的设施。学校及其他教育机构应当同基层群众性自治组织、企业事业组织、社会团体相互配合，加强对未成年人的校外教育工作。

第五十二条 国家鼓励社会团体、社会文化机构及其他社会组织和个人开展有益于受教育者身心健康的社会文化教育活动。

第七章 教育投入与条件保障

第五十三条 国家建立以财政拨款为主、其他多种渠道筹措教育经费为辅的体制，逐步增加对教育的投入，保证国家举办的学校教育经费的稳定来源。企业事业组织、社会团体及其他社会组织和个人依法举办的学校及其他教育机构，办学经费由举办者负责筹措，各级人民政府可以给予适当支持。

第五十四条 国家财政性教育经费支出占国民生产总值的比例应当随着国民经济的发展和财政收入的增长逐步提高。具体比例和实施步骤由国务院规定。全国各级财政支出总额中教育经费所占比例应当随着国民经济的发展逐步提高。

第五十五条 各级人民政府的教育经费支出，按照事权和财权相统一的原则，在财政预算中单独列项。各级人民政府教育财政拨款的增长应当高于财政经常性收入的增长，并使按在校学生人数平均的教育费用逐步增长，保证教师工资和学生人均公用经费逐步增长。

第五十六条 国务院及县级以上地方各级人民政府应当设立教育专项资金，重点扶持边远贫困地区、少数民族地区实施义务教育。

第五十七条 税务机关依法足额征收教育费附加，由教育行政部门统筹管理，主要用于实施义务教育。省、自治区、直辖市人民政府根据国务院的有关规定，可以决定开征用于教育的地方附加费，专款专用。农村乡统筹中的教育费附加，由乡人民政府组织收取，由县级人民政府教育行政部门代为管理或者由乡人民政府管理，用于本乡范围内乡、村两级教育事业。农村教育费附加在乡统筹中所占具体比例和具体管理办法，由省、自治区、直辖市人民政府规定。

第五十八条　国家采取优惠措施，鼓励和扶持学校在不影响正常教育教学的前提下开展勤工俭学和社会服务，兴办校办产业。

第五十九条　经县级人民政府批准，乡、民族乡、镇的人民政府根据自愿、量力的原则，可以在本行政区域内集资办学，用于实施义务教育学校的危房改造和修缮、新建校舍，不得挪作他用。

第六十条　国家鼓励境内、境外社会组织和个人捐资助学。

第六十一条　国家财政性教育经费、社会组织和个人对教育的捐赠，必须用于教育，不得挪用、克扣。

第六十二条　国家鼓励运用金融、信贷手段，支持教育事业的发展。

第六十三条　各级人民政府及其教育行政部门应当加强对学校及其他教育机构教育经费的监督管理，提高教育投资效益。

第六十四条　地方各级人民政府及其有关行政部门必须把学校的基本建设纳入城乡建设规划，统筹安排学校的基本建设用地及所需物资，按照国家有关规定实行优先、优惠政策。

第六十五条　各级人民政府对教科书及教学用图书资料的出版发行，对教学仪器、设备的生产和供应，对用于学校教育教学和科学研究的图书资料、教学仪器、设备的进口，按照国家有关规定实行优先、优惠政策。

第六十六条　县级以上人民政府应当发展卫星电视教育和其他现代化教学手段，有关行政部门应当优先安排，给予扶持。国家鼓励学校及其他教育机构推广运用现代化教学手段。

第八章　教育对外交流与合作

第六十七条　国家鼓励开展教育对外交流与合作。教育对外交流与合作坚持独立自主、平等互利、相互尊重的原则，不得违反中国法律，不得损害国家主权、安全和社会公共利益。

第六十八条　中国境内公民出国留学、研究、进行学术交流或者任教，依照国家有关规定办理。

第六十九条　中国境外个人符合国家规定的条件并办理有关手续后，可以进入中国境内学校及其他教育机构学习、研究、进行学术交流或者任教，其合法权益受国家保护。

第七十条　中国对境外教育机构颁发的学位证书、学历证书及其他学业证书的承认，依照中华人民共和国缔结或者加入的国际条约办理，或者按照国家有关规定办理。

第九章　法律责任

第七十一条　违反国家有关规定，不按照预算核拨教育经费的，由同级人民政府限期核拨；情节严重的，对直接负责的主管人员和其他直接责任人员，依法给予行政处分。违反国家财政制度、财务制度，挪用、克扣教育经费的，由上级机关责令限期归还被挪用、克扣的经费，并对直接负责的主管人员和其他直接责任人员，依法给予行政处分；构成犯罪的，依法追究刑事责任。

第七十二条　结伙斗殴，寻衅滋事，扰乱学校及其他教育机构教育教学秩序或者破坏校舍、场地及其他财产的，由公安机关给予治安管理处罚；构成犯罪的，依法追究刑事责任。侵占学校及其他教育机构的校舍、场地及其他财产的，依法承担民事责任。

第七十三条　明知校舍或者教育教学设施有危险，而不采取措施，造成人员伤亡或者重大财产损失的，对直接负责的主管人员和其他直接责任人员，依法追究刑事责任。

第七十四条　违反国家有关规定，向学校或者其他教育机构收取费用的，由政府责令退还所收费用；对直接负责的主管人员和其他直接责任人员，依法给予行政处分。

第七十五条　违反国家有关规定，举办学校或者其他教育机构的，由教育行政部门予以撤销；有违法所得的，没收违法所得；对直接负责的主管人员和其他直接责任人员，依法给予行政处分。

第七十六条　违反国家有关规定招收学员的，由教育行政部门责令退回招收的学员，退还所收费用；对直接负责的主管人员和其他直接责任人员，依法给予行政处分。

第七十七条　在招收学生工作中徇私舞弊的，由教育行政部门责令退回招收的人员；对直接负责的主管人员和其他直接责任人员，依法给予行政处分；构成犯罪的，依法追究刑事责任。

第七十八条　学校及其他教育机构违反国家有关规定向受教育者收取费用的，由教育行政部门责令退还所收费用；对直接负责的主管人员和其他直接责任人员，依法给予行政处分。

第七十九条　在国家教育考试中作弊的，由教育行政部门宣布考试无效，对直接负责的主管人员和其他直接责任人员，依法给予行政处分。

非法举办国家教育考试的，由教育行政部门宣布考试无效；有违法所得的，没收违法所得；对直接负责的主管人员和其他直接责任人员，依法给予行政处分。

第八十条　违反本法规定，颁发学位证书、学历证书或者其他学业证书的，由教育行政部门宣布证书无效，责令收回或者予以没收；有违法所得的，没收违法所得；情节严重的，取消其颁发证书的资格。

第八十一条　违反本法规定，侵犯教师、受教育者、学校或者其他教育机构的合法权益，造成损失、损害的，应当依法承担民事责任。

第十章　附　则

第八十二条　军事学校教育由中央军事委员会根据本法的原则规定。宗教学校教育由国务院另行规定。

第八十三条　境外的组织和个人在中国境内办学和合作办学的办法，由国务院规定。

第八十四条　本法自 1995 年 9 月 1 日起施行。

中华人民共和国义务教育法

（1986 年 4 月 12 日第六届全国人民代表大会第四次会议通过
2006 年 6 月 29 日第十届全国人民代表大会常务委员会第二十二次会议修订）

目　录

第一章　总　则

第一条　为了保障适龄儿童、少年接受义务教育的权利，保证义务教育的实施，提高全民族素质，根据宪法和教育法，制定本法。

第二条　国家实行九年义务教育制度。

义务教育是国家统一实施的所有适龄儿童、少年必须接受的教育，是国家必须予以保障的公益性事业。

实施义务教育，不收学费、杂费。

国家建立义务教育经费保障机制，保证义务教育制度实施。

第三条　义务教育必须贯彻国家的教育方针，实施素质教育，提高教育质量，使适龄儿童、少年在品德、智力、体质等方面全面发展，为培养有理想、有道德、有文化、有纪律的社会主义建设者和接班人奠定基础。

第四条　凡具有中华人民共和国国籍的适龄儿童、少年，不分性别、民族、种族、家庭财产状况、宗教信仰等，依法享有平等接受义务教育的权利，并履行接受义务教育的义务。

第五条　各级人民政府及其有关部门应当履行本法规定的各项职责，保障适龄儿童、少年接受义务教育的权利。

适龄儿童、少年的父母或者其他法定监护人应当依法保证其按时入学接受并完成义务教育。

依法实施义务教育的学校应当按照规定标准完成教育教学任务，保证教育教学质量。

社会组织和个人应当为适龄儿童、少年接受义务教育创造良好的环境。

第六条　国务院和县级以上地方人民政府应当合理配置教育资源，促进义务教育均衡发展，改善薄弱学校的办学条件，并采取措施，保障农村地区、民族地区实施义务教育，保障家庭经济困难的和残疾的适龄儿童、少年接受义务教育。

国家组织和鼓励经济发达地区支援经济欠发达地区实施义务教育。

第七条　义务教育实行国务院领导，省、自治区、直辖市人民政府统筹规划实施，县级人民政府为主管理的体制。

县级以上人民政府教育行政部门具体负责义务教育实施工作；县级以上人民政府其他有关部门在各自的职责范围内负责义务教育实施工作。

第八条　人民政府教育督导机构对义务教育工作执行法律法规情况、教育教学质量以及义务教育均衡发展状况等进行督导，督导报告向社会公布。

第九条　任何社会组织或者个人有权对违反本法的行为向有关国家机关提出检举或者控告。

发生违反本法的重大事件，妨碍义务教育实施，造成重大社会影响的，负有领导责任的人民政府或者人民政府教育行政部门负责人应当引咎辞职。

第十条　对在义务教育实施工作中做出突出贡献的社会组织和个人，各级人民政府及其有关部门按照有关规定给予表彰、奖励。

第二章　学　生

第十一条　凡年满六周岁的儿童，其父母或者其他法定监护人应当送其入学接受并完成义务教育；条件不具备的地区的儿童，可以推迟到七周岁。

适龄儿童、少年因身体状况需要延缓入学或者休学的，其父母或者其他法定监护人应当提出申请，由当地乡镇人民政府或者县级人民政府教育行政部门批准。

第十二条　适龄儿童、少年免试入学。地方各级人民政府应当保障适龄儿童、少年在户籍所在地学校就近入学。

父母或者其他法定监护人在非户籍所在地工作或者居住的适龄儿童、少年，在其父母或者其他法定监护人工作或者居住地接受义务教育的，当地人民政府应当为其提供平等接受义务教育的条件。具体办法由省、自治区、直辖市规定。

县级人民政府教育行政部门对本行政区域内的军人子女接受义务教育予以保障。

第十三条　县级人民政府教育行政部门和乡镇人民政府组织和督促适龄儿童、少年入学，帮助解决适龄儿童、少年接受义务教育的困难，采取措施防止适龄儿童、少年辍学。

居民委员会和村民委员会协助政府做好工作，督促适龄儿童、少年入学。

第十四条　禁止用人单位招用应当接受义务教育的适龄儿童、少年。

根据国家有关规定经批准招收适龄儿童、少年进行文艺、体育等专业训练的社会组织，应当保证所招收的适龄儿童、少年接受义务教育；自行实施义务教育的，应当经县级人民政府教育行政部门批准。

第三章　学　校

第十五条　县级以上地方人民政府根据本行政区域内居住的适龄儿童、少年的数量和分布状况等因素，按照国家有关规定，制定、调整学校设置规划。新建居民区需要设置学校的，应当与居民区的建设同步进行。

第十六条　学校建设，应当符合国家规定的办学标准，适应教育教学需要；应当符合国家规定的选址要求和建设标准，确保学生和教职工安全。

第十七条　县级人民政府根据需要设置寄宿制学校，保障居住分散的适龄儿童、少年入学接受义务教育。

第十八条　国务院教育行政部门和省、自治区、直辖市人民政府根据需要，在经济发达地区设置接收少数民族适龄儿童、少年的学校（班）。

第十九条　县级以上地方人民政府根据需要设置相应的实施特殊教育的学校（班），对视力残疾、听力语言残疾和智力残疾的适龄儿童、少年实施义务教育。特殊教育学校（班）应当具备适应残疾儿童、少年学习、康复、生活特点的场所和设施。

普通学校应当接收具有接受普通教育能力的残疾适龄儿童、少年随班就读，并为其学习、康复提供帮助。

第二十条　县级以上地方人民政府根据需要，为具有预防未成年人犯罪法规定的严重不良行为的适龄少年设置专门的学校实施义务教育。

第二十一条　对未完成义务教育的未成年犯和被采取强制性教育措施的未成年人应当进行义务教育，所需经费由人民政府予以保障。

第二十二条　县级以上人民政府及其教育行政部门应当促进学校均衡发展，缩小学校之间办学条件的差距，不得将学校分为重点学校和非重点学校。学校不得分设重点班和非重点班。

县级以上人民政府及其教育行政部门不得以任何名义改变或者变相改变公办学校的性质。

第二十三条　各级人民政府及其有关部门依法维护学校周边秩序，保护学生、教师、学校的合法权益，为学校提供安全保障。

第二十四条　学校应当建立、健全安全制度和应急机制，对学生进行安全教育，加强管理，及时消除隐患，预防发生事故。

县级以上地方人民政府定期对学校校舍安全进行检查；对需要维修、改造的，及时予以维修、改造。

学校不得聘用曾经因故意犯罪被依法剥夺政治权利或者其他不适合从事义务教育工作的人担任工作人员。

第二十五条　学校不得违反国家规定收取费用，不得以向学生推销或者变相推销商品、服务等方式谋取利益。

第二十六条　学校实行校长负责制。校长应当符合国家规定的任职条件。校长由县级人民政府教育行政部门依法聘任。

第二十七条　对违反学校管理制度的学生，学校应当予以批评教育，不得开除。

第四章　教　师

第二十八条　教师享有法律规定的权利，履行法律规定的义务，应当为人师表，忠诚于人民的教育事业。

全社会应当尊重教师。

第二十九条　教师在教育教学中应当平等对待学生，关注学生的个体差异，因材施教，促进学生的充分发展。

教师应当尊重学生的人格，不得歧视学生，不得对学生实施体罚、变相体罚或者其他侮辱人格尊严的行为，不得侵犯学生合法权益。

第三十条　教师应当取得国家规定的教师资格。

国家建立统一的义务教育教师职务制度。教师职务分为初级职务、中级职务和高级职务。

第三十一条　各级人民政府保障教师工资福利和社会保险待遇，改善教师工作和生活条件；完善农村教师工资经费保障机制。

教师的平均工资水平应当不低于当地公务员的平均工资水平。

特殊教育教师享有特殊岗位补助津贴。在民族地区和边远贫困地区工作的教师享有艰苦贫困地区补助津贴。

第三十二条　县级以上人民政府应当加强教师培养工作，采取措施发展教师教育。

县级人民政府教育行政部门应当均衡配置本行政区域内学校师资力量，组织校长、教师的培训和流动，加强对薄弱学校的建设。

第三十三条　国务院和地方各级人民政府鼓励和支持城市学校教师和高等学校毕业生到农村地区、民族地区从事义务教育工作。

国家鼓励高等学校毕业生以志愿者的方式到农村地区、民族地区缺乏教师的学校任教。县级人民政府教育行政部门依法认定其教师资格，其任教时间计入工龄。

第五章　教育教学

第三十四条　教育教学工作应当符合教育规律和学生身心发展特点，面向全体学生，教书育人，将德育、智育、体育、美育等有机统一在教育教学活动中，注重培养学生独立思考能力、创新能力和实践能力，促进学生全面发展。

第三十五条　国务院教育行政部门根据适龄儿童、少年身心发展的状况和实际情况，确定教学制度、教育教学内容和课程设置，改革考试制度，并改进高级中等学校招生办法，推进实施素质教育。

学校和教师按照确定的教育教学内容和课程设置开展教育教学活动，保证达到国家规定的基本质量要求。

国家鼓励学校和教师采用启发式教育等教育教学方法，提高教育教学质量。

第三十六条　学校应当把德育放在首位，寓德育于教育教学之中，开展与学生年龄相适应的社会实践活动，形成学校、家庭、社会相互配合的思想道德教育体系，促进学生养成良好的思想品德和行为习惯。

第三十七条　学校应当保证学生的课外活动时间，组织开展文化娱乐等课外活动。社会公共文化体育设施应当为学校开展课外活动提供便利。

第三十八条　教科书根据国家教育方针和课程标准编写，内容力求精简，精选必备的基础知识、基本技能，经济实用，保证质量。

国家机关工作人员和教科书审查人员，不得参与或者变相参与教科书的编写工作。

第三十九条　国家实行教科书审定制度。教科书的审定办法由国务院教育行政部门规定。

未经审定的教科书，不得出版、选用。

第四十条　教科书由国务院价格行政部门会同出版行政部门按照微利原则确定基准价。省、自治区、直辖市人民政府价格行政部门会同出版行政部门按照基准价确定零售价。

第四十一条　国家鼓励教科书循环使用。

第六章　经费保障

第四十二条　国家将义务教育全面纳入财政保障范围，义务教育经费由国务院和地方各级人民政府依照本法规定予以保障。

国务院和地方各级人民政府将义务教育经费纳入财政预算，按照教职工编制标准、工资标准和学校建设标准、学生人均公用经费标准等，及时足额拨付义务教育经费，确保学校的正常运转和校舍安全，确保教职工工资按照规定发放。

国务院和地方各级人民政府用于实施义务教育财政拨款的增长比例应当高于财政经常性收入的增长比例，保证按照在校学生人数平均的义务教育费用逐步增长，保证教职工工资和学生人均公用经费逐步增长。

第四十三条　学校的学生人均公用经费基本标准由国务院财政部门会同教育行政部门制定，并根据经济和社会发展状况适时调整。制定、调整学生人均公用经费基本标准，应当满足教育教学基本需要。

省、自治区、直辖市人民政府可以根据本行政区域的实际情况，制定不低于国家标准的学校学生人均公用经费标准。

特殊教育学校（班）学生人均公用经费标准应当高于普通学校学生人均公用经费标准。

第四十四条　义务教育经费投入实行国务院和地方各级人民政府根据职责共同负担，省、自治区、直辖市人民政府负责统筹落实的体制。农村义务教育所需经费，由各级人民政府根据国务院的规定分项目、按比例分担。

各级人民政府对家庭经济困难的适龄儿童、少年免费提供教科书并补助寄宿生生活费。

义务教育经费保障的具体办法由国务院规定。

第四十五条　地方各级人民政府在财政预算中将义务教育经费单列。

县级人民政府编制预算，除向农村地区学校和薄弱学校倾斜外，应当均衡安排义务教育经费。

第四十六条　国务院和省、自治区、直辖市人民政府规范财政转移支付制度，加大一般性转移支付规模和规范义务教育专项转移支付，支持和引导地方各级人民政府增加对义务教育的投入。地方各级人民政府确保将上级人民政府的义务教育转移支付资金按照规定用于义务教育。

第四十七条　国务院和县级以上地方人民政府根据实际需要，设立专项资金，扶持农村地区、民族地区实施义务教育。

第四十八条　国家鼓励社会组织和个人向义务教育捐赠，鼓励按照国家有关基金会管理的规定设立义务教育基金。

第四十九条　义务教育经费严格按照预算规定用于义务教育；任何组织和个人不得侵占、挪用义务教育经费，不得向学校非法收取或者摊派费用。

第五十条　县级以上人民政府建立健全义务教育经费的审计监督和统计公告制度。

第七章　法律责任

第五十一条　国务院有关部门和地方各级人民政府违反本法第六章的规定，未履行对义务教育经费保障职责的，由国务院或者上级地方人民政府责令限期改正；情节严重的，对直接负责的主管人员和其他直接责任人员依法给予行政处分。

第五十二条　县级以上地方人民政府有下列情形之一的，由上级人民政府责令限期改正；情节严重的，对直接负责的主管人员和其他直接责任人员依法给予行政处分：

（一）未按照国家有关规定制定、调整学校的设置规划的；

（二）学校建设不符合国家规定的办学标准、选址要求和建设标准的；

（三）未定期对学校校舍安全进行检查，并及时维修、改造的；

（四）未依照本法规定均衡安排义务教育经费的。

第五十三条　县级以上人民政府或者其教育行政部门有下列情形之一的，由上级人民政府或者其教育行政部门责令限期改正、通报批评；情节严重的，对直接负责的主管人员和其他直接责任人员依法给予行政处分：

（一）将学校分为重点学校和非重点学校的；

（二）改变或者变相改变公办学校性质的。

县级人民政府教育行政部门或者乡镇人民政府未采取措施组织适龄儿童、少年入学或者防止辍学的，依照前款规定追究法律责任。

第五十四条　有下列情形之一的，由上级人民政府或者上级人民政府教育行政部门、财政部门、价格行政部门和审计机关根据职责分工责令限期改正；情节严重的，对直接负责的主管人员和其他直接责任人员依法给予处分：

（一）侵占、挪用义务教育经费的；

（二）向学校非法收取或者摊派费用的。

第五十五条　学校或者教师在义务教育工作中违反教育法、教师法规定的，依照教育法、教师法的有关规定处罚。

第五十六条　学校违反国家规定收取费用的，由县级人民政府教育行政部门责令退还所收费用；对直接负责的主管人员和其他直接责任人员依法给予处分。

学校以向学生推销或者变相推销商品、服务等方式谋取利益的，由县级人民政府教育行政部门给予通报批评；有违法所得的，没收违法所得；对直接负责的主管人员和其他直接责任人员依法给予处分。

国家机关工作人员和教科书审查人员参与或者变相参与教科书编写的，由县级以上人民政府或者其教育行政部门根据职责权限责令限期改正，依法给予行政处分；有违法所得的，没收违法所得。

第五十七条　学校有下列情形之一的，由县级人民政府教育行政部门责令限期改正；情节严重的，对直接负责的主管人员和其他直接责任人员依法给予处分：

（一）拒绝接收具有接受普通教育能力的残疾适龄儿童、少年随班就读的；

（二）分设重点班和非重点班的；

（三）违反本法规定开除学生的；

（四）选用未经审定的教科书的。

第五十八条　适龄儿童、少年的父母或者其他法定监护人无正当理由未依照本法规定送适龄儿童、少年入学接受义务教育的，由当地乡镇人民政府或者县级人民政府教育行政部门给予批评教育，责令限期改正。

第五十九条　有下列情形之一的，依照有关法律、行政法规的规定予以处罚：

（一）胁迫或者诱骗应当接受义务教育的适龄儿童、少年失学、辍学的；

（二）非法招用应当接受义务教育的适龄儿童、少年的；

（三）出版未经依法审定的教科书的。

第六十条　违反本法规定，构成犯罪的，依法追究刑事责任。

第八章 附 则

第六十一条 对接受义务教育的适龄儿童、少年不收杂费的实施步骤，由国务院规定。

第六十二条 社会组织或者个人依法举办的民办学校实施义务教育的，依照民办教育促进法有关规定执行；民办教育促进法未作规定的，适用本法。

第六十三条 本法自 2006 年 9 月 1 日起施行。

中华人民共和国未成年人保护法

(1991 年 9 月 4 日第七届全国人民代表大会常务委员会第二十一次会议通过
2006 年 12 月 29 日第十届全国人民代表大会常务委员会第二十五次会议修订)

目 录

第一章 总 则

第一条 为了保护未成年人的身心健康，保障未成年人的合法权益，促进未成年人在品德、智力、体质等方面全面发展，培养有理想、有道德、有文化、有纪律的社会主义建设者和接班人，根据宪法，制定本法。

第二条 本法所称未成年人是指未满十八周岁的公民。

第三条 未成年人享有生存权、发展权、受保护权、参与权等权利，国家根据未成年人身心发展特点给予特殊、优先保护，保障未成年人的合法权益不受侵犯。

未成年人享有受教育权，国家、社会、学校和家庭尊重和保障未成年人的受教育权。

未成年人不分性别、民族、种族、家庭财产状况、宗教信仰等，依法平等地享有权利。

第四条 国家、社会、学校和家庭对未成年人进行理想教育、道德教育、文化教育、纪律和法制教育，进行爱国主义、集体主义和社会主义的教育，提倡爱祖国、爱人民、爱劳动、爱科学、爱社会主义的公德，反对资本主义的、封建主义的和其他的腐朽思想的侵蚀。

第五条　保护未成年人的工作，应当遵循下列原则：

（一）尊重未成年人的人格尊严；

（二）适应未成年人身心发展的规律和特点；

（三）教育与保护相结合。

第六条　保护未成年人，是国家机关、武装力量、政党、社会团体、企业事业组织、城乡基层群众性自治组织、未成年人的监护人和其他成年公民的共同责任。

对侵犯未成年人合法权益的行为，任何组织和个人都有权予以劝阻、制止或者向有关部门提出检举或者控告。

国家、社会、学校和家庭应当教育和帮助未成年人维护自己的合法权益，增强自我保护的意识和能力，增强社会责任感。

第七条　中央和地方各级国家机关应当在各自的职责范围内做好未成年人保护工作。

国务院和地方各级人民政府领导有关部门做好未成年人保护工作；将未成年人保护工作纳入国民经济和社会发展规划以及年度计划，相关经费纳入本级政府预算。

国务院和省、自治区、直辖市人民政府采取组织措施，协调有关部门做好未成年人保护工作。具体机构由国务院和省、自治区、直辖市人民政府规定。

第八条　共产主义青年团、妇女联合会、工会、青年联合会、学生联合会、少年先锋队以及其他有关社会团体，协助各级人民政府做好未成年人保护工作，维护未成年人的合法权益。

第九条　各级人民政府和有关部门对保护未成年人有显著成绩的组织和个人，给予表彰和奖励。

第二章　家庭保护

第十条　父母或者其他监护人应当创造良好、和睦的家庭环境，依法履行对未成年人的监护职责和抚养义务。

禁止对未成年人实施家庭暴力，禁止虐待、遗弃未成年人，禁止溺婴和其他残害婴儿的行为，不得歧视女性未成年人或者有残疾的未成年人。

第十一条　父母或者其他监护人应当关注未成年人的生理、心理状况和行为习惯，以健康的思想、良好的品行和适当的方法教育和影响未成年人，引导未成年人进行有益身心健康的活动，预防和制止未成年人吸烟、酗酒、流浪、沉迷网络以及赌博、吸毒、卖淫等行为。

第十二条　父母或者其他监护人应当学习家庭教育知识，正确履行监护职责，抚养教育未成年人。

有关国家机关和社会组织应当为未成年人的父母或者其他监护人提供家庭教育指导。

第十三条 父母或者其他监护人应当尊重未成年人受教育的权利，必须使适龄未成年人依法入学接受并完成义务教育，不得使接受义务教育的未成年人辍学。

第十四条 父母或者其他监护人应当根据未成年人的年龄和智力发展状况，在作出与未成年人权益有关的决定时告知其本人，并听取他们的意见。

第十五条 父母或者其他监护人不得允许或者迫使未成年人结婚，不得为未成年人订立婚约。

第十六条 父母因外出务工或者其他原因不能履行对未成年人监护职责的，应当委托有监护能力的其他成年人代为监护。

第三章 学校保护

第十七条 学校应当全面贯彻国家的教育方针，实施素质教育，提高教育质量，注重培养未成年学生独立思考能力、创新能力和实践能力，促进未成年学生全面发展。

第十八条 学校应当尊重未成年学生受教育的权利，关心、爱护学生，对品行有缺点、学习有困难的学生，应当耐心教育、帮助，不得歧视，不得违反法律和国家规定开除未成年学生。

第十九条 学校应当根据未成年学生身心发展的特点，对他们进行社会生活指导、心理健康辅导和青春期教育。

第二十条 学校应当与未成年学生的父母或者其他监护人互相配合，保证未成年学生的睡眠、娱乐和体育锻炼时间，不得加重其学习负担。

第二十一条 学校、幼儿园、托儿所的教职员工应当尊重未成年人的人格尊严，不得对未成年人实施体罚、变相体罚或者其他侮辱人格尊严的行为。

第二十二条 学校、幼儿园、托儿所应当建立安全制度，加强对未成年人的安全教育，采取措施保障未成年人的人身安全。

学校、幼儿园、托儿所不得在危及未成年人人身安全、健康的校舍和其他设施、场所中进行教育教学活动。

学校、幼儿园安排未成年人参加集会、文化娱乐、社会实践等集体活动，应当有利于未成年人的健康成长，防止发生人身安全事故。

第二十三条 教育行政等部门和学校、幼儿园、托儿所应当根据需要，制定应对各种灾害、传染性疾病、食物中毒、意外伤害等突发事件的预案，配备相应设施并进行必要的演练，增强未成年人的自我保护意识和能力。

第二十四条　学校对未成年学生在校内或者本校组织的校外活动中发生人身伤害事故的，应当及时救护，妥善处理，并及时向有关主管部门报告。

第二十五条　对于在学校接受教育的有严重不良行为的未成年学生，学校和父母或者其他监护人应当互相配合加以管教；无力管教或者管教无效的，可以按照有关规定将其送专门学校继续接受教育。

依法设置专门学校的地方人民政府应当保障专门学校的办学条件，教育行政部门应当加强对专门学校的管理和指导，有关部门应当给予协助和配合。

专门学校应当对在校就读的未成年学生进行思想教育、文化教育、纪律和法制教育、劳动技术教育和职业教育。

专门学校的教职员工应当关心、爱护、尊重学生，不得歧视、厌弃。

第二十六条　幼儿园应当做好保育、教育工作，促进幼儿在体质、智力、品德等方面和谐发展。

第四章　社会保护

第二十七条　全社会应当树立尊重、保护、教育未成年人的良好风尚，关心、爱护未成年人。

国家鼓励社会团体、企业事业组织以及其他组织和个人，开展多种形式的有利于未成年人健康成长的社会活动。

第二十八条　各级人民政府应当保障未成年人受教育的权利，并采取措施保障家庭经济困难的、残疾的和流动人口中的未成年人等接受义务教育。

第二十九条　各级人民政府应当建立和改善适合未成年人文化生活需要的活动场所和设施，鼓励社会力量兴办适合未成年人的活动场所，并加强管理。

第三十条　爱国主义教育基地、图书馆、青少年宫、儿童活动中心应当对未成年人免费开放；博物馆、纪念馆、科技馆、展览馆、美术馆、文化馆以及影剧院、体育场馆、动物园、公园等场所，应当按照有关规定对未成年人免费或者优惠开放。

第三十一条　县级以上人民政府及其教育行政部门应当采取措施，鼓励和支持中小学校在节假日期间将文化体育设施对未成年人免费或者优惠开放。

社区中的公益性互联网上网服务设施，应当对未成年人免费或者优惠开放，为未成年人提供安全、健康的上网服务。

第三十二条　国家鼓励新闻、出版、信息产业、广播、电影、电视、文艺等单位和作家、艺术家、科学家以及其他公民，创作或者提供有利于未成年人健康成长的作品。出版、制作和传播专门以未成年人为对象的内容健康的图书、报刊、音像制品、电子出版物以及网络信息等，国家给予扶持。

国家鼓励科研机构和科技团体对未成年人开展科学知识普及活动。

第三十三条　国家采取措施，预防未成年人沉迷网络。

国家鼓励研究开发有利于未成年人健康成长的网络产品，推广用于阻止未成年人沉迷网络的新技术。

第三十四条　禁止任何组织、个人制作或者向未成年人出售、出租或者以其他方式传播淫秽、暴力、凶杀、恐怖、赌博等毒害未成年人的图书、报刊、音像制品、电子出版物以及网络信息等。

第三十五条　生产、销售用于未成年人的食品、药品、玩具、用具和游乐设施等，应当符合国家标准或者行业标准，不得有害于未成年人的安全和健康；需要标明注意事项的，应当在显著位置标明。

第三十六条　中小学校园周边不得设置营业性歌舞娱乐场所、互联网上网服务营业场所等不适宜未成年人活动的场所。

营业性歌舞娱乐场所、互联网上网服务营业场所等不适宜未成年人活动的场所，不得允许未成年人进入，经营者应当在显著位置设置未成年人禁入标志；对难以判明是否已成年的，应当要求其出示身份证件。

第三十七条　禁止向未成年人出售烟酒，经营者应当在显著位置设置不向未成年人出售烟酒的标志；对难以判明是否已成年的，应当要求其出示身份证件。

任何人不得在中小学校、幼儿园、托儿所的教室、寝室、活动室和其他未成年人集中活动的场所吸烟、饮酒。

第三十八条　任何组织或者个人不得招用未满十六周岁的未成年人，国家另有规定的除外。

任何组织或者个人按照国家有关规定招用已满十六周岁未满十八周岁的未成年人的，应当执行国家在工种、劳动时间、劳动强度和保护措施等方面的规定，不得安排其从事过重、有毒、有害等危害未成年人身心健康的劳动或者危险作业。

第三十九条　任何组织或者个人不得披露未成年人的个人隐私。

对未成年人的信件、日记、电子邮件，任何组织或者个人不得隐匿、毁弃；除因追查犯罪的需要，由公安机关或者人民检察院依法进行检查，或者对无行为能力的未成年人的信件、日记、电子邮件由其父母或者其他监护人代为开拆、查阅外，任何组织或者个人不得开拆、查阅。

第四十条 学校、幼儿园、托儿所和公共场所发生突发事件时，应当优先救护未成年人。

第四十一条 禁止拐卖、绑架、虐待未成年人，禁止对未成年人实施性侵害。

禁止胁迫、诱骗、利用未成年人乞讨或者组织未成年人进行有害其身心健康的表演等活动。

第四十二条 公安机关应当采取有力措施，依法维护校园周边的治安和交通秩序，预防和制止侵害未成年人合法权益的违法犯罪行为。

任何组织或者个人不得扰乱教学秩序，不得侵占、破坏学校、幼儿园、托儿所的场地、房屋和设施。

第四十三条 县级以上人民政府及其民政部门应当根据需要设立救助场所，对流浪乞讨等生活无着未成年人实施救助，承担临时监护责任；公安部门或者其他有关部门应当护送流浪乞讨或者离家出走的未成年人到救助场所，由救助场所予以救助和妥善照顾，并及时通知其父母或者其他监护人领回。

对孤儿、无法查明其父母或者其他监护人的以及其他生活无着的未成年人，由民政部门设立的儿童福利机构收留抚养。

未成年人救助机构、儿童福利机构及其工作人员应当依法履行职责，不得虐待、歧视未成年人；不得在办理收留抚养工作中牟取利益。

第四十四条 卫生部门和学校应当对未成年人进行卫生保健和营养指导，提供必要的卫生保健条件，做好疾病预防工作。

卫生部门应当做好对儿童的预防接种工作，国家免疫规划项目的预防接种实行免费；积极防治儿童常见病、多发病，加强对传染病防治工作的监督管理，加强对幼儿园、托儿所卫生保健的业务指导和监督检查。

第四十五条 地方各级人民政府应当积极发展托幼事业，办好托儿所、幼儿园，支持社会组织和个人依法兴办哺乳室、托儿所、幼儿园。

各级人民政府和有关部门应当采取多种形式，培养和训练幼儿园、托儿所的保教人员，提高其职业道德素质和业务能力。

第四十六条 国家依法保护未成年人的智力成果和荣誉权不受侵犯。

第四十七条 未成年人已经完成规定年限的义务教育不再升学的，政府有关部门和社会团体、企业事业组织应当根据实际情况，对他们进行职业教育，为他们创造劳动就业条件。

第四十八条 居民委员会、村民委员会应当协助有关部门教育和挽救违法犯罪的未成年人，预防和制止侵害未成年人合法权益的违法犯罪行为。

第四十九条　未成年人的合法权益受到侵害的，被侵害人及其监护人或者其他组织和个人有权向有关部门投诉，有关部门应当依法及时处理。

第五章　司法保护

第五十条　公安机关、人民检察院、人民法院以及司法行政部门，应当依法履行职责，在司法活动中保护未成年人的合法权益。

第五十一条　未成年人的合法权益受到侵害，依法向人民法院提起诉讼的，人民法院应当依法及时审理，并适应未成年人生理、心理特点和健康成长的需要，保障未成年人的合法权益。

在司法活动中对需要法律援助或者司法救助的未成年人，法律援助机构或者人民法院应当给予帮助，依法为其提供法律援助或者司法救助。

第五十二条　人民法院审理继承案件，应当依法保护未成年人的继承权和受遗赠权。

人民法院审理离婚案件，涉及未成年子女抚养问题的，应当听取有表达意愿能力的未成年子女的意见，根据保障子女权益的原则和双方具体情况依法处理。

第五十三条　父母或者其他监护人不履行监护职责或者侵害被监护的未成年人的合法权益，经教育不改的，人民法院可以根据有关人员或者有关单位的申请，撤销其监护人的资格，依法另行指定监护人。被撤销监护资格的父母应当依法继续负担抚养费用。

第五十四条　对违法犯罪的未成年人，实行教育、感化、挽救的方针，坚持教育为主、惩罚为辅的原则。

对违法犯罪的未成年人，应当依法从轻、减轻或者免除处罚。

第五十五条　公安机关、人民检察院、人民法院办理未成年人犯罪案件和涉及未成年人权益保护案件，应当照顾未成年人身心发展特点，尊重他们的人格尊严，保障他们的合法权益，并根据需要设立专门机构或者指定专人办理。

第五十六条　公安机关、人民检察院讯问未成年犯罪嫌疑人，询问未成年证人、被害人，应当通知监护人到场。

公安机关、人民检察院、人民法院办理未成年人遭受性侵害的刑事案件，应当保护被害人的名誉。

第五十七条　对羁押、服刑的未成年人，应当与成年人分别关押。

羁押、服刑的未成年人没有完成义务教育的，应当对其进行义务教育。

解除羁押、服刑期满的未成年人的复学、升学、就业不受歧视。

第五十八条　对未成年人犯罪案件，新闻报道、影视节目、公开出版物、网络等不得披露该未成年人的姓名、住所、照片、图像以及可能推断出该未成年人的资料。

第五十九条　对未成年人严重不良行为的矫治与犯罪行为的预防，依照预防未成年人犯罪法的规定执行。

第六章　法律责任

第六十条　违反本法规定，侵害未成年人的合法权益，其他法律、法规已规定行政处罚的，从其规定；造成人身财产损失或者其他损害的，依法承担民事责任；构成犯罪的，依法追究刑事责任。

第六十一条　国家机关及其工作人员不依法履行保护未成年人合法权益的责任，或者侵害未成年人合法权益，或者对提出申诉、控告、检举的人进行打击报复的，由其所在单位或者上级机关责令改正，对直接负责的主管人员和其他直接责任人员依法给予行政处分。

第六十二条　父母或者其他监护人不依法履行监护职责，或者侵害未成年人合法权益的，由其所在单位或者居民委员会、村民委员会予以劝诫、制止；构成违反治安管理行为的，由公安机关依法给予行政处罚。

第六十三条　学校、幼儿园、托儿所侵害未成年人合法权益的，由教育行政部门或者其他有关部门责令改正；情节严重的，对直接负责的主管人员和其他直接责任人员依法给予处分。

学校、幼儿园、托儿所教职员工对未成年人实施体罚、变相体罚或者其他侮辱人格行为的，由其所在单位或者上级机关责令改正；情节严重的，依法给予处分。

第六十四条　制作或者向未成年人出售、出租或者以其他方式传播淫秽、暴力、凶杀、恐怖、赌博等图书、报刊、音像制品、电子出版物以及网络信息等的，由主管部门责令改正，依法给予行政处罚。

第六十五条　生产、销售用于未成年人的食品、药品、玩具、用具和游乐设施不符合国家标准或者行业标准，或者没有在显著位置标明注意事项的，由主管部门责令改正，依法给予行政处罚。

第六十六条　在中小学校园周边设置营业性歌舞娱乐场所、互联网上网服务营业场所等不适宜未成年人活动的场所的，由主管部门予以关闭，依法给予行政处罚。

营业性歌舞娱乐场所、互联网上网服务营业场所等不适宜未成年人活动的场所允许未成年人进入，或者没有在显著位置设置未成年人禁入标志的，由主管部门责令改正，依法给予行政处罚。

第六十七条　向未成年人出售烟酒，或者没有在显著位置设置不向未成年人出售烟酒标志的，由主管部门责令改正，依法给予行政处罚。

第六十八条　非法招用未满十六周岁的未成年人，或者招用已满十六周岁的未成年人从事过重、有毒、有害等危害未成年人身心健康的劳动或者危险作业的，由劳动保障部门责令改正，处以罚款；情节严重的，由工商行政管理部门吊销营业执照。

第六十九条　侵犯未成年人隐私，构成违反治安管理行为的，由公安机关依法给予行政处罚。

第七十条　未成年人救助机构、儿童福利机构及其工作人员不依法履行对未成年人的救助保护职责，或者虐待、歧视未成年人，或者在办理收留抚养工作中牟取利益的，由主管部门责令改正，依法给予行政处分。

第七十一条　胁迫、诱骗、利用未成年人乞讨或者组织未成年人进行有害其身心健康的表演等活动的，由公安机关依法给予行政处罚。

第七章　附　则

第七十二条　本法自 2007 年 6 月 1 日起施行。

中华人民共和国教师法

（1993 年 10 月 31 日第八届全国人民代表大会常务委员会第四次会议通过
1993 年 10 月 31 日中华人民共和国主席令第十五号公布
自 1994 年 1 月 1 日起施行）

第一章　总　则

第一条　为了保障教师的合法权益，建设具有良好思想品德修养和业务素质的教师队伍，促进社会主义教育事业的发展，制定本法。

第二条　本法适用于在各级各类学校和其他教育机构中专门从事教育教学工作的教师。

第三条　教师是履行教育教学职责的专业人员，承担教书育人，培养社会主义事业建设者和接班人、提高民族素质的使命。教师应当忠诚于人民的教育事业。

第四条　各级人民政府应当采取措施，加强教师的思想政治教育和业务培训，改善教师的工作条件和生活条件，保障教师的合法权益，提高教师的社会地位。

全社会都应当尊重教师。

第五条 国务院教育行政部门主管全国的教师工作。

国务院有关部门在各自职权范围内负责有关的教师工作。

学校和其他教育机构根据国家规定，自主进行教师管理工作。

第六条 每年九月十日为教师节。

第二章 权利和义务

第七条 教师享有下列权利：

(一)进行教育教学活动，开展教育教学改革和实验；

(二)从事科学研究、学术交流，参加专业的学术团体，在学术活动中充分发表意见；

(三)指导学生的学习和发展，评定学生的品行和学业成绩；

(四)按时获取工资报酬，享受国家规定的福利待遇以及寒暑假期的带薪休假；

(五)对学校教育教学、管理工作和教育行政部门的工作提出意见和建议，通过教职工代表大会或者其他形式，参与学校的民主管理；

(六)参加进修或者其他方式的培训。

第八条 教师应当履行下列义务：

(一)遵守宪法、法律和职业道德，为人师表；

(二)贯彻国家的教育方针，遵守规章制度，执行学校的教学计划，履行教师聘约，完成教育教学工作任务；

(三)对学生进行宪法所确定的基本原则的教育和爱国主义、民族团结的教育，法制教育以及思想品德、文化、科学技术教育，组织、带领学生开展有益的社会活动；

(四)关心、爱护全体学生，尊重学生人格，促进学生在品德、智力、体质等方面全面发展；

(五)制止有害于学生的行为或者其他侵犯学生合法权益的行为，批评和抵制有害于学生健康成长的现象；

(六)不断提高思想政治觉悟和教育教学业务水平。

第九条 为保障教师完成教育教学任务，各级人民政府、教育行政部门、有关部门、学校和其他教育机构应当履行下列职责：

(一)提供符合国家安全标准的教育教学设施和设备；

(二)提供必需的图书、资料及其他教育教学用品；

(三)对教师在教育教学、科学研究中的创造性工作给以鼓励和帮助；

(四)支持教师制止有害于学生的行为或者其他侵犯学生合法权益的行为。

第三章　资格和任用

第十条　国家实行教师资格制度。

中国公民凡遵守宪法和法律，热爱教育事业，具有良好的思想品德，具备本法规定的学历或者经国家教师资格考试合格，有教育教学能力，经认定合格的，可以取得教师资格。

第十一条　取得教师资格应当具备的相应学历是：

（一）取得幼儿园教师资格，应当具备幼儿师范学校毕业及其以上学历；

（二）取得小学教师资格，应当具备中等师范学校毕业及其以上学历；

（三）取得初级中学教师、初级职业学校文化、专业课教师资格，应当具备高等师范专科学校或者其他大学专科毕业及其以上学历；

（四）取得高级中学教师资格和中等专业学校、技工学校、职业高中文化课、专业课教师资格，应当具备高等师范院校本科或者其他大学本科毕业及其以上学历；取得中等专业学校、技工学校和职业高中学生实习指导教师资格应当具备的学历，由国务院教育行政部门规定；

（五）取得高等学校教师资格，应当具备研究生或者大学本科毕业学历；

（六）取得成人教育教师资格，应当按照成人教育的层次、类别，分别具备高等、中等学校毕业及其以上学历。

不具备本法规定的教师资格学历的公民，申请获取教师资格，必须通过国家教师资格考试。国家教师资格考试制度由国务院规定。

第十二条　本法实施前已经在学校或者其他教育机构中任教的教师，未具备本法规定学历的，由国务院教育行政部门规定教师资格过渡办法。

第十三条　中小学教师资格由县级以上地方人民政府教育行政部门认定。中等专业学校、技工学校的教师资格由县级以上地方人民政府教育行政部门组织有关主管部门认定。普通高等学校的教师资格由国务院或者省、自治区、直辖市教育行政部门或者由其委托的学校认定。

具备本法规定的学历或者经国家教师资格考试合格的公民，要求有关部门认定其教师资格的，有关部门应当依照本法规定的条件予以认定。

取得教师资格的人员首次任教时，应当有试用期。

第十四条　受到剥夺政治权利或者故意犯罪受到有期徒刑以上刑事处罚的，不能取得教师资格；已经取得教师资格的，丧失教师资格。

第十五条　各级师范学校毕业生，应当按照国家有关规定从事教育教学工作。

国家鼓励非师范高等学校毕业生到中小学或者职业学校任教。

第十六条　国家实行教师职务制度，具体办法由国务院规定。

第十七条　学校和其他教育机构应当逐步实行教师聘任制。教师的聘任应当遵循双方地位平等的原则，由学校和教师签订聘任合同，明确规定双方的权利、义务和责任。

实施教师聘任制的步骤、办法由国务院教育行政部门规定。

第四章　培养和培训

第十八条　各级人民政府和有关部门应当办好师范教育，并采取措施，鼓励优秀青年进入各级师范学校学习。各级教师进修学校承担培训中小学教师的任务。

非师范学校应当承担培养和培训中小学教师的任务。

各级师范学校学生享受专业奖学金。

第十九条　各级人民政府教育行政部门、学校主管部门和学校应当制定教师培训规划，对教师进行多种形式的思想政治、业务培训。

第二十条　国家机关、企业事业单位和其他社会组织应当为教师的社会调查和社会实践提供方便，给予协助。

第二十一条　各级人民政府应当采取措施，为少数民族地区和边远贫困地区培养、培训教师。

第五章　考　核

第二十二条　学校或者其他教育机构应当对教师的政治思想、业务水平、工作态度和工作成绩进行考核。

教育行政部门对教师的考核工作进行指导、监督。

第二十三条　考核应当客观、公正、准确，充分听取教师本人、其他教师以及学生的意见。

第二十四条　教师考核结果是受聘任教、晋升工资、实施奖惩的依据。

第六章　待　遇

第二十五条　教师的平均工资水平应当不低于或者高于国家公务员的平均工资水平，并逐步提高。建立正常晋级增薪制度，具体办法由国务院规定。

第二十六条　中小学教师和职业学校教师享受教龄津贴和其他津贴，具体办法由国务院教育行政部门会同有关部门制定。

第二十七条　地方各级人民政府对教师以及具有中专以上学历的毕业生到少数民族地区和边远贫困地区从事教育教学工作的，应当予以补贴。

第二十八条　地方各级人民政府和国务院有关部门，对城市教师住房的建设、租赁、出售实行优先、优惠。

县、乡两级人民政府应当为农村中小学教师解决住房提供方便。

第二十九条　教师的医疗同当地国家公务员享受同等的待遇；定期对教师进行身体健康检查，并因地制宜安排教师进行休养。

医疗机构应当对当地教师的医疗提供方便。

第三十条　教师退休或者退职后，享受国家规定的退休或者退职待遇。

县级以上地方人民政府可以适当提高长期从事教育教学工作的中小学退休教师的退休金比例。

第三十一条　各级人民政府应当采取措施，改善国家补助、集体支付工资的中小学教师的待遇，逐步做到在工资收入上与国家支付工资的教师同工同酬，具体办法由地方各级人民政府根据本地区的实际情况规定。

第三十二条　社会力量所办学校的教师的待遇，由举办者自行确定并予以保障。

第七章　奖　励

第三十三条　教师在教育教学、培养人才、科学研究、教学改革、学校建设、社会服务、勤工俭学等方面成绩优异的，由所在学校予以表彰、奖励。

国务院和地方各级人民政府及其有关部门对有突出贡献的教师，应当予以表彰、奖励。

对有重大贡献的教师，依照国家有关规定授予荣誉称号。

第三十四条　国家支持和鼓励社会组织或者个人向依法成立的奖励教师的基金组织捐助资金，对教师进行奖励。

第八章　法律责任

第三十五条　侮辱、殴打教师的，根据不同情况，分别给予行政处分或者行政处罚；造成损害的，责令赔偿损失；情节严重，构成犯罪的，依法追究刑事责任。

第三十六条　对依法提出申诉、控告、检举的教师进行打击报复的，由其所在单位或者上级机关责令改正；情节严重的，可以根据具体情况给予行政处分。

国家工作人员对教师打击报复构成犯罪的，依照刑法第一百四十六条的规定追究刑事责任。

第三十七条　教师有下列情形之一的，由所在学校、其他教育机构或者教育行政部门给予行政处分或者解聘：

（一）故意不完成教育教学任务给教育教学工作造成损失的；

（二）体罚学生，经教育不改的；

（三）品行不良、侮辱学生，影响恶劣的。

教师有前款第（二）项、第（三）项所列情形之一，情节严重，构成犯罪的，依法追究刑事责任。

第三十八条　地方人民政府对违反本法规定，拖欠教师工资或者侵犯教师其他合法权益的，应当责令其限期改正。

违反国家财政制度、财务制度，挪用国家财政用于教育的经费，严重妨碍教育教学工作，拖欠教师工资，损害教师合法权益的，由上级机关责令限期归还被挪用的经费，并对直接责任人员给予行政处分；情节严重，构成犯罪的，依法追究刑事责任。

第三十九条　教师对学校或者其他教育机构侵犯其合法权益的，或者对学校或者其他教育机构作出的处理不服的，可以向教育行政部门提出申诉，教育行政部门应当在接到申诉的三十日内，作出处理。

教师认为当地人民政府有关行政部门侵犯其根据本法规定享有的权利的，可以向同级人民政府或者上一级人民政府有关部门提出申诉，同级人民政府或者上一级人民政府有关部门应当作出处理。

第九章　附　则

第四十条　本法下列用语的含义是：

（一）各级各类学校，是指实施学前教育、普通初等教育、普通中等教育、职业教育、普通高等教育以及特殊教育、成人教育的学校。

（二）其他教育机构，是指少年宫以及地方教研室、电化教育机构等。

（三）中小学教师，是指幼儿园、特殊教育机构、普通中小学、成人初等中等教育机构、职业中学以及其他教育机构的教师。

第四十一条　学校和其他教育机构中的教育教学辅助人员，其他类型的学校的教师和教育教学辅助人员，可以根据实际情况参照本法的有关规定执行。

军队所属院校的教师和教育教学辅助人员，由中央军事委员会依照本法制定有关规定。

第四十二条　外籍教师的聘任办法由国务院教育行政部门规定。

第四十三条　本法自 1994 年 1 月 1 日起施行

教师资格条例

（1995 年 12 月 12 日国务院令第 188 号发布）

第一章　总　则

第一条　为了提高教师素质，加强教师队伍建设，依据《中华人民共和国教师法》（以下简称教师法），制定本条例。

第二条　中国公民在各级各类学校和其他教育机构中专门从事教育教学工作，应当依法取得教师资格。

第三条　国务院教育行政部门主管全国教师资格工作。

第二章　教师资格分类与适用

第四条　教师资格分为：

(一)幼儿园教师资格；

(二)小学教师资格；

(三)初级中学教师和初级职业学校文化课、专业课教师资格(以下统称初级中学教师资格)；

(四)高级中学教师资格；

(五)中等专业学校、技工学校、职业高级中学文化课、专业课教师资格(以下统称中等职业学校教师资格)；

(六)中等专业学校、技工学校、职业高级中学实习指导教师资格(以下统称中等职业学校实习指导教师资格)；

(七)高等学校教师资格。

成人教育的教师资格，按照成人教育的层次，依照上款规定确定类别。

第五条　取得教师资格的公民，可以在本级及其以下等级的各类学校和其他教育机构担任教师；但是，取得中等职业学校实习指导教师资格的公民只能在中等专业学校、技工学校、职业高级中学或者初级职业学校担任实习指导教师。

高级中学教师资格与中等职业学校教师资格相互通用。

第三章　教师资格条件

第六条　教师资格条件依照教师法第十条第二款的规定执行，其中"有教育教学能力"应当包括符合国家规定的从事教育教学工作的身体条件。

第七条　取得教师资格应当具备的相应学历，依照教师法第十一条的规定执行。

取得中等职业学校实习指导教师资格，应当具备国务院教育行政部门规定的学历，并应当具有相当助理工程师以上专业技术职务或者中级以上工人技术等级。

第四章　教师资格考试

第八条　不具备教师法规定的教师资格学历的公民，申请获得教师资格，应当通过国家举办的或者认可的教师资格考试。

第九条　教师资格考试科目、标准和考试大纲由国务院教育行政部门审定。

教师资格考试试卷的编制、考务工作和考试成绩证明的发放，属于幼儿园、小学、初级中学、高级中学、中等职业学校教师资格考试和中等职业学校实习指导教师资格考试的，由县级以上人民政府教育行政部门组织实施；属于高等学校教师资格考试的，由国务院教育行政部门或者省、自治区、直辖市人民政府教育行政部门委托的高等学校组织实施。

第十条　幼儿园、小学、初级中学、高级中学、中等职业学校的教师资格考试和中等职业学校实习指导教师资格考试，每年进行一次。

参加前款所列教师资格考试，考试科目全部及格的，发给教师资格考试合格证明；当年考试不及格的科目，可以在下一年度补考；经补考仍有一门或者一门以上科目不及格的，应当重新参加全部考试科目的考试。

第十一条　高等学校教师资格考试根据需要举行。

申请参加高等学校教师资格考试的，应当学有专长，并有两名相关专业的教授或者副教授推荐。

第五章　教师资格认定

第十二条　具备教师法规定的学历或者经教师资格考试合格的公民，可以依照本条例的规定申请认定其教师资格。

第十三条　幼儿园、小学和初级中学教师资格，由申请人户籍所在地或者申请人任教学校所在地的县级人民政府教育行政部门认定。高级中学教师资格，由申请人户籍所在地或者申请人任教学校所在地的县级人民政府教育行政部门审查后，报上一级教育行政部门认定。中等职业学校教师资格和中等职业学校实习指导教师资格，由申请人户籍所在地或者申请人任教学校所在地的县级人民政府教育行政部门审查后，报上一级教育行政部门认定或者组织有关部门认定。

受国务院教育行政部门或者省、自治区、直辖市人民政府教育行政部门委托的高等学校，负责认定在本校任职的人员和拟聘人员的高等学校教师资格。

在未受国务院教育行政部门或者省、自治区、直辖市人民政府教育行政部门委托的高等学校任职的人员和拟聘人员的高等学校教师资格，按照学校行政隶属关系，由国务院教育行政部门认定或者由学校所在地的省、自治区、直辖市人民政府教育行政部门认定。

第十四条　认定教师资格，应当由本人提出申请。

教育行政部门和受委托的高等学校每年春季、秋季各受理一次教师资格认定申请。具体受理期限由教育行政部门或者受委托的高等学校规定，并以适当形式公布。申请人应当在规定的受理期限内提出申请。

第十五条 申请认定教师资格，应当提交教师资格认定申请表和下列证明或者材料：

（一）身份证明；

（二）学历证书或者教师资格考试合格证明；

（三）教育行政部门或者受委托的高等学校指定的医院出具的体格检查证明；

（四）户籍所在地的街道办事处、乡人民政府或者工作单位、所毕业的学校对其思想品德、有无犯罪记录等方面情况的鉴定及证明材料。

申请人提交的证明或者材料不全的，教育行政部门或者受委托的高等学校应当及时通知申请人于受理期限终止前补齐。

教师资格认定申请表由国务院教育行政部门统一格式。

第十六条 教育行政部门或者受委托的高等学校在接到公民的教师资格认定申请后，应当对申请人的条件进行审查；对符合认定条件的，应当在受理期限终止之日起 30 日内颁发相应的教师资格证书；对不符合认定条件的，应当在受理期限终止之日起 30 日内将认定结论通知本人。

非师范院校毕业或者教师资格考试合格的公民申请认定幼儿园、小学或者其他教师资格的，应当进行面试和试讲，考察其教育教学能力；根据实际情况和需要，教育行政部门或者受委托的高等学校可以要求申请人补修教育学、心理学等课程。

教师资格证书在全国范围内适用。教师资格证书由国务院教育行政部门统一印制。

第十七条 已取得教师资格的公民拟取得更高等级学校或者其他教育机构教师资格的，应当通过相应的教师资格考试或者取得教师法规定的相应学历，并依照本章规定，经认定合格后，由教育行政部门或者受委托的高等学校颁发相应的教师资格证书。

第六章 罚 则

第十八条 依照教师法第十四条的规定丧失教师资格的，不能重新取得教师资格，其教师资格证书由县级以上人民政府教育行政部门收缴。

第十九条 有下列情形之一的，由县级以上人民政府教育行政部门撤销其教师资格：

（一）弄虚作假、骗取教师资格的；

（二）品行不良、侮辱学生，影响恶劣的。

被撤销教师资格的，自撤销之日起 5 年内不得重新申请认定教师资格，其教师资格证书由县级以上人民政府教育行政部门收缴。

第二十条　参加教师资格考试有作弊行为的，其考试成绩作废，3年内不得再次参加教师资格考试。

第二十一条　教师资格考试命题人员和其他有关人员违反保密规定，造成试题、参考答案及评分标准泄露的，依法追究法律责任。

第二十二条　在教师资格认定工作中玩忽职守、徇私舞弊，对教师资格认定工作造成损失的，由教育行政部门依法给予行政处分；构成犯罪的，依法追究刑事责任。

第七章　附　则

第二十三条　本条例自发布之日起施行。